O preço de um perdão
As vidas de Daniel

Andre Figueiredo   Fernanda Sicuro

Pelo espírito Bruno

Dufaux
editora

O preço de um perdão
As vidas de Daniel

Andre Figueiredo   Fernanda Sicuro

Pelo espírito Bruno

Romance Mediúnico

Dufaux
editora

Belo Horizonte 2022

O PREÇO DE UM PERDÃO – as vidas de Daniel
Copyright © 2021 by Andre Figueiredo e Fernanda Sicuro
1ª Edição | janeiro de 2022 | 1º milheiro

Dados Internacionais de Catalogação Pública

BRUNO (Espírito)
O preço de um perdão – as vidas de Daniel
FIGUEIREDO, Andre e SICURO, Fernanda
Autores Andre Figueiredo e Fernanda Sicuro

DUFAUX : Belo Horizonte / MG : 2022
333p. : 16x23 cm
ISBN: 978-65-87210-21-6

1. Espiritismo	2. Romance
I. FIGUEIREDO, Andre e SICURO, Fernanda	II. Título

CDU 133.9

Impresso no Brasil · Printed in Brazil · Presita en Brazilo

EDITORA DUFAUX
Rua Contria,759 | Bairro Alto Barroca
Belo Horizonte | MG | Brasil
CEP: 30.431-028
Tel. (31) 3347-1531
comercial@editoradufaux.com.br
www.editoradufaux.com.br

 Conforme novo acordo ortográfico da língua portuguesa ratificado em 2008.

Todos os direitos reservados à Editora Dufaux. É proibida a sua reprodução parcial ou total através de qualquer forma, meio ou processo eletrônico, sem prévia e expressa autorização da Editora nos termos da Lei 9 610/98, que regulamenta os direitos de autor e conexos.
Adquira os exemplares originais da Dufaux, preservando assim os direitos autorais.

Sumário

Prefácio..7

Capítulo 1 - O Encontro 9

Capítulo 2 - Procurando uma História 19

Capítulo 3 - O Sinhozinho 32

Capítulo 4 - As Consequências 72

Capítulo 5 - Os Ataques.....................................77

Capítulo 6 - O Escravo.....................................85

Capítulo 7 - O Ourives.....................................146

Capítulo 8 - O Segredo.....................................224

Capítulo 9 - O Sacrifício...................................230

Capítulo 10 - O Resgate....................................293

Agradecimentos dos autores 315

Agradecimentos Especiais 318

Ficha Técnica..319

PREFÁCIO

Alfredo Henrique[1]

No final de dezembro de 2013, o espírito Bruno, membro de uma colônia espiritual, encontrou-se com Andre Figueiredo e o convidou para participar de um projeto. Andre deveria relatar, em um livro, os encontros que realizava em desdobramento pelo sono, e teria como tema central as reencarnações realizadas sob as condições das leis de causa e efeito. Assim, o livro permitiria que nós, os encarnados, conhecêssemos algumas condições importantes da vida no mundo espiritual.

Entre as diversas e excelentes obras psicografadas na literatura espírita, encontramos extraordinários ensinamentos que nos esclarecem a respeito da vida no mundo espiritual, fornecendo detalhes do que lá acontece. Esta obra é, sem dúvida, mais um exemplar de excelente narrativa que nos ensina, de forma bem interessante, sobre a verdadeira vida: a espiritual.

Este livro possui ensinamentos em uma linguagem de fácil compreensão. Descreve a trajetória de um espírito em suas diversas vidas, permitindo-nos compreender os grandes carmas assumidos no momento de sua reencarnação, com o objetivo de resgatar, por meio da lei de causa e efeito, carmas adquiridos em outras vidas.

---

1   Alfredo José Figueiredo Henrique (*in memorian*) foi Babalaô na TV-CORM — Tenda Verdade e Caridade Ogum Rompe Mato, de 1998 até 2020.

Entendemos aqui o que muitas vezes achamos injusto, o motivo pelo qual pessoas passam por diversas dificuldades e sofrimentos, ainda que achemos que nada tenham feito para merecer tais "castigos", já que temos apenas o conhecimento da presente encarnação. Sem o conhecimento de detalhes das outras vidas de um espírito, vamos compreender, por intermédio desta obra, alguns exemplos dos motivos de tais coisas acontecerem.

O *preço de um perdão* nos leva ao passado como se estivéssemos assistindo cenas que ocorreram em épocas distantes. A envolvente narrativa nos transporta para cada reencarnação de Daniel, com a riqueza dos detalhes descritos. À medida que as reencarnações vão acontecendo, a Doutrina Espírita é explicada detalhadamente. A obra nos permite, com respostas esclarecedoras, compreender o que não conhecemos ou que temos dúvidas na ótica do mundo espiritual.

Capítulo 1

O Encontro

14 de dezembro de 2013.

Estava em casa pensando na existência de carmas difíceis de serem cumpridos, como o de cegos, tetraplégicos ou de qualquer pessoa que não seja tratada com igualdade em relação às outras pessoas consideradas "normais". Por que será que não podem realizar o processo de educação espiritual em mais de uma vida, amenizando o sofrimento sem que precisem cumprir todos os seus carmas em apenas uma encarnação? Eu sempre disse que a reencarnação é uma questão de justiça e que Deus não seria Pai caso não desse oportunidade a todos os espíritos.

Por que Ele deixa uma alma nascer filha de pais ricos e felizes, recebendo todas as oportunidades possíveis, ao passo que outra nasce em berço pobre, com outros nove irmãos, tendo dias em que não podem comer por não terem dinheiro? Essas almas nunca terão as mesmas oportunidades nem o mesmo tratamento daqueles que nasceram em famílias privilegiadas. Sinceramente, eu não entendia.

Deitei na cama pensando nisso e demorei muito a pegar no sono, vindo a adormecer quando o dia já estava começando. Tive um sonho que me parecia muito real.

Encontrei um homem alto, de cabelos louros, lisos e bem curtos. Seus olhos eram de um tom azul-claro, profundos, e sua pele, quase rosada. Ele não era nem magro nem gordo, e seu rosto apresentava uma barba bem curta, porém desenhada. Estava vestido com roupas simples: apenas uma calça e uma camisa, ambas de cor branca. Foi, então, que ele perguntou:

— Olá! Está tudo bem?

— Está sim.

— Posso acompanhá-lo?

— Pode.

Em seguida, resolvi dizer a ele que estava achando algo estranho:

— Não sei quem você é, mas já me sinto confortável ao seu lado. Tenho a impressão de que já o conheço.

— Eu me chamo Bruno.

— Esse é o nome do meu primeiro filho.

— Agradeço a lembrança e me sinto feliz por receber essa homenagem.

Achei aquilo muito estranho, pois não sabia quem ele era. Como se tivesse lido meu pensamento, Bruno falou:

— Nós já nos conhecemos de outras passagens suas por esta cidade, porém você não se lembra.

"Cidade?", pensei. Foi então que olhei em volta e vi um conjunto de casas muito parecidas. Todas muito simples, mas bem limpas e organizadas, sem qualquer falha. Não havia rachaduras nem aparência de serem velhas. Pelo contrário: tudo estava muito bem pintado. Jardins pequenos, floridos e arborizados se encontravam em frente das casas.

Nenhum muro as separava. A maioria das portas e janelas estavam abertas. Vi pássaros cantando e um lindo cachorrinho brincando em um quintal com algo que me pareceu ser um bicho de pelúcia. O cachorro pulava em cima do bichinho e, em seguida, pegava-o, sacudia e jogava para o alto. Quando caía, o cachorrinho corria para pegá-lo de volta. Senti vontade de brincar com ele, mas Bruno, meu novo conhecido – que parecia um "velho" companheiro –, disse:

— Andre, você pode perguntar o que o aflige. Pergunte e lhe responderei da melhor forma que eu puder.

Dispersei-me em alguns pensamentos e reparei que o tempo estava ótimo: o céu estava azul e via-se apenas poucas nuvens brancas e desenhadas. Não fazia calor nem frio, e pude notar uma paisagem linda e verde nos morros ao fundo. Então, perguntei:

— Onde estamos?

— Estamos na minha cidade, uma colônia nas intermediações do Rio de Janeiro.

Assustado por entender o que ele quis dizer, perguntei:

— Eu morri?

— Não, você não morreu – disse Bruno, após discretas risadas. — Está dormindo no plano físico, mas presente aqui em perispírito.

— Entendi.

— Andre, o perispírito é o envoltório semimaterial do espírito. Nos encarnados, serve de laço intermediário entre o espírito e a matéria. Durante a encarnação, ele une o espírito e o corpo físico. O perispírito é um campo eletromagnético em circuito fechado, composto de gases rarefeitos.

— Os perispíritos são gases? – perguntei.

— Sim, eles são compostos por gases. Esses gases diminuem de intensidade de acordo com a necessidade do momento. Quando você vê um espírito se materializando na sua frente, significa que os gases aumentaram sua intensidade, agruparam-se, fazendo com que os olhos humanos enxerguem a materialização.

Porém, é preciso que um médium experiente doe ectoplasma – gases e fluidos de si mesmo – ao espírito que vai se materializar. Se este médium não for experiente, o espírito não conseguirá se materializar. Além disso, o espírito tiraria muita força vital do médium, o que seria perigoso.

— Mas nunca vi uma materialização.

— Viu, sim. Você apenas não sabia que era uma materialização, mas você já viu. Posso garantir.

Fiquei curioso quando Bruno disse isso e, de imediato, tentei lembrar quando poderia ter visto uma materialização. Ele disse, prontamente:

— Você viu nas ruas e até mesmo em centros espíritas que já frequentou. Porém, todas as vezes que viu um espírito materializado, pensou ter visto uma pessoa encarnada. Por isso, não percebeu, como muitos outros também não percebem.

— Certa vez, uma amiga do centro que frequento disse que viu lá um médium já falecido.

— O que sua amiga viu não foi a materialização de um espírito, e sim o próprio espírito. Ela tem a capacidade de vê-los, enquanto outros, não.

Fiquei pensando sobre isso. Confesso que é um pouco desconfortante pensar que podemos ver espíritos materializados sem saber. Então, Bruno disse:

— Andre, você recebeu a permissão de vir até aqui, pois terá a oportunidade de me perguntar algo que gostaria de saber. Mais cedo, você perguntou, em silêncio, sobre os carmas. Estou aqui para responder da melhor forma.

A única coisa que lhe pedirei é que escreva tudo o que conversarmos, pois essas dúvidas podem ser as de outras pessoas. Dessa forma, nós as estaremos ajudando também.

— Mas estou longe de ser escritor.

— Acredite, você receberá ajuda para conseguir escrever. Previamente ao nosso encontro, e até antes mesmo das dúvidas que teve, houve um plano para que tudo acontecesse. Assim como você, suas dúvidas foram organizadas. O centro espírita que frequenta preparou seu corpo e espírito para que isso acontecesse.

— Mas nunca me lembro direito dos meus sonhos.

— Você não se lembra do que sonha, mas sempre se lembra de seus encontros quando seu perispírito se desdobra durante o sono. Você se lembra de encontrar seu tio José Carlos e sua avó Regina, não é verdade?

— Sim, lembro-me com detalhes.

— Esses encontros realmente aconteceram. Você se lembra deles como se tivessem sido verdadeiros porque realmente foram. Lembra-se com detalhes, como se houvesse encontrado qualquer pessoa encarnada enquanto está acordado.

— Por que isso acontece?

— Porque foi um encontro seu, em espírito, com seus entes queridos. Quando você pediu em oração, pela primeira vez, para se encontrar com sua avó desencarnada, ela ainda não estava em condições psíquicas para encontrá-lo.

Assim, você reencontrou seu tio José Carlos, que se encontra aqui em nossa colônia e é um excelente colaborador. Ele evoluiu muito e pediu que pudesse deixá-lo mais tranquilo com relação à sua avó, então você o encontrou. Depois disso, quando sua avó teve permissão, vocês se reencontraram e ficaram muito felizes.

A essa altura, encontrava-me chorando, pois tenho muita saudade da minha avó. Gostaria de encontrá-la todos os dias, mas sei que não é possível.

— Andre, o choro pela saudade é compreensível, porém o choro pela tristeza é prejudicial, tanto para a pessoa encarnada quanto para a desencarnada. O sentimento de tristeza só leva sofrimento a quem se foi. Sei que é difícil controlá-lo, mas devemos tentar transformar a tristeza em felicidade ao pensar que aqueles que amamos conseguiram cumprir seus carmas. No caso da sua avó, ela cumpriu acertadamente os carmas que precisavam ser aprendidos e agora está bem.

Chorei ainda mais, e sei que chorarei novamente quando for escrever estas linhas, mas é apenas um choro de saudade e de orgulho pela minha avó.

— Você se lembrará, com detalhes, dos nossos encontros, então peço que me prometa que irá transcrever tudo o que conversarmos. Outros amigos espirituais também ajudarão sempre que for preciso, a fim de que você se lembre de tudo. Nossos encontros não acontecerão todos os dias, mas sempre que os encontros nos forem permitidos, você se lembrará deles e deverá escrever sobre o assunto.

— Se eu realmente lembrar, escreverei, sim. Mas não me acho a pessoa mais indicada para isso.

— Isso não é você quem decide.

— Certo. O que gostaria de saber é o seguinte: por que uma pessoa nasce com problemas? Por que nasce sofrendo tanto? Por que tem de viver um carma tão grande em apenas uma vida ao invés de vivê-lo em várias vidas, dividindo o sofrimento? Por que pessoas nascem com paralisias ou problemas físicos graves? Por que vegetam? Por que há uma diferença tão grande entre as pessoas?

— Começarei a lhe explicar algumas questões, mas iremos mais a fundo nessas perguntas apenas depois. Temos algo preparado para explicar os temas mais detalhadamente.

Antes de mais nada, estamos passando por uma transformação no plano espiritual da Terra. O planeta está deixando de ser um mundo de provas e expiações para se tornar um mundo de regeneração. Porém, não podemos expulsar os espíritos menos evoluídos para outro orbe sem que sejam dadas oportunidades a eles.

No entanto, a encarnação desses espíritos menos evoluídos e que desejam permanecer neste mundo é muito complicada, já que precisam viver muitos carmas em apenas uma vida. Isso faz com que eles tenham uma vida difícil, com muito sofrimento e, normalmente, com desencarnes sofridos ou em grandes tragédias.

Esses espíritos não têm muito êxito na missão de superarem seus carmas e acabam sucumbindo. Por esse motivo, estamos vivendo em um mundo com tanta maldade.

Há casos de espíritos que precisam passar por grandes dificuldades de saúde por terem feito mal à saúde de outros ou de seus próprios corpos em outras vidas. Como exemplo, temos os médicos aborteiros ou até mesmo as próprias mulheres que praticaram um ou mais abortos; pessoas que usaram outras pessoas para pesquisas; pessoas que torturaram, machucaram ou tiraram sistematicamente a vida de alguém; os suicidas que têm noção de que estão se matando, bem como os suicidas inconscientes, que tiram a própria vida com hábitos e atitudes que não são saudáveis.

Tratando-se dessas reencarnações dolorosas, há também casos em que os filhos que nascem com doenças ou deficiências integram os carmas dos pais que aceitam passar pelas dolorosas experiências de um filho tão doente, para que consigam superar os comportamentos inadequados do passado, reaprendendo, no núcleo familiar, condutas mais amorosas.

Também há encarnações de famílias que estão juntas no sofrimento em carmas conjuntos, e só o amor fará com que vençam esse grande desafio. A melhor forma de vencer um carma é com amor. Amor por você mesmo, ao próximo e, principalmente, por aqueles que não nos amam. É muito fácil amar quem nos ama. Difícil é amar aqueles que não gostam de nós.

E é em cima desses casos que prosseguiremos nas próximas vezes em que vier aqui. Vamos procurar uma família encarnada que esteja vivendo nessas condições e descobriremos o que aconteceu em suas vidas passadas para que houvesse a necessidade de viver uma vida com um carma conjunto tão pesado. Veremos como os desígnios de Deus agem na vida das pessoas para que se recuperem diante de seus erros.

— Mas não podemos ver isso logo? Nós podemos...

Comecei a falar, mas fui interrompido por Bruno:

— Calma, Andre. Sei que você é muito ansioso e gosta que as coisas se resolvam logo, mas teremos tempo, e nossos encontros não acontecerão todos os dias, o que ampliará o período de aprendizado.

Assim, teremos tempo de procurar um espírito que se encontre encarnado e que nos permita ver e contar sua história. Dessa forma, poderemos analisar cada encarnação e chegar aos motivos que o levaram a viver um carma mais pesado e intenso em sua reencarnação atual. Você tirará suas dúvidas e ainda poderá ajudar outras pessoas a entenderem o que acontece com essas famílias, por que precisamos amar ao próximo e por que precisamos perdoar.

— Tudo bem, mas poderei me encontrar com minha avó ou com meu tio?

— Esse não é o nosso propósito. Vamos com calma, uma coisa de cada vez.

— Tudo bem – respondi.

— Agora, precisamos nos despedir. Você vai voltar para seu corpo físico e, quando for a hora, iremos nos encontrar outra vez.

— Tudo bem, até outro dia.

Não lembro como voltei. Acordei sem me lembrar de nada, até que, no final do dia, deu-me uma vontade grande de abrir o editor de texto no computador e ficar em silêncio – coisa que nunca faço. Aos poucos, comecei a me recordar de um "sonho", como se fosse um encontro real e tivesse acontecido ontem. O que, pelo visto, realmente aconteceu.

Estou com receio da responsabilidade que recebi, mas, ao mesmo tempo, aliviado pela ajuda que Bruno prometeu que eu receberia para prosseguir. Pensando nessa ajuda, lembrei-me de uma amiga do centro que frequento, a Fernanda. Ela é uma pessoa muito querida e confio bastante nela. Contei o ocorrido, e ela se prontificou a me ajudar imediatamente.

CAPÍTULO 2

Procurando uma História

16 de dezembro de 2013 – dois dias depois.

Acordei após uma noite em que não sonhei com o Bruno. Perguntei-me se sonharia novamente, pois ainda estava um pouco incrédulo e assustado com a responsabilidade que me foi apresentada no último encontro. Resolvi conversar com a Fernanda:

— Pelo que me lembro, não sonhei ontem com o Bruno. Será que tudo não passou de um sonho?

Confesso que tive esperanças de que ela pudesse concordar comigo. Mas ela me perguntou:

— Você teria a capacidade de escrever tudo o que escreveu se isso tivesse sido só um sonho?

— Ai! – respondi.

Realmente, era uma pergunta que fazia sentido. No fundo, sabia que ela estava certa e que eu teria de aceitar esse fato.

— Pois bem, tenha paciência – acrescentou ela.

— Você é bem convincente.

— Deve ser por isso que você me escolheu para ajudá-lo.

— É, nada é por acaso.

Cheguei a casa à noite e estava chovendo. Tomei banho e me deitei, perguntando-me se só tivera o sonho com o Bruno porque tinha ido ao centro espírita na noite anterior.

Lembrei-me de que ele havia dito que fui preparado para que pudesse encontrá-lo, então imaginei que só o encontraria novamente quando houvesse uma próxima sessão no centro que frequento, e isso só aconteceria no dia 6 de janeiro de 2014.

Seguindo esse raciocínio, convenci-me de que os encontros seriam apenas nos dias em que eu fosse lá. Tranquilizei-me e adormeci. Quando acordei, lembrei-me, de imediato, de um novo sonho que tivera com Bruno.

Dessa vez, ele não estava no vilarejo onde o encontrei pela primeira vez. Estávamos no alto de um vale, era noite, e podíamos ver as luzes de uma cidade ao longe.

— Como vai, Andre? – perguntou Bruno.

— Bem, eu acho. Somente com receio da responsabilidade que estou recebendo. Tenho medo de não conseguir transcrever tudo o que me diz, de inventar algo de minha própria mente, de achar que estou fazendo certo e, na verdade, estar fazendo errado.

— Meu caro Andre, fique calmo e tranquilo. Você se lembrará mais claramente de tudo conforme os nossos encontros ocorrerem e logo se acostumará. Nossas conversas ficarão em sua memória e, se algo fugir enquanto estiver escrevendo, estarei por perto para lembrá-lo.

Sempre que escrever algo que não condiz com a realidade, você não gostará do que escreveu, apagará e reescreverá. Esta responsabilidade não é só sua, é minha também. Fui preparado, estudei e me dediquei por muito tempo para poder receber esta missão, que passo a executar com alegria e responsabilidade. Com esta missão, poderemos ajudar o próximo e esclarecer dúvidas.

Se conseguirmos que uma única pessoa reflita sobre o perdão – apenas reflita –, nossa missão já terá valido a pena. Nosso intuito é plantar uma semente no coração das pessoas. A partir daí, elas serão responsáveis por fazer essa semente florescer ou não.

Afinal, esse é o princípio básico do livre-arbítrio, e devemos respeitá-lo, porém podemos fornecer instrumentos que ajudem as pessoas a mudarem, mas elas poderão mudar apenas por si mesmas. Não as mudaremos, somente as esclareceremos.

— Onde estamos?

— Estamos observando uma colônia que fica nas imediações de uma cidade pequena de Minas Gerais.

— Qual cidade?

— Não vamos mencionar o nome, pois é uma cidade pequena. Devemos proteger a família que procuraremos, para que seus integrantes não sejam importunados de forma alguma.

— Como contaremos a história deles sem levantar suspeita de quem são?

— Não se preocupe, pois nós providenciaremos isso. Todos os nomes de que você se lembrará serão, na realidade, nomes fictícios. Além disso, sempre tomaremos outros cuidados.

— Por que estamos em uma colônia espiritual? Você disse que iríamos contar a história de uma família de encarnados.

— Quando uma família passa por um carma tão pesado como esse, recebe alguns benefícios. Por exemplo: um filho hidrocéfalo[2], que pouco se comunica com o mundo

---

2   Acúmulo excessivo de líquido nas cavidades internas do cérebro, os ventrículos. O fluido extra exerce pressão sobre o cérebro e pode causar danos cerebrais.

externo, vem descansar em perispírito em sua colônia de origem na maioria das noites, para que passe pelo carma e não seja perturbado por espíritos trevosos.

— Por que espíritos trevosos perturbariam uma pessoa que não apresenta comunicação com o mundo?

— Esses espíritos a acompanham de outras vidas. São espíritos que, muitas vezes, participaram de encarnações anteriores e foram parte importante de sua história. Como eles vibram energias inferiores, vivem no rancor e, por não quererem a reconciliação com os adversários, agem com a intenção de atrapalhar as encarnações de reconciliação. Por isso, devemos tentar ajudar ao máximo para que não tenham sucesso.

— Então, contaremos sobre as reencarnações de uma pessoa que está nesta colônia?

— Na verdade, nesta colônia há um perispírito que descansa neste instante. Pode ser a história que contaremos, sim, porém, apesar de termos preparado tudo e procurado as melhores possibilidades, ele também tem o livre-arbítrio de não querer se expor. Se esse for o caso, deveremos respeitar e procurar outra história.

— Como iremos até lá?

— Nós volitaremos.

— Já li algo sobre isso, mas não sei volitar. Lembro que, nos livros ditados pelos espíritos Andre Luiz e Patrícia[3], volitar não foi fácil para eles e demoraram algum tempo para aprender. Não sei se conseguirei.

Depois de outra discreta risada, Bruno falou:

---

3   Autores espirituais de outras obras mediúnicas.

— Calma, Andre. Você não precisará aprender a volitar, vou ajudá-lo. Você só aprenderá a volitar quando desencarnar.

— Então, espero que eu não aprenda tão cedo – respondi, arrancando um sorriso mais acentuado de Bruno.

Em seguida, ele chegou perto de mim e me estendeu a mão. Senti um frio na barriga, mas segurei a mão dele. De repente, senti como se estivesse em uma montanha-russa extremamente rápida e, em seguida, tive a sensação de estar caindo. Não conseguia visualizar nada, era como se estivesse vendo um grande borrão.

De repente, estávamos em uma colônia espiritual. Ela não era parecida com a outra, apesar de também ser limpa e bem organizada. A arquitetura era mais colonial, e as portas das casas estavam abertas, em sua maioria, e todas levavam diretamente às calçadas. As ruas eram de paralelepípedos, todos bem alinhados e sem falhas.

As casas eram diferentes umas das outras, de cores diferentes, porém todas bem claras; portais de cores mais fortes em tons de azul, verde, marrom. Todos os telhados possuíam telhas que pareciam ser de barro.

— Por que as casas daqui são diferentes das casas que vimos na outra colônia? – perguntei.

— Normalmente, cada colônia possui uma arquitetura parecida com as das cidades onde seus moradores mais reencarnam.

— Para que se acostumem mais rápido?

— Na verdade é o contrário. Eles as fizeram assim porque estão mais acostumados, não para se acostumarem.

— São eles quem fazem suas próprias casas? Eles podem modificá-las sempre que quiserem?

— Na maioria das vezes, essas casas já foram criadas há muitos anos e são de uma mesma família, passando de familiar para familiar à medida que reencarnam. Eles podem, sim, modificá-las, mas por que fariam isso? Seria um gasto energético sem nenhuma necessidade. Aqui, não gastamos energia indevidamente.

Já era noite, e poucas pessoas estavam na rua. Para falar a verdade, vi apenas duas pessoas: uma delas se encontrava em uma das janelas, e a outra estava caminhando mais à frente, indo na mesma direção que nós. Quando passamos pelo senhor na janela, Bruno falou:

— Boa noite, meu senhor.

— Boa noite para vocês também.

Dei meu "boa-noite" também e tive a impressão de que ele ficou me olhando. Perguntei ao Bruno:

— Bruno, por que ele está me olhando dessa forma?

— Ele sabe que você está aqui em perispírito e deve estar curioso.

Fiquei um pouco confuso e, parecendo ler meus pensamentos, Bruno continuou a falar:

— Nem todos os espíritos que moram nas colônias são tão elevados espiritualmente a ponto de abandonar todos os sentimentos humanos. Alguns ainda sentem necessidades terrenas, como fome de algo material, sede, sono e até mesmo a necessidade de tomar banhos com água e sabão.

Além disso, também carregam sentimentos como a curiosidade. Essas necessidades vão diminuindo à medida que o espírito evolui. As limpezas do corpo, os alimentos e a sede, por exemplo, são resolvidos com fluidos certos para cada necessidade.

— Você não toma banho nem se alimenta?

— Na verdade, não. Limpo minha alma com fluidos positivos, alimento-me com fluidos energéticos próprios para energização e não sinto sede.

— Tá, mas por que estamos andando? Por que não volitamos direto para o lugar aonde devemos ir?

— Paciência, meu amigo. Estamos conversando, caminhando sob um lindo luar e aproveitando essa brisa que bate em nosso rosto. Você realmente é muito ansioso. A caminhada está incomodando-o?

— Não, não estou incomodado. Estou adorando andar por essas ruas, o que faz com que me lembre de uma cidade que adoro no Rio de Janeiro, chamada São João da Barra. Que saudade de lá!

Após caminhar por mais alguns minutos, chegamos a uma casa branca com portais e janelas largos e muito bem pintados de azul-escuro. Bruno parou à porta da casa e ficou em silêncio.

— É aqui? Por que paramos? Você vai chamar alguém? – perguntei curioso.

— Paciência, meu amigo. Estou chamando mentalmente um morador desta casa – sussurrou Bruno.

De repente, chegou à porta uma senhora de cabelos grisalhos, vestida com uma roupa bem simples e de cor azul-clarinha. Ela parecia uma avó fofinha.

— Boa noite, dona Ermelinda – cumprimentou Bruno.

— Boa noite. Posso ajudá-los?

— Sim, meu nome é Bruno, e este é Andre. Viemos aqui para perguntar ao irmão que descansa em sua residência se ele pode colaborar conosco dividindo sua história, a fim de que possamos contar aos encarnados na Terra tudo o que o levou à atual encarnação. Podemos vê-lo?

— Sim, eu já esperava por vocês. O coordenador da colônia veio me informar que vocês viriam. Espero que ele aceite, pois isso poderá ajudá-lo a amenizar o seu carma. Podem entrar, ele está em um dos quartos.

A casa era bem simples: tinha chão de tábuas corridas escuras, a mesa de jantar era de madeira bem rústica, e havia um pequeno pano branco em seu centro, acomodando um jarro com flores lindas; um sofá, também rústico; e uma estante encostada na parede. Passamos pela sala e caminhamos até um corredor com várias portas.

Dona Ermelinda apontou a terceira porta e a abriu, dando-nos espaço para passarmos. O quarto estava escuro, iluminado apenas por uma pequena vela no canto de uma mesinha encostada na parede.

Na cama havia um adolescente deitado com os olhos fechados, dormindo quieto. Bruno chegou perto e postou suas mãos em direção ao rapaz. Fiquei olhando enquanto ele permanecia na posição. Poucos instantes depois, Bruno me olhou e logo entendi que ele me orientava para que fizesse o mesmo.

Estendi minhas mãos e olhei para o Bruno, que voltou a fechar seus olhos. Repetindo o gesto, fechei meus olhos e senti uma energia boa passando por mim e pelas minhas mãos. Então, Bruno disse:

— Daniel, podemos conversar?

O rapaz continuou em silêncio e me perguntei se ele estaria, no plano físico, encarnado como um hidrocéfalo ou autista. Se fosse, como poderia se comunicar conosco?

— Andre, ele está impedido de se comunicar no plano físico, porém, aqui, alguns deles se comunicam por pensamento. Por isso, estamos entrando em comunhão com a energia dele. Tudo o que você pensar ele escutará, assim como tudo o que eu pensar você escutará.

Enquanto Bruno falava, abri os olhos e o olhei. Seus olhos permaneciam fechados, assim como a boca, e suas mãos continuavam postas em direção ao rapaz. Mesmo assim, eu era capaz de escutar perfeitamente o que Bruno falava.

— Daniel, desculpe-me atrapalhar seu descanso, mas tenho um pedido a fazer. Eu e meu amigo Andre estamos começando uma jornada de esclarecimentos juntos e tentamos achar um voluntário que conte a história dele e, assim, ensine às pessoas o valor do amor e do perdão.

Gostaríamos de contar a história das suas reencarnações para que possamos chegar até os motivos que levaram seu espírito a aceitar essa encarnação em que você se encontra agora.

— Olá, Bruno. Não posso servir de exemplo de amor para ninguém, pois errei muito em minhas existências e é por isso que estou nesse estado – respondeu Daniel.

— Em que estado você está? – perguntei.

— Tive paralisia cerebral. Isso afetou muito meus músculos e não consigo me mexer direito. Também não consigo falar, apenas emitir sons. Comunico-me com meus pais, pois eles já estão acostumados aos meus movimentos, então sabem quando preciso de algo, quando quero ou não alguma coisa e quando estou triste ou feliz.

Percebo tudo à minha volta, entendo tudo o que me dizem, mas, na maioria das vezes, não posso participar das coisas por conta das minhas limitações.

— Daniel, meu jovem amigo, é lógico que pode nos ajudar. Você vive uma vida de recuperação dos carmas adquiridos em outras vidas, e é por essas vidas que veremos os erros que cometeu para que chegasse à necessidade de se recuperar de maneira tão difícil. Iremos contar, aos poucos, suas experiências terrenas para mostrar às pessoas encarnadas a necessidade do perdão e do amor ao próximo.

Você é um grande exemplo e poderá ser mais ajudado ainda ao ajudar o próximo. Esta oportunidade está sendo dada a você, pois é merecedor, e tudo ocorre por merecimento – tanto para o bem quanto para o mal. Se você está recebendo esta oportunidade, é porque é verdadeiramente digno dela.

Porém, caso não queira, não tem problema algum. Apenas gostaria de poder continuar voltando aqui para ajudá-lo a seguir nessa difícil missão pela qual está passando.

Aproveitando a pausa que se fez, eu disse:

— Daniel, estou muito feliz em poder conhecê-lo. Recebi uma importante missão, mas acho que não estou preparado e tenho medo de não ser capaz de cumpri-la. Tenho uma amiga que está me dando força para seguir em frente e que confia em mim até mais do que eu mesmo.

O Bruno está me mostrando que, por menores que possamos achar que somos, Deus sempre tem um plano para nós.

Ele também me disse que posso ajudar outras pessoas a melhorar, mas estou vendo que o primeiro que deve melhorar sou eu mesmo, pois também cometo muitos erros.

Acho que estou recebendo uma grande lição e uma enorme responsabilidade, e seria uma honra poder contar sua história aos nossos irmãos encarnados.

— Andre, não sei se quero contar minha história. Sinto vergonha do que fiz no passado, agi muito errado.

Sem ser rude, Bruno o interrompeu, dizendo:

— Daniel, o mais importante é que você se arrependeu. Seu pai e sua mãe também se arrependeram, e vocês aceitaram se reabilitar em uma encarnação muito difícil. Você não deve se envergonhar do que fez, e sim enaltecer o reconhecimento do erro.

Vamos fazer o seguinte: pense por um tempo e voltaremos em outra oportunidade para saber o que decidiu. Respeitaremos sua decisão.

— Bruno, eu me lembrarei disso quando acordar? – perguntou Daniel.

— Você não se lembrará dos nossos encontros quando estiver no estado de vigília, desperto, apenas quando voltar aqui. Faremos um bloqueio da sua memória espiritual.

E eu, despedindo-me de Daniel, disse:

— Quero que saiba que foi um imenso prazer conhecê-lo e que esperarei ansioso por revê-lo.

— Obrigado, Andre.

— Fique na paz do Senhor, meu caro amigo – despediu-se Bruno.

E, assim, saímos do quarto de Daniel, meu mais novo amigo. Quando chegamos à sala, dona Ermelinda estava esperando com uma jarra de suco. Bruno aceitou e tomou um copo. Acho que fez por consideração, já que ele não sente sede. Eu também tomei: era um suco com sabor de laranja delicioso, e fiquei impressionado com o gosto. Então, dona Ermelinda perguntou:

— Como foi, ele aceitou?

— Ele está nervoso, é uma difícil missão que viemos lhe propor. Eu já esperava por isso, mas acredito ter sido mais proveitoso do que antecipava. Vamos dar tempo ao tempo. Outro dia, voltaremos para saber a resposta que ele nos dará – respondeu Bruno.

— Espero que ele aceite.

Então, nós nos despedimos e fomos embora. Do lado de fora, Bruno me estendeu a mão outra vez. Novamente, senti aquele friozinho na barriga e segurei sua mão. Volitamos para o mesmo lugar onde nos encontramos mais cedo e, observando a cidade lá embaixo, perguntei:

— Você acha que ele vai aceitar?

— Espero que sim. Acredito que ele só esteja receoso, o que é normal. Vamos deixar os mentores espirituais trabalharem e tentar acalmar nosso amigo Daniel. Será uma difícil decisão, porém benéfica a todos, inclusive a ele e aos seus pais.

— Nossa, ele disse que percebe tudo em seu redor, e não consegue participar. Ele vive numa espécie de prisão, não é?

— Andre, a paralisia cerebral se manifesta durante a gestação, quando já registrada no corpo astral, que é o molde do corpo físico; pode ser causada no momento do parto ou após o nascimento em função de alguma doença que a cause. O portador de paralisia cerebral possui inteligência normal desde que a lesão não tenha afetado áreas do cérebro responsáveis pelo pensamento e pela memória.

Se os músculos da fala forem atingidos, haverá dificuldade para comunicar seus pensamentos ou necessidades. Isso leva as pessoas a pensarem que os portadores de paralisia cerebral são deficientes mentais ou não são inteligentes. Porém, não é verdade. O carma delas é bem pesado e, caso tenhamos permissão, entenderemos melhor por que precisam passar por isso.

— Não notei nenhuma deficiência física no perispírito do Daniel.

— No desdobramento pelo sono, é permitido que eles recuperem o corpo astral sem todas as deficiências, quando vão descansar em suas colônias de origem. Desta forma, eles recuperam melhor as energias para continuarem a levar adiante a pesada experiência que aceitaram. Agora, Andre, precisamos nos despedir.

— Estou feliz com tudo o que está acontecendo. Obrigado pela oportunidade!

— Eu também agradeço, Andre. Até a próxima!

Não me lembro de mais nada depois disso, mas, hoje, 17 de dezembro de 2013, lembrei-me claramente de todo o encontro ao acordar. Agora sei que os encontros com meu amigo Bruno não acontecerão apenas nos dias de sessão do centro espírita. Espero que Daniel nos permita contar sua história.

Capítulo 3

O Sinhozinho

06 de janeiro de 2014.

Hoje teve reunião no centro espírita que frequento, uma preparação para o ano que começa. Encontrei a Fernanda e a maioria dos meus irmãos de fé.

Depois que cheguei de lá, tomei meu banho e pensei em como estava com saudade das atividades e em como foi bom rever os amigos de fé. Preparei algo para comer, fui para a sala e não quis ligar a televisão.

Estranhei, pois sempre faço isso. Resolvi ficar no silêncio. Pensei que a saudade dos meus filhos, que estavam com a mãe desde antes da virada do ano, foi o que me levou a não querer barulho nenhum, assim poderia vê-los na minha mente. Terminei de comer e fui dormir.

Ao acordar no dia seguinte, lembrei-me do encontro que tivera com Bruno. Fiquei feliz por tê-lo encontrado outra vez, pois estava preocupado, achando que eu poderia ter bloqueado minhas lembranças, ou até mesmo os encontros com o Bruno, por causa dos meus receios na minha capacidade de continuar esse trabalho.

Conversei com Fernanda sobre isso e, como sempre, ela me deu muita força. Contei que estava com saudade do Bruno e, para minha surpresa, ela disse que também estava, mesmo não o conhecendo.

Ela não sabe como me ajudou com esse simples sentimento que dividiu comigo, pois significava que ela estava com saudade da história que eu estava contando.

Daí concluí que estava dando certo. Eu, que nunca fui um escritor, estava conseguindo prender a atenção dela. Assim, soube que poderia dar continuidade a esse trabalho. Ontem mesmo, falei com ela:

— Amanhã, vou ter que acordar às cinco... cinco para o meio-dia – disse rindo, pois era meu dia de folga.

— Idiota – respondeu brincando, pois teria que acordar cedo para trabalhar. Em seguida, continuou:

— Mas você vai passear bastante hoje à noite e, amanhã, terá que passar o dia escrevendo.

— Não vou, não. Tem muito tempo que não acontece nada.

Respondi assim, embora soubesse que seria muito bom e que ficaria muito feliz se realmente acontecesse.

— Veremos – disse ela.

Fernanda acertou em cheio e, quando contei sobre o novo encontro, ela disse que havia sentido que aconteceria. A mediunidade dela se tornava cada dia mais ampla e bonita.

Bem, vamos ao relato do encontro. Logo que cheguei, fui recebido por um terno sorriso de Bruno.

— Olá, Andre, como vai?

— Olá, Bruno! Já estava com saudade dos nossos encontros – respondi sem conseguir esconder minha alegria em revê-lo.

— Eu também, Andre.

— Estava com receio de estar bloqueando nossos encontros, de ter feito algo errado, não sei.

Depois de mais uma suave risada, Bruno falou:

— Caro amigo, como gosto disso em você! Essa sua ansiedade também pode ser benéfica, levando-o a fazer o que gosta. Confesso que é interessante vê-lo ansioso, mas, como disse antes, tudo acontece no seu tempo. Tudo está devidamente planejado, até mesmo a visita ao nosso querido Daniel.

Em dezembro, estávamos em uma época de festas – com o Natal e o Ano-Novo –, época de recomeçarmos, renascermos, renovarmos a esperança.

Esse período era favorável também para a decisão do nosso amigo, embora seja também um período complicado para os que estão encarnados, pois se preocupam com as festas e com outras coisas que acompanham essas datas.

Portanto, você também não estaria em grande sintonia espiritual com nossos encontros. Saiba que não cometeu qualquer erro nem bloqueou nada. Eles não aconteceram porque não poderiam acontecer.

— Fico muito feliz em saber disso e mais feliz ainda por poder continuar esse trabalho. Contei a mais duas pessoas sobre o que está acontecendo, e elas me deram força para continuar.

Primeiro, falei com a esposa do meu pai. Perguntei a ela se achava possível que uma pessoa não tão evoluída espiritualmente pudesse receber mensagens como estou recebendo. Ela respondeu que sim e disse que, se apenas os espíritos elevados como Chico Xavier pudessem escrever mensagens espíritas, quase ninguém escreveria, pois somos, na grande maioria dos casos, muito menos evoluídos que ele.

Também falei com uma amiga que trabalhou no mesmo centro que eu. Foi ela que disse ter visto um médium desencarnado lá no centro. Ela pediu para ver o texto e adorou. Disse que faríamos um grande trabalho, e isso me deu mais força.

— Andre, a esposa do seu pai foi muito sábia quando falou sobre receber mensagens espíritas. Todas as pessoas podem recebê-las, basta desenvolver um pouco suas habilidades mediúnicas. As mensagens podem ser recebidas por meio de psicografias, visões, conversas, intuição ou até mesmo em encontros astrais, como no seu caso.

— Nos sonhos, não é? – perguntei.

— Não chamo isso de sonho, pois, na realidade, seu espírito está aqui. Seu corpo físico repousa em sua cama, mas você realmente está aqui. O que está acontecendo não é fruto de sua imaginação.

— Mas, realmente, agora que falou que estou aqui... Onde estamos? Não consigo enxergar nada além de você.

De fato, eu apenas conseguia ver o Bruno e uma claridade muito grande a nos envolver.

— Estamos em uma zona neutra, fora das colônias, e vibrando em uma energia mais alta para que não sejamos importunados.

— Por espíritos trevosos?

— Sim, por espíritos trevosos que não querem que realizemos nosso trabalho e até pelos que não sabem o que acontecerá, mas estão sempre tentando prejudicar.

— Mas eles já sabem o que vamos fazer?

— Lógico que sim! Assim que contei a você sobre o que faríamos, eles também souberam. Por esse motivo, somos protegidos contra esses espíritos. Eles tentarão, de todas as formas, desestabilizar você, a mim e a todos que estão e estarão imbuídos nesse trabalho.

Vamos, já está na hora.

Bruno estendeu a mão para mim e, mais uma vez, senti aquele friozinho na barriga. Segurei a mão dele, volitamos e chegamos em frente à casa onde nosso amigo Daniel repousava. Senti uma forte alegria, pois havia gostado do meu novo amigo e adoraria que ele aceitasse seguir conosco neste trabalho. Logo, perguntei:

— Bruno, isso quer dizer que o Daniel aceitou seguir conosco nesta missão, não é?

Bruno permaneceu calado. Ele estava de olhos fechados e lembrei-me de como foi da outra vez. Calei-me antes que ele pudesse dizer que eu estava ansioso e que deveria esperar as coisas acontecerem. Enquanto pensava nisso, percebi outro suave sorriso de Bruno. Mesmo sem eu ter dito nada, ele percebeu minha ansiedade.

— Ai! Tenho que trabalhar nisso – falei.

Em pouco tempo, a porta se abriu e dona Ermelinda apareceu.

— Olá, amigos. Estou muito feliz com o retorno de vocês! Não sabem o quanto isso ainda vai me fazer feliz.

— Boa noite, dona Ermelinda! Sempre será um prazer estar com pessoas como a senhora e Daniel – respondeu Bruno.

Também fiquei muito contente com a breve conversa que presenciei. Queria muito conhecer a história do Daniel e, assim, ajudá-lo a amenizar esse carma. Logo fui dando o meu boa-noite:

— Olá, dona Ermelinda! Que prazer estar aqui novamente! Da última vez, tive uma experiência inesquecível e tenho a certeza de que aprenderei muito aqui.

— O prazer também foi nosso – falou a senhora educadamente.

Então, Bruno perguntou:

— Irmãos, podemos ir ao encontro de nosso amigo? Temos um tempo limitado para nossas conversas e precisamos lembrar que ele está encarnado. Como está aqui em perispírito, ele gastará uma parte importante das energias que vem captar aqui nesta colônia.

Mesmo que nós o ajudemos a gastar a menor quantidade de energia possível, teremos sempre que deixá-lo com tempo para se recuperar do desgaste que será rever lembranças que, às vezes, não farão bem para ele.

Dona Ermelinda deu um sorriso fraterno e logo disse:

— Vamos, então?

Ela seguiu pela sala em direção ao corredor e nos levou ao mesmo quarto onde havíamos encontrado Daniel da outra vez. Em seguida, abriu a porta e permaneceu no lado de fora, esperando que entrássemos. Depois que entramos, ela falou:

— Que tenham um excelente encontro – e fechou a porta.

O quarto estava do mesmo jeito: a luz em penumbra, vinda da vela acesa na mesinha encostada na parede, a cama no centro do quarto e Daniel repousando sobre ela.

Bruno se dirigiu a um dos lados da cama, enquanto eu me dirigi ao outro. Ele estendeu as mãos sobre Daniel e fechou os olhos. Fiz o mesmo e, aos poucos, fui sentindo aquele bem-estar, aquela energia passando por dentro de mim. Pouco depois, escutei Bruno falar:

— Como vai, meu querido amigo Daniel?

— Estou bem, porém nervoso. Aceitei o que me propôs não somente para amenizar meu carma, mas os de minha mãe e de meu pai também. Por amá-los muito, aceitei.

Porém, estou com medo! Sei que o que fiz não foi bom, mas não me lembro de muitas coisas e temo o que vou reviver.

— É lógico que reviverá situações e momentos que o afligirão, porém estou aqui para ajudá-lo. Eu o manterei calmo e, se você estiver sofrendo ao extremo, poderemos parar e continuar depois.

Mas lembre-se: tudo o que reviver será bloqueado na sua memória e somente se lembrará dos acontecimentos quando estiver aqui. Portanto, suas angústias ficarão aqui, e você não as levará para o convívio com seus pais, familiares e amigos.

Aproveitando ligeira pausa, eu disse:

— Daniel, você não sabe o quanto estou feliz pela oportunidade que você está me dando, por poder revê-lo, conhecê-lo um pouco mais e a sua história. Assim, poderemos compartilhá-la com o mundo.

— Também agradeço a oportunidade que estão dando à minha família, mas como vamos fazer isso? Não sei como poderei ajudar.

— Pode ficar tranquilo. Estou aqui para ajudá-lo. A qualquer momento, você pode nos interromper. Fique à vontade – Bruno respondeu prontamente.

— Tudo bem.

Ficamos alguns minutos em silêncio e, de repente, comecei a ver uma imagem à minha frente. Nunca tive uma experiência como aquela. Era como se eu pudesse estar num local sem realmente estar. Via claramente que eu não estava lá e que não conseguia interagir naquele ambiente. Mas, de certa forma, eu estava lá.

Encontrava-me em uma casa bonita, em uma sala com móveis bem novos e muito bem cuidados, porém antigos para os dias de hoje. Tudo parecia muito luxuoso. O chão era de tábuas corridas e brilhava em um tom de marrom suave.

Abaixo das poltronas e de uma mesa de centro, havia um enorme e lindo tapete. Havia móveis, castiçais nas paredes e candelabros sobre a mesa, todos belíssimos e parecendo ser de ouro.

Não via lâmpadas em lugar nenhum. A casa também possuía um piano de cauda e uma harpa ao seu lado, com uma linda escadaria de madeira maciça próximo a ele.

O pé direito da casa parecia ter aproximadamente quatro metros. As janelas eram enormes e possuíam belíssimas cortinas abertas que iam do teto ao chão. Uma grande claridade entrava por elas e dava para ver um campo verde extenso com montanhas ao fundo.

Não conseguia identificar a época em que me encontrava, mas me parecia que estávamos no Brasil Colonial.

Tinha quadros a óleo, todos enquadrados em belíssimas molduras e presos às paredes. Um quadro tradicional de família pintado a óleo encontrava-se perto da grande mesa de jantar.

Nele, havia um homem com um bigode imponente, aparentando ter uns trinta anos, sentado em uma poltrona junto a três crianças, um menino ao seu lado esquerdo, aparentando uns seis anos, uma linda menina de aproximadamente três anos ao seu lado direito e um bebê de colo de mais ou menos um ano de idade. O bebê encontrava-se atrás do homem, no colo de uma jovem senhora que estava em pé e que parecia ter vinte e poucos anos.

Na mesa de jantar, havia lindas travessas com bolos, pães, queijos, sucos, leite e outras coisas. As pratarias eram realmente lindas.

De repente, o senhor do quadro – já aparentando uns quarenta anos – começou a descer pela escada, seguido por uma criança de mais ou menos dez anos – provavelmente o bebê de colo da imagem.

— Papai, papai! – dizia o menino enquanto descia rápido para alcançar o homem à sua frente. — Papai, posso ir com o senhor olhar os campos de pasto e as plantações de café?

O senhor virou de frente para o menino, abaixou-se e, com um sorriso no rosto, abraçou-o.

— Bom dia, meu filho. Hoje vou à vila, pois terei algo importante a fazer.

— Mas sempre que o senhor vai à vila, chega depois que a noite já caiu.

— Sim, meu filho, pois aproveito para fazer tudo o que há de necessário por lá, mas amanhã levo você aos campos, prometo.

— Está certo, papai.

Em seguida, foram em direção à mesa. Pouco depois, a senhora do quadro – já aparentando uns trinta anos – desceu as escadas com dois adolescentes e uma criança: um jovem adolescente aparentando dezessete anos, uma menina de aproximadamente treze e outra linda menina de uns quatro anos.

Todos estavam muito bem-vestidos e foram em direção à mesa.

Os meninos usavam pequenos ternos com gravatas para dentro de um belo colete. O homem, que vestia um terno muito bem cortado e uma gravata com um prendedor de diamantes, estava muito elegante. A senhora e as meninas usavam vestidos imponentes.

Todos se sentaram à mesa, e logo o homem disse em alto tom:

— Bá, estamos à mesa.

Poucos minutos se passaram e, por uma porta lateral, uma senhora negra veio à sala. Ela aparentava ter cinquenta anos de idade e sua beleza era perceptível. Usava um vestido simples, um avental e um pano enrolado à cabeça. Trazia em suas mãos uma bandeja contendo um bule com fumaça saindo pelo bico.

— Bom dia, sinhozinho. Bom dia, sinhá. Bom dia, crianças – disse Bá.

— Bom dia, Bá – responderam todos.

Bá pegou o bule e serviu primeiro o homem. Em seguida, serviu a mulher e as crianças com o café e o leite. O homem tomou o café puro. Feito isso, Bá se colocou em pé, um pouco afastada da mesa, quase encostada na parede.

— Joaquim, a que horas pretende voltar da vila? – perguntou a mulher.

— Cândida, minha querida! Sabe que não tenho hora para retornar quando vou à vila. Tudo dependerá de os afazeres findarem.

— Posso ir com o senhor, meu pai – ofereceu-se o menino mais velho.

— Não, José, hoje não poderei levá-lo. Tenho assuntos particulares a tratar.

— Mas, meu pai, o senhor disse que seria importante acompanhá-lo para que eu aprenda a negociar com clientes e fornecedores.

Nesse momento, Cândida colocou sua mão sobre a mão de José e disse:

— Não discuta com seu pai. Ele sabe qual a hora certa de levá-lo à vila. Se diz que não pode ir, pronto, não irá.

— Desculpe-me, meu pai, a impertinência – disse José, com o semblante entristecido.

— Quando puder ir, chamarei. Fique sossegado – respondeu o homem.

Após alguns minutos e terminado o café da manhã, todos se levantaram. Cândida se sentou em uma poltrona na sala e pegou, na mesa de centro, uma caixa de madeira. Em seguida, abriu-a e retirou dela um material de costura. José, que também estava na sala, falou ao pai:

— Meu pai, posso me responsabilizar pelos trabalhos da fazenda enquanto o senhor estiver ausente?

— Sim, caro José. Já tem idade para estar à frente dos negócios enquanto eu estiver fora.

— Papai, posso ir com José? – perguntou o menino mais novo.

— Não sei se será prudente, Inácio. Seu irmão estará sozinho – respondeu o homem.

— Meu pai, tomarei conta de Inácio. Fique tranquilo, ele me obedecerá. Não é, Inácio? – assegurou José.

— Sim, papai, obedecerei ao José.

— Não sei, não...

Nesse momento, Cândida intercedeu por Inácio:

— Joaquim, deixe que Inácio vá com o irmão. José já é um homem e tem responsabilidade.

— *Vossa mercê* tem razão. Certo, podem ir – concordou Joaquim.

José logo se despediu e saiu com Inácio pela grande porta que levava ao exterior da casa. Em seguida, Cândida interrompeu o silêncio:

— Clara, venha continuar a aprender os bordados que estava lhe ensinando! Laura, venha também, pois, observando agora, aprenderá com maior facilidade tão logo puder.

Clara se sentou ao lado de sua mãe e começou a bordar. A filha mais nova, Laura, sentou-se do outro lado de Cândida e ficou observando. Enquanto isso, Joaquim analisava alguns papéis.

Pouco depois, uma linda menina entrou pela mesma porta que Bá havia entrado. Ela era negra, de média estatura e aparentava ter treze anos. Seus cabelos estavam bem presos por um lenço. Seu rosto possuía finos traços, sua boca era bem desenhada e seus olhos, marcantes. Ela realmente era uma menina linda.

Estava com um vestido simples e um avental parecido com o da Bá. Ela se dirigiu à mesa do café da manhã e começou a ajudar Bá a retirar as comidas.

Nesse momento, Joaquim parou de olhar os papéis e ficou observando a menina colocar as travessas na bandeja que trouxera. Percebendo o ocorrido, Cândida falou:

— Algum problema, Joaquim?

Joaquim virou-se para Cândida e disse:

— De forma alguma. Estou vendo se Bernadete vai tirar o café da mesa, pois ainda tomarei mais uma xícara antes de sair. Sabe que sempre tomo mais uma xícara, não sabe?

— Sim, sei, e Bernadete também sabe – respondeu Cândida. E, dirigindo-se a Bernadete, completou: — Não é mesmo, Bernadete?

Bernadete respondeu com uma voz suave e tão bela quanto seu rosto:

— Sim, sinhá, sei, sim, senhora. Não vou tirar o café antes que o sinhozinho tome mais uma xícara.

Joaquim foi em direção à mesa, tomou mais uma xícara de café e, olhando bem em seus olhos, falou a Bernadete:

— Pronto, Bernadete, pode levar.

Acompanhada por Bá, Bernadete se dirigiu para a cozinha. Enquanto isso, observei bem a cena. Joaquim não tirava os olhos de Bernadete, e Cândida não tirava os olhos de Joaquim. Tão logo Bernadete saiu, Joaquim falou para Cândida:

— Minha querida, não acha melhor Laura ir brincar com Bernadete? Afinal de contas, não foi por isso que a trouxemos para a casa grande? Desde que a Bá assumiu os afazeres de limpeza e cozinha, *vossa mercê* me pediu que trouxesse a neta dela para que a substituísse nos cuidados com as crianças.

Observei que Laura ficou contente e se levantou olhando para a mãe, como se esperasse sua aprovação.

— Sim, meu marido, tem razão – concordou Cândida. E, em alto tom, chamou:

— Bernadete, venha aqui, por favor!

A linda menina retornou à sala acompanhada pelos olhos de Joaquim.

— Pois não, sinhá, o que deseja?

— Já acabou de tomar seu café da manhã?

— Sim, senhora.

— Então, vá ao quarto de Laura e fique com ela – determinou Cândida.

Bernadete abriu um grande sorriso e estendeu a mão para Laura, que, correndo saltitante, segurou sua mão. Juntas, subiram as escadas correndo, com uma alegria contagiante. Era fácil perceber que as duas se gostavam muito. Assim que Bernadete saiu com Laura, Joaquim falou:

— Bom dia para todos, estou de partida.

Em seguida, beijou a testa de Cândida, deu um fraterno abraço, seguido por um beijo, em Clara e saiu pela grande porta que levava à parte externa da casa.

Nossa visão acompanhou o caminhar de Joaquim e, assim, pude ver o lado de fora da casa. A paisagem era linda! Estávamos em uma grande fazenda com verde para todos os lados. Também era possível ver um grande lago à frente e várias pessoas andando de um lado para o outro pelos campos. Muitos homens negros trabalhavam.

Joaquim estava em uma grande varanda que levava a duas imensas escadarias, que davam acesso à parte da frente da casa. Lá embaixo, havia um rapaz negro sentado na beira da escada. Joaquim andou até chegar ao gradil da varanda e chamou:

— Gabriel!

O rapaz, que estava sentado, logo se levantou e virou-se para Joaquim:

— Pois não, sinhozinho, pode falar.

— Gabriel, traga meu cavalo, pois vou à vila.

— Alguém mais vai com o senhor?

— Não, irei sozinho hoje.

O senhor quer que eu vá com o senhor?

— Não, Gabriel, hoje preciso ir sozinho mesmo.

Gabriel foi correndo à parte de trás da casa para atender à ordem de Joaquim, que se sentou em uma poltrona de madeira maciça encostada na parede enquanto aguardava. Em seguida, pegou os papéis que levava e continuou a olhá-los. Pouco depois, Gabriel retornou correndo, puxando a rédea de um lindo cavalo marrom-claro.

— Sinhozinho, ele tá pronto. O Caramelo tá pronto, pode descer!

Joaquim juntou os papéis, colocou-os dentro de uma pasta de couro, levantou-se, seguiu em direção às escadas e desceu. Entregou os papéis a Gabriel, que prontamente os colocou em uma espécie de bolsa, como um compartimento ao lado da sela do cavalo. Joaquim subiu no cavalo e deu bom dia a Gabriel, que logo respondeu:

— Sinhozinho, estarei aqui esperando o senhor voltar.

— Não haverá necessidade, Gabriel, pois não sei quando volto. Quando retornar, irei direto ao estábulo para deixar o Caramelo. Quero que vá cuidar dos cavalos e que fique atento a José e Inácio. E lembre-se: as ordens de José devem ser cumpridas como se fossem minhas.

Gabriel sorriu e disse:

— Como o sinhozinho José cresceu, né? Pode deixar, dei a eles dois cavalos bem mansos para saírem. Não terão problemas.

De novo, Joaquim se despediu, cavalgando vagarosamente:

— Até mais, Gabriel.

— Vai com Deus, sinhozinho!

De repente, a imagem que víamos foi se modificando e passei a ver uma cidade bem pequena. Identifiquei uma igreja na praça central, um coreto, um gramado verde e cavalos presos a cavaletes com água para se saciarem.

As ruas eram de paralelepípedos bem irregulares e havia vários comércios e casas em suas beiras. Joaquim vinha cavalgando devagar, e todos o cumprimentavam. Quando chegou até a porta de um estábulo, outro homem negro o cumprimentou:

— Bom dia, *nhô* Joaquim.

— Bom dia, Domingos. Por favor, guarde o Caramelo.

— Nhô Joaquim *qué qui* dê banho nele?

— Pode dar. Cuide dele e o alimente, pois irei me demorar.

— *Pó dexá, nhô* Joaquim. Cuidarei dele *pro sinhô*.

— Obrigado, Domingos.

Joaquim desceu do cavalo assim que chegou. Abriu a bolsa de couro que levava, retirou sua pasta, colocou-a debaixo do braço e seguiu pela calçada. Um menino vendia jornais aos berros em seu caminho. Joaquim comprou um jornal, colocou-o debaixo do braço e seguiu caminhando.

Entrou, então, em um galpão grande e foi em direção a um homem mais velho que se encontrava em pé junto a uma grande máquina pesada de madeira e metal. Vendo-o se aproximar, o homem perguntou:

— Caro Joaquim! E então, vai beneficiar seu café conosco? – perguntou o homem.

— Sabe bem, amigo Julião, que beneficio meu café em minha fazenda, pois tenho minha beneficiadora.

— Sim, meu caro, entretanto torço para que chegue o dia em que sua produção seja tão grandiosa, que terá que beneficiar parte de seu café comigo. Sabe que, na região, é o único que não beneficia comigo.

— Sim, só nós temos beneficiadoras e, como este é o seu negócio, não ofereço benefício a ninguém além de mim mesmo. Dessa forma, não tiro seu sustento e consigo vender meu café tendo um lucro maior.

— Sim, agradeço seu apreço, e é por isso que todos gostam de você. É um homem justo, não pratica preços mais baixos, mesmo que possa, por conta do baixo custo que tem ao beneficiar seu café em sua própria fazenda. Também não oferece beneficiar o café dos demais fazendeiros, mantendo assim meu negócio funcionando sem concorrências.

— Não praticaria preços mais baixos de modo algum, caro colega. Não sou tão ingênuo a ponto de eu mesmo desvalorizar o preço das sacas de café, pois isso traria uma crise a todos que têm no café o seu principal negócio.

— Então, estimado Joaquim, o que o traz à minha beneficiadora se não tem negócios a tratar comigo? – perguntou Julião.

— Precisamos nos falar somente quando fizermos negócios?

— É claro que não.

— Vou me demorar na vila e gostaria de convidá-lo para ir à casa de Madame Elvira para o jantar de hoje.

— Terá algo de novo na casa de Madame Elvira?

— Não, porém preciso entreter-me.

— Aconteceu algo em sua casa?

— Não, apenas nossas necessidades. *Vossa mercê* sabe bem como é.

— Sim, e almoçará onde, caro amigo? – perguntou Julião.

— Irei ao bar do amigo Orlando e almoçarei por lá. Aproveito e faço uma visita.

— De modo algum! Irá à minha casa almoçar.

— Não, meu amigo, quero, de fato, visitar Orlando. Agradeço o convite, mas não darei trabalho.

— Não será trabalho algum, e sim um imenso prazer. Pode visitar Orlando para um aperitivo à tarde, ele ficará satisfeito da mesma forma. Faço questão de sua presença no nosso almoço.

— Sendo assim, aceito seu convite e faço questão de que aceite o meu também.

— Sim, vou acompanhar *vossa mercê*.

Mais uma vez, a imagem que víamos foi se alterando e escurecendo. Quando tudo voltou a ficar visível para nós, já era noite. Podíamos ver Joaquim e Julião cavalgando no meio da rua, em um lugar que parecia um pouco afastado do centro do vilarejo.

Estavam mais à minha frente, impossibilitando-me de ouvir o que conversavam. Eles cavalgaram até uma casa afastada, bem cuidada e grande, porém modesta. Os senhores prenderam os cavalos junto a outros que lá estavam e dirigiram-se à porta de entrada.

Nesse momento, ficamos mais perto e observamos Julião bater à porta, que se abriu, revelando uma mulher bonita e de cabelos soltos. Vestia um corpete preto e vermelho tão justo que quase fazia seus seios pularem para fora. Suas meias eram da cor de sua pele e iam praticamente dos saltos altos até o corpete.

— Boa noite, senhores! Há quanto tempo não os vejo por aqui – saudou a mulher.

Já entrando na casa, Joaquim respondeu:

— Boa noite, Elvira. É sempre um prazer vir aqui, porém não tenho me beneficiado de muito tempo. Os afazeres da fazenda não me permitiram vir antes.

E, enquanto puxava uma cadeira para que Julião se sentasse a uma das mesas, Elvira questionou:

— E *vossa mercê*, senhor Julião? Por que se ausentou por tanto tempo?

— Minha doce Elvira, *vossa mercê* sabe que o desejo de vir aqui é maior do que as possibilidades que meus afazeres permitem – respondeu Julião.

— Sim, eu sei, mas não fiquem tanto tempo longe daqui. Estávamos com saudades! O que os senhores vão querer para começar a noite?

— Traga seu melhor vinho para degustar com meu amigo. Também gostaria de saber se tem alguma menina que não conheço – disse Joaquim.

— Trarei o vinho. Quanto às meninas, como faz um bom tempo que os senhores não aparecem, temos novidades – respondeu Elvira, com um sorriso malicioso ao final de sua frase.

— Elvira, minha cara, hoje ficarei só no vinho. Entretanto, traga uma bela moça para nosso amigo Joaquim – disse Julião.

Reparei melhor no ambiente em que estávamos. Era um grande salão com um bar ao fundo e, além da porta de entrada, tinha uma de saída. Havia lamparinas acesas, porém a iluminação era relativamente baixa, quase uma penumbra.

Várias mesas se encontravam espalhadas pelos cantos do salão, e ao centro havia um espaço vazio, talvez para apresentações ou danças. Do lado oposto do bar, encontrava-se a porta de entrada. Em uma das laterais, um pequeno piano estava encostado na parede e um senhor tocava uma melodia.

Ao lado do bar, havia um corredor aparentemente longo e sem porta, que escurecia à medida que se avançava nele. Atrás do bar, havia uma janela ligando o ambiente a outro cômodo, que me parecia uma cozinha ou algo similar.

Metade das mesas estavam ocupadas com homens de várias idades e classes sociais. Alguns estavam muito bem-vestidos, outros, não tão bem. Não me parecia ter ninguém pobre ali, e todos pareciam estar se divertindo.

Mulheres, que vestiam roupas similares às da Elvira, levavam homens em direção ao corredor. Ao mesmo tempo, outras voltavam de lá com outros homens, todos bem descontraídos. Elvira estava no bar conversando com algumas mulheres. Ela entregou uma garrafa de vinho e três taças a uma delas.

A mulher, então, dirigiu-se à mesa de Joaquim e Julião, aproximou-se, colocou a garrafa e as taças sobre ela e sentou-se ao lado de Joaquim com um sorriso no rosto. Reparei que a mulher era, na verdade, uma linda menina de aproximadamente dezesseis anos.

Seu corpo era bem torneado e tinha o rosto de uma boneca de porcelana: bem branquinho, olhos amendoados delineados por uma forte maquiagem e lábios pintados com um batom vermelho-sangue. Logo que se sentou, foi cumprimentando os senhores:

— Olá, eu me chamo Rosa e é um prazer conhecê-los.

— Olá, Rosa. Sou Joaquim, e este é meu amigo Julião. Será que poderia nos servir?

— Lógico que sim.

Então, Rosa abriu a garrafa de vinho e o serviu aos dois e a si mesma. Os senhores tomaram várias taças de vinho enquanto Rosa nem havia encostado no vinho de sua taça. Rosa levantou a mão, e logo uma das mulheres do bar apareceu com outra garrafa. A cena se repetiu mais duas vezes e, após a quarta garrafa, ela disse:

— E então, Joaquim, vamos entrar?

— Rosa, não estou em condições de ir aos quartos com *vossa mercê*. Pagarei por sua companhia, porém desejo ir embora.

Joaquim pegou a carteira, colocou algumas notas sobre a mesa e perguntou a Rosa:

— Esta quantia é o suficiente?

— Joaquim, pensei que fosse mais generoso. Essa quantia paga apenas os vinhos. Se colocar o dobro, serei bem boazinha com *vossa mercê* da próxima vez que vier.

Então, Joaquim colocou mais dinheiro em cima da mesa. Rosa pegou o restante do dinheiro e o colocou dentro do corpete. Joaquim se levantou, despediu-se de Elvira e, junto a Julião, saiu da casa. Confesso que me surpreendi, pois achei que aconteceria algo na casa de Elvira. Enquanto Joaquim pegava seu cavalo, Julião disse:

— Caro amigo, durma em minha residência, a distância até sua fazenda é grande. Amanhã bem cedo, vai para casa. Peço a um escravo que vá agora até lá e avise a sua família para que não se preocupem.

— Não, vou para minha casa agora mesmo. Preciso ir.

Mais uma vez, vi a imagem mudando à minha frente e, em seguida, vi Joaquim cavalgando por uma estrada no escuro e algumas luzes à frente. À medida que as luzes se tornavam mais visíveis, comecei a identificar que vinham da casa grande da fazenda de Joaquim.

Ele permaneceu cavalgando e tomou o rumo dos fundos da residência. Cavalgou até um estábulo na parte de atrás, desceu do cavalo e puxou as rédeas dele até uma coxia. Chegando lá, deixou o cavalo, fechou a porta e se dirigiu à casa cambaleando.

Dava para ver que o vinho o havia afetado, porém ainda era possível andar sem muitos problemas. Em vez de se dirigir até a porta da frente, Joaquim entrou por uma porta localizada nos fundos da casa. Como estava escuro, ele voltou ao estábulo, pegou uma lamparina e retornou à casa pela mesma porta. Então seguiu em frente até um corredor e continuou andando até uma porta lateral.

A porta levava a um quarto com quatro camas, mas apenas duas estavam ocupadas. Ao entrar, acordou uma das pessoas que dormia.

— Sinhozinho, aconteceu alguma coisa?

— Não, Bá, volte a dormir, preciso falar com Bernadete. Bernadete, acorde.

— Aconteceu alguma coisa com as crianças, sinhozinho? - Insistiu Bá.

— Já lhe disse que não, Bá! Bernadete, preciso de você, a Laura está com medo.

Ao ouvir o que ele disse, meu estômago se revirou.

— Bernadete, acorde! Venha, a Laura precisa de você – Joaquim chamou novamente.

— Sinhozinho – chamou Bá, — o senhor quer que eu vá ajudar?

— Bá, já lhe falei que preciso da Bernadete! Só ela poderá ajudar.

Então, Bá levantou-se e foi até a cama de Bernadete.

— Bernadete, – chamou — acorde, minha filha. A sinhazinha Laura precisa de ajuda e parece que ela só quer você. Vá com o sinhozinho e acalme Laura.

Bernadete se levantou sonolenta, vestiu um robe e caminhou na direção de Joaquim. Os dois se dirigiram a uma saída na direção oposta, fazendo-me crer que tomavam o rumo do quarto de Laura. Assim que Joaquim fechou a porta do quarto, disse:

— Bernadete, Laura não está no quarto. Ela está lá fora e não quer voltar para casa.

— Lá fora, sinhozinho? Como ela saiu?

— Eu não sei como ela foi parar lá, só sei que a vi no estábulo quando cheguei. Tentei em vão demovê-la da ideia de permanecer lá fora, mas ela só chamava por *vossa mercê*.

— Por que o senhor não *pegou ela* no colo e trouxe para casa? – insistiu Bernadete.

— Ela se debateu muito. Só quer *vossa mercê*.

Bernadete saiu da casa pelos fundos, logo seguida por Joaquim. Os dois caminharam em silêncio na direção do estábulo. Quando alcançaram o estábulo, Joaquim abriu a porta, e Bernadete entrou olhando ao redor.

— Onde está Laura? – perguntou Bernadete.

— Não sei – respondeu Joaquim.

— Será que ela fugiu, meu Deus? Vamos procurá-la.

Contudo, Joaquim segurou o braço de Bernadete, fazendo-a olhar nos seus olhos. Ele pendurou a lamparina na parede de madeira ao seu lado e disse:

— Bernadete, há muito venho prestando atenção em *vossa mercê*. É uma linda mulher, e quero tê-la.

— Não, sinhozinho, eu não quero. Onde está Laura? – perguntou Bernadete, com medo.

— Laura deve estar dormindo em seu quarto. Fiz isso porque não suporto mais ter que olhar *vossa mercê* sem poder tê-la. A partir de hoje, *vossa mercê* será minha. Nós nos encontraremos neste estábulo sempre que eu mandar, e a terei sempre que desejar.

— Não, sinhozinho, não posso, não. A sinhá não vai gostar.

Enquanto falava, Bernadete tentava, sem êxito, desvencilhar-se de Joaquim. Ela, então, começou a chorar, e Joaquim a segurou com mais força. Enquanto o homem tentava beijá-la, a menina se esquivava, repetindo que não queria e que sua sinhá não gostaria. Joaquim, então, enfureceu-se e falou mais alto:

— Cale sua boca, Bernadete! A sinhá não saberá de nada! Dê-me um beijo! *Vossa mercê* é minha escrava, eu sou seu dono, e quero *vossa mercê* agora!

Bernadete continuava a chorar baixo e, sem se esquivar, deixou que Joaquim encostasse seus lábios nos dela. De repente, ela não se conteve e mordeu os lábios de Joaquim. Na mesma hora, o homem se afastou e, com as costas de sua mão, deu um tapa no rosto dela. O tapa foi tão forte, que jogou Bernadete no chão de barriga para baixo. A menina virou-se com temor no rosto e, olhando Joaquim, disse:

— Pelo amor que tem a Deus, não me faça isso. Pelo amor que tem a seus filhos e à sinhá, não me faça mal. O senhor sempre me tratou bem, e eu gosto do sinhozinho, mas o sinhozinho *tá* me machucando.

— Bernadete, estou querendo lhe dar carinho. Quero beijá-la, mas *vossa mercê* não está permitindo. Não me venha falar de Deus, Ele não vai escutar nada agora. Ele sabe que *vossa mercê* é minha propriedade. Tenho o direito de possuí-la e a possuirei agora.

Nessa hora, Joaquim desafivelou o cinto e tirou as calças. Bernadete tentou levantar, e foi empurrada para o chão outra vez. Em seguida, a menina levantou mais rápido e disse que ia gritar. Joaquim deu outro tapa no rosto dela, agora com ainda mais força, e ela pareceu desmaiar.

Ele se abaixou e rasgou a roupa de Bernadete, fazendo com que seus seios aparecessem. Em seguida, levantou o vestido da menina e a estuprou. Aos poucos, a imagem começou a desaparecer. Quando pude ver novamente, Joaquim estava em sua cama e já era dia. Ele se levantou e colocou a mão na cabeça.

— Joaquim, está com algum problema? – perguntou Cândida.

— Não, minha querida, estou apenas com dor de cabeça. Ontem, exagerei no vinho com amigos na vila.

— *Vossa mercê* voltou tarde demais ontem. Nem percebi a hora que deitou ao meu lado.

— Foram muitas reuniões de negócios e, quando acabaram, não me permitiram sair antes de um aperitivo. Acabei exagerando.

Ambos se levantaram da cama, aprontaram-se e desceram para mais um café da manhã. Na sala, a mesa já estava posta. Quando Joaquim e Cândida chegaram à mesa, seus filhos, inclusive Laura, já estavam esperando. As crianças deram bom dia aos pais, que responderam prontamente. Reparei que Inácio era de uma felicidade só. Joaquim falou em tom mais forte:

— Bá, estamos à mesa.

Então, Bá surgiu carregando a bandeja com o bule de café. Porém, seu rosto estava sério e olhava para baixo ou para longe, mas não olhava diretamente para a mesa. Neste momento, vi que Joaquim se portava normalmente, como se nada tivesse acontecido.

— Bom dia – disse Bá, em baixo tom e secamente.

Todos responderam, mas Cândida, percebendo um ar diferente em Bá, perguntou:

— Bá, aconteceu alguma coisa?

Joaquim olhou fixamente para Bá, que, olhando para o sinhozinho, logo respondeu:

— Não, sinhá, não aconteceu nada de errado.

— Bá, sirva-me o café – pediu Joaquim.

Bá foi até Joaquim e serviu o café. Em seguida, serviu a todos da mesma maneira como de costume. Depois que todos terminaram, Bá começou a retirar a mesa. Atenta, Cândida perguntou:

— Bá, onde está Bernadete?

— Está de cama, sinhá. Não estava se sentindo muito bem quando acordou – respondeu Bá, enquanto olhava para baixo.

— Precisa de alguma coisa, Bá?

— Não, sinhá, só de tempo mesmo – falou, enquanto observava Joaquim, que sequer se virou para olhá-la.

— Bá, então, depois, peça que Bernadete venha aqui quando estiver melhor.

— Acho que hoje dá não, sinhá. Ela caiu ontem e bateu com o rosto. Machucou um pouco.

— Mas, Bá, como ela está? Vou vê-la – Cândida se mostrava preocupada.

— Carece não, sinhá. Ela está se sentindo bem, só precisa de um tempo para se recuperar.

Enquanto isso, Inácio falava com seu pai:

— Papai, ontem o José se parecia com o senhor, falando com os escravos, dando ordens e ajeitando-os na lida.

— Sim, Inácio, José aprendeu bem, e *vossa mercê* aprenderá em oportunidades futuras. E, como me comprometi, hoje virá acompanhar o José e a mim nos campos.

Inácio abraçou o pai com muita força e um lindo sorriso no rosto. Mais uma vez, a imagem se modificou e identifiquei Joaquim novamente.

Ele estava sentado em uma cadeira imponente e segurava uma taça. À sua frente, havia uma mesa com laterais lindamente trabalhadas, formando desenhos na madeira. Um grande livro estava aberto sobre a mesa e havia lamparinas acesas pelo cômodo, que me pareceu ser um escritório.

Do outro lado da mesa, duas cadeiras mais modestas que a de Joaquim, porém luxuosas e muito bonitas, estavam colocadas em sua direção.

Atrás de Joaquim, havia uma estante com muitos livros. Uma grande tapeçaria encontrava-se abaixo das cadeiras e da mesa. Havia quadros nas paredes e duas poltronas idênticas posicionadas nas laterais do cômodo.

Um busto estava exposto no canto perto da estante e, do lado oposto, encontrava-se uma bandeira branca. Nela, havia uma esfera armilar bordada em dourado, um globo azul posicionado acima da esfera e, no topo, uma Cruz da Ordem de Cristo, de cor vermelha. Era uma bela bandeira, e aparentava ser da época do império.

Joaquim escrevia no livro e bebia um pouco de vinho. Após registrar e analisar os dados por algum tempo, fechou o livro, levantou-se e o guardou na estante. Em seguida, apagou as lamparinas, uma por uma, até que o ambiente ficou escuro por completo. Apenas um feixe de luz entrava pela fresta de uma porta. A porta se abriu e a claridade entrou, revelando Joaquim saindo do escritório.

Na sala, caminhou em direção às escadas e começou a subi-las. Quando alcançou a metade dos degraus, parou e permaneceu imóvel por alguns segundos. Virou-se, então, e pôs-se a descer as escadas. Seguiu em direção à porta que levava à cozinha e entrou por ela.

O cômodo possuía uma comprida bancada de azulejos azuis e brancos que levava até um largo fogão a lenha. Uma grande mesa quadrada com objetos bem-arrumados estava situada no centro do aposento.

Panelas e utensílios organizavam-se na bancada perto da parede, e uma lamparina bem fraca transmitia um toque de luz ao ambiente, permitindo enxergá-lo sem problemas.

Joaquim apanhou um lindo castiçal com uma vela de cera bem escura e a acendeu. Sem demora, continuou caminhando até chegar a uma passagem, por onde entrou e seguiu caminhando. Ela levava a uma escada que se estendia até a parte baixa do casarão.

Reconheci o corredor onde estávamos após descermos a escada: era o mesmo corredor que levava ao quarto de Bá e Bernadete. Confesso que fiquei bastante apreensivo nesse momento. Joaquim aproximou-se da porta do quarto e a abriu.

— Bá, vá preparar algo para eu comer. Estou com fome e quero uma ceia antes de me deitar.

— Sim, sinhozinho, estou indo.

Bá vestiu um robe por cima de suas vestes, um chinelo que estava ao lado de sua cama e pôs-se a caminhar em direção à porta. Quando passou por Joaquim, falou:

— Vamos, sinhozinho, prepararei algo rápido.

— Não, Bá, pode ir, que quero conversar com Bernadete.

— Sinhozinho, não faça mal a ela. Por favor!

— Bá, não se intrometa em minhas decisões. Gosto muito de vossa mercê, foi minha ama-seca, porém me deve obediência.

Bá olhou na direção de Bernadete, que já havia se sentado na cama. Os olhos da menina pareciam suplicar por ajuda. Não podendo fazer mais nada, Bá baixou a cabeça, virou-se e seguiu na direção do escuro corredor que levava à cozinha. Joaquim fechou a porta e disse a Bernadete:

— Minha jovem, acho que já teve tempo de se recuperar. Viu que não adianta resistir, portanto, coopere desta vez.

— Por favor, sinhozinho, não quero mais! Por favor! – suplicou Bernadete.

— Bernadete, cale-se e aceite o prazer que lhe proporcionarei.

Mais uma vez, Joaquim deitou sobre a jovem e a estuprou. Dessa vez, tudo aconteceu sem que Bernadete resistisse.

A imagem se modificou mais uma vez. Era noite e Joaquim subia as escadas. Ele caminhava pelo grande corredor com várias portas duplas, todas bem grandes. Seguiu andando até chegar a uma porta dupla que estava com uma das bandas aberta. Lá dentro, encontravam-se Bernadete e Laura, e as duas brincavam.

Era um lindo quarto com duas camas, uma grande casa de bonecas e vários brinquedos. Ao perceber a presença de Joaquim, Bernadete baixou a cabeça e mudou sua feição de alegria para tristeza. Laura, porém, continuou a brincar junto à casa de bonecas.

— Bernadete, vá para seu aposento hoje após o jantar – disse Joaquim em baixo tom. — Ouviu-me?

— Sim, senhor.

Novamente, a imagem se modificou. Joaquim encaminhava-se ao quarto de Bernadete. Ao entrar, encontrou Bernadete deitada na cama, foi em sua direção e disse:

— *Vossa mercê* é muito bela e estou amando-a. O sentimento que tenho é verdadeiro, porém é minha escrava e não posso lhe dar mais do que dou. Entretanto, continuarei amando *vossa mercê* para sempre, e será só minha para o resto da vida.

Joaquim deitou sobre Bernadete e beijou seu pescoço. Nesse momento, uma lágrima caiu dos olhos de Bernadete. Então, a menina pegou o castiçal que repousava em um criado-mudo ao lado de sua cama, levantou-o bem alto e abaixou-o com força na direção da nuca de Joaquim. Ele se virou por reflexo, evitando o golpe, enquanto Bernadete levantava e corria pela porta.

Joaquim correu atrás da menina, chamando-a, porém Bernadete conseguiu chegar até a cozinha. Bá se encontrava lá, arrumando e lavando o que parecia ser a louça do jantar em uma grande bacia. Quando Joaquim estava prestes a alcançar Bernadete, a menina pegou uma grande faca e virou-se na direção de Joaquim. Surpreso, o homem disse:

— Olhe bem, Bernadete, o que fará com essa faca. Sou muito mais forte que *vossa mercê*.

— Minha filha, larga essa faca. Você vai se desgraçar. Infelizmente, precisa aceitar seu destino – disse Bá.

— Escute a Bá, Bernadete. Você morrerá caso consiga me acertar.

Bernadete, então, pôs-se chorar muito, enquanto todos permaneceram em silêncio. Nesse momento, Joaquim pareceu perceber que Bernadete não mais atentaria contra ele e relaxou sua postura defensiva, ficando mais ereto:

— Venha, Bernadete, dê-me essa faca. Amo-a verdadeiramente, mas não a terei hoje. Deixarei você repousar, e amanhã conversaremos.

Bernadete, que continuava a chorar demasiadamente, disse:

— De que adianta me matar se já estou morta, sinhozinho? O senhor me mata um pouquinho todas as vezes que me possui.

Nesse exato momento, Cândida entrou na cozinha por trás de Joaquim.

— O que Bernadete falou, Joaquim? – perguntou a mulher.

Pego de surpresa, Joaquim virou-se rapidamente para Cândida, porém permaneceu em silêncio.

— O que ela disse, Joaquim? – insistiu Cândida.

— Ora, Cândida, sabe que é direito de todo homem possuir suas escravas. Não me venha com esse moralismo indevido.

— Mas me disse que não era assim, que era diferente dos outros.

Ignorando o comentário de Cândida, Joaquim se dirigiu a Bernadete, dizendo:

— Solte essa faca e vamos conversar. Prometo que chegaremos a um acordo.

Chorando incessantemente, Bernadete segurou a faca com as duas mãos, levantou-a bem alto e, em um movimento forte, enfiou a lâmina em sua própria barriga. Bá gritou e correu em direção à neta, que caiu em seus braços.

Sentada, Bá retirou a faca da barriga da menina, que demonstrou sentir dor com o ato. Chorando menos que antes, Bernadete olhou nos olhos da avó e, baixinho, disse:

— Desculpe, vovó. Desculpe.

Todos permaneceram parados sem crer no que viam, enquanto a menina cuspia sangue no colo da Bá. Pouco depois, Bernadete fechou os olhos, perdeu as forças e morreu no colo da avó. Bá se levantou lentamente e, enquanto chorava copiosamente, aproximou-se de Joaquim:

— Eu o amava como se fosse meu filho, sinhozinho.

Em seguida, enfiou a faca na barriga de Joaquim, enquanto Cândida gritava:

— Não!

Surpreso com a atitude de Bá, Joaquim tirou a faca de sua barriga e introduziu-a no pescoço da escrava, que prontamente caiu morta à sua frente. Sem demora, seguiu cambaleante em direção a Cândida, pedindo por socorro. A mulher colocou um pano sobre o ferimento para estancar o sangue enquanto gritava por ajuda:

— José, corre aqui! Rápido!

Em instantes, José chegou à cozinha e se espantou com a cena que viu.

— Pai! – gritou o filho.

— Filho, não deixe que as crianças entrem aqui. Ordene que Gabriel vá à vila para trazer o doutor Rubens. Oriente-o a dizer que aconteceu um infortúnio comigo, que me feri caindo do cavalo e uma faca entrou em minha barriga. Peça ao doutor que venha preparado para o tratamento – instruiu Joaquim.

Então, a imagem escureceu aos poucos e sumiu definitivamente. Após algum tempo, Bruno perguntou ao nosso amigo:

— Como está, Daniel?

— Estou muito triste e assustado. Não sei se quero mais passar por isso. Há alguma forma de eu não me lembrar de nada, de não participar dessa relembrança? Não quero mais, eu senti tudo o que aconteceu.

— Calma, Daniel. Logo o ajudaremos a se acalmar e não se lembrará de nada quando voltar ao seu corpo.

— Mas lembrarei quando voltar aqui, não é?

— Pode ser que sim, meu amigo. Mas também pode ser que não.

— Prefiro não lembrar. Não quero me lembrar de mais nada. Posso participar sem estar presente?

— Daniel, você precisa estar presente. Entretanto, podemos ver se conseguimos que esteja em torpor ou que não se lembre de nada assim que voltarmos para este ambiente. Veremos o que fazer.

Em seguida, dirigiu-se a mim:

— Andre, podemos abrir os olhos.

Abrimos os olhos e pude ver que Daniel estava com um semblante carregado, com o rosto pesaroso e cansado.

— Daniel receberá fluidos de energização agora, mas não serão dados por nós, pois também desprendemos muitas de nossas energias com essa experiência.

Nossos companheiros espirituais estarão aqui para completarem o processo de esquecimento e de recuperação de suas energias. Devemos sair agora.

Deixamos o quarto e dois homens já aguardavam na sala junto à dona Ermelinda. Quando nos viram, falaram a Bruno:

— Podemos?

— Sim, irmãos, podem ir.

Os dois se despediram cordialmente e seguiram para o quarto de Daniel.

Em cima da mesa, estava uma jarra de suco e quatro copos. Dona Ermelinda serviu os dois que não haviam sido utilizados e nos entregou. Bruno agradeceu e bebeu, enquanto eu experimentava aquele suco maravilhoso mais uma vez. Novamente, lembrei-me de que Bruno não sentia sede, e provavelmente havia bebido por educação.

Dona Ermelinda interrompeu meus pensamentos e perguntou:

— E então, como foi a experiência?

— A senhora sabe que voltar às vidas passadas nem sempre nos traz boas lembranças. Na verdade, independentemente de serem bons ou maus acontecimentos, todos são marcantes, e os esquecemos ao reencarnar para que não possam causar interferências em nossa vida atual. Daniel está relembrando fatos que não foram bons e que o levaram ao carma que tem hoje.

— É um pesado carma, não é mesmo, senhor Bruno?

— É um carma muito pesado e que precisa ser vivido em função dos erros que foram cometidos em várias vidas passadas. Eles nos oportunizam novos aprendizados.

Em seguida, dirigiu-se a mim esticando as mãos:

— Vamos, Andre. Precisamos ir.

Despedi-me de dona Ermelinda, que fez o mesmo, e, em seguida, volitamos ao alto do morro onde estávamos da última vez que nos encontramos. Talvez, estivesse me acostumando com a sensação de volitar, pois me senti um pouco melhor do que das outras vezes. Assim que pude, disse:

— Bruno, estou me sentindo um pouco estranho.

— O que está sentindo?

— Estou feliz pelo trabalho que estamos começando a fazer, mas fiquei um pouco triste e chateado com tudo. Tive a impressão de estar lá nos acontecimentos. Eu me sentia presente e não podia fazer nada. Senti uma sensação de impotência, entende?

— Sim, meu amigo. O que vimos já aconteceu e não se pode mudar o passado. Mesmo que pudéssemos, não seria justo, pois justo é o livre-arbítrio. Infelizmente, nem sempre o livre-arbítrio leva as pessoas a tomarem as melhores decisões. Às vezes, elas sucumbem ao fazer escolhas erradas.

Você se sentiu assim porque a decisão que Joaquim tomou realmente não foi correta.

Temos que levar em consideração que, naquela época, Joaquim cresceu aprendendo que pessoas da raça negra eram inferiores. Muitos acreditavam que os negros sequer possuíam alma; que eram propriedades ou bem materiais; que eram objetos passíveis de compra, troca e venda; que eram motivo de status e mão de obra muito barata; que serviam como presentes.

Joaquim cresceu aprendendo isso e, por esse motivo, realmente acreditava ser dono deles. Mas é lógico que isso não invalida os erros assumidos por agir assim.

— Mas, Bruno, a Bá foi ama-seca dele e praticamente ajudou a criá-lo. Ela o amava como se ele fosse um filho. Ela o feriu, mas ele a matou! Não consigo entender.

— Andre, não consegue entender porque hoje não faria igual. Porém, não julgue. Sabe-se lá se, em outras vidas, você não foi muito pior? E se você tiver comandado um batalhão numa invasão a uma cidade? Quantas mortes podem ter ocorrido por um comando seu? Pense bem, meu amigo. Caso tenha sido comandante de alguma armada e comandado essa armada à guerra, não terá cometido assassinatos em massa?

O fato de você ter feito o seu trabalho ou o fato de realmente acreditar que o que fazia era certo anulariam as mortes que teria causado? Para Joaquim, Bá era uma pessoa a quem ele queria bem, porém nunca a amou de verdade.

Quando ela o atacou, ele agiu por impulso também. Bá amava Joaquim, mas também tentou matá-lo por conta do intenso ódio que sentiu naquele momento.

— Não, Bruno. Eu sei que ela o amava, mas Joaquim fez mal à neta dela. Ela foi obrigada a assistir os abusos por algum tempo, além de cuidar dos ferimentos e lamentos de sua neta. Quando viu a neta se matar única e exclusivamente por causa de Joaquim, perdeu o controle.

— E isso tira a culpa dela? Atacar Joaquim faria Bernadete voltar a viver?

— Não.

— O que teria acontecido se ela tivesse perdoado Joaquim no exato momento em que sua neta cometeu suicídio?

— Ele não a teria matado, mas continuaria sendo uma pessoa ruim.

— Não, Andre. Joaquim era bom para a esposa, para os filhos e até para seus escravos. Ele tratava a todos muito bem, porém, por um conceito que tinha, errou. Se os acontecimentos tivessem parado no suicídio de Bernadete, o carma deles seria bem mais ameno.

E, se ele tivesse perdoado Bá no momento em que foi atingido, também teria um compromisso menor, pois não a teria matado.

Veja bem, Andre, não estou dizendo que Joaquim agiu de forma correta. Porém, agiu de acordo com os conceitos da época, cometeu erros e teve que reaprender a não os cometer em outras vidas. Entretanto, verá que, por não ter perdoado, seu carma foi acumulado.

— É, eu sei. Mas ainda estou um pouco triste, pois me pareceu um filme, só que mais realista. Um filme cujo roteiro já estava pronto e cujas cenas já haviam sido filmadas, e tudo o que eu podia fazer era assistir. Porém, tudo foi verdade e aconteceu. Por isso, ver Bernadete sofrendo daquela forma foi muito ruim.

— Eu nunca disse que a missão que teríamos seria fácil. Você verá ainda outras vidas de Daniel que também o levaram à atual existência. Como elas também foram muito problemáticas, irá testemunhar mais momentos tristes. Entretanto, deve se lembrar de que estaremos, mais à frente, proporcionando um bem a ele, à sua família e a todos que se interessarem pela história.

— Sim, eu sei. E o Daniel? Ele ficou muito mais abalado do que eu. Como ele suportará as próximas vezes?

— Vamos verificar a possibilidade de Daniel participar e se esquecer imediatamente após a regressão, ou até mesmo a possibilidade de ele não estar consciente, o que será um pouco mais complicado. De qualquer maneira, acharemos uma boa solução.

O importante é que ele não levará nada para a encarnação atual e, consequentemente, não atrapalhará a própria evolução.

— Sabe, às vezes, tenho vontade de saber quem é o Daniel de verdade, saber onde ele mora e conhecê-lo pessoalmente.

— Você sabe que isso é impossível.

— Sim, eu sei. E quanto ao Joaquim? Ele sobreviveu à facada dada pela Bá?

— Sim, Andre, sobreviveu. Ele teve problemas pelo resto da vida por conta daquela facada, mas ela não foi a causa de seu desencarne.

— E Joaquim viveu bem com a família, mesmo depois de tudo o que aconteceu?

— Diferentemente de Joaquim, Cândida era uma pessoa muito inteligente e boa. Ela havia se casado com Joaquim por orientação de suas famílias, o que era bem comum na época, mas aprendeu a amá-lo. Ela o perdoou, e isso fez com que vivessem bem pelo tempo que lhes restava na vida terrena.

A família também entendeu o que aconteceu. A pessoa que mais sofreu foi Laura, que amava Bernadete profundamente. Mas ela superou a perda depois de algum tempo.

— E quanto às pessoas que se separam por problemas conjugais? Na traição, em brigas constantes que envolvem até mesmo ofensas e agressões físicas? Ainda assim, as pessoas deveriam se perdoar e ficarem juntas?

— Para a humanidade hoje, o perdão ainda é difícil. O mais importante é que podemos levar conosco o amor verdadeiro, o amor que leva ao perdão.

Veja bem, você não necessariamente precisa amar a pessoa para perdoá-la. O ato de perdoar vem do amor que você tem pela vida, pelas pessoas, por Deus e por você mesmo, pois é preciso amar a nós mesmos para que consigamos perdoar.

E os tempos mudam, hoje as pessoas se separam e encontram novos amores, e não há problema nisso. Uma pessoa pode mudar totalmente sua existência depois que um amor termina, transformando completamente sua vida. Em alguns casos, mudam-se até os gostos dessas pessoas, pelo fato de precisarem se afinar com outro indivíduo.

Nesses casos, as pessoas podem estar cumprindo dois ou mais resgates na mesma vida. O que não deve acontecer é permanecer no erro, causando mais dores a si e ao outro. O ideal é que as pessoas se perdoem pelos erros cometidos, tornando-se amigos verdadeiros e fraternais. Entretanto, sei que isso é muito difícil de acontecer.

Enquanto eu pensava no que acabara de ouvir, ele prosseguiu:

— Muitas vezes, os carmas da vida são aumentados pela falta do perdão. Ao invés de continuar amando a pessoa que o traiu – de qualquer forma que seja possível – você passa a odiá-la, e isso inicia uma disputa que envolve outras pessoas.

Essa situação pode se agravar ainda mais quando as outras pessoas envolvidas forem os próprios filhos. Muitas vezes, uma pessoa faz mal a seu próprio filho ao tentar atingir o antigo companheiro ou companheira, criando discórdias.

Também é muito ruim quando os filhos presenciam troca de agressões e ofensas entre os pais. Eles deveriam protegê-los dessas experiências dolorosas. Nesses casos, a necessidade de ajustes é aumentada e, muitas vezes, fica para outras vidas.

Existem também os casos em que os carmas são adquiridos e anulados na mesma existência, porém são muito raros.

— Entendo o que está falando, mas estou com um pouco de dificuldade para associar tudo. Estou com muito sono.

— Na verdade, você desprendeu muita energia durante nossa jornada, também se emocionou bastante. O que sente é cansaço, e não sono. Você está com sua energia diminuída.

Na comunhão entre nós três, aquele que mais precisa de energização é o nosso amigo Daniel. Dessa forma, até você doa energia a ele durante o compartilhamento de nossas consciências.

Agora, precisa ir embora para que possa descansar. Você vai receber fluidos de reenergização para que possa levantar amanhã bem-disposto para continuar a escrever nosso trabalho. Quando for a hora, nós nos encontraremos mais uma vez.

— Muito obrigado, Bruno. Até a próxima!

— Até a próxima, querido amigo. Fique com a paz do Nosso Senhor.

— Você também, Bruno. Muito obrigado!

O sorriso fraternal de Bruno foi a última imagem da qual me lembro.

Pela manhã, levantei-me e me lembrei de imediato do encontro. Liguei logo o computador e fui fazer um café para mim. O dia seria longo, e eu queria acabar de escrever no mesmo dia.

CAPÍTULO 4

As Consequências

21 de janeiro de 2014.

Ontem, tivemos reunião no centro que frequento, e senti a presença de Bruno. Conversando depois com a Fernanda, soube que ela também pensou nele muitas vezes durante a sessão.

Fiquei esperançoso por um novo encontro, porém, ao acordar na terça-feira, percebi que não havia me encontrado com meu amigo espiritual. E talvez tenha sido melhor, pois estava com um problema pessoal que, nesse dia, precisei resolver.

Passei, então, o dia com meus filhos, que haviam acabado de retornar de viagem. No fim do dia, deitei-me, orei e pedi ao Bruno que pudesse encontrá-lo, se me fosse permitido, pois precisava conversar com ele. Ao acordar, no dia 22 de janeiro, lembrei-me do encontro diferente que tivera com Bruno.

— Olá, Bruno, que bom revê-lo!

— Olá, Andre. Realmente, é muito bom reencontrá-lo.

Reparei que estávamos em uma praça bem bonita. O gramado era bem verde e havia árvores muito bonitas e vários bancos brancos. Pessoas vestidas de branco andavam por todos os lados. Casas localizavam-se no entorno da praça e, ao fundo das casas, prédios bonitos e de arquitetura moderna cortavam o céu. Bruno estava sentado em um dos bancos e me convidou a sentar ao seu lado.

— Por que não nos encontramos ontem? – perguntei.

— Já havia dito que não seria sempre que nos encontraríamos e que não haveria uma regra para a data dos nossos encontros.

— Sim, mas, com exceção do segundo encontro, todos os outros foram em dias de sessão no centro. Assim, pensei que nos encontraríamos em todos os dias de sessão.

— Meu amigo, em primeiro lugar, que bom que passou a tratar nossos encontros como verdadeiros, e não mais como sonhos. Quanto aos dias em que nos encontramos, não dependemos das reuniões no centro para que isso possa acontecer.

Na verdade, você deve ser mais humilde, pois os encontros não acontecem em sua dependência. Você não é o principal indivíduo desse trabalho, assim como eu também não sou.

Devemos ter cuidados com Daniel, pois é ele quem devemos proteger. Sem um colaborador como Daniel, não teríamos esse trabalho. Nós dois seríamos facilmente substituídos, pois não somos melhores que ninguém.

Nos dias de reunião no seu centro, sua aura fica mais receptiva aos encontros porque você vibra em uma energia mais parecida com a nossa. Seus companheiros encarnados também vibram em energias parecidas, alguns mais e outros menos, dependendo de como pensam e agem dentro e fora do centro.

Se tudo colaborar para que possamos ter os encontros e se eles forem autorizados a ocorrer próximos aos dias de reunião no centro espírita que frequenta, nós esperamos que eles aconteçam, pois a sua energia estará mais condizente.

— Não quis parecer pouco humilde. Eu realmente não havia pensado que os encontros dependiam do Daniel, o que é totalmente justo e possível. Sei que sou totalmente substituível, tanto que nunca me achei preparado para esse trabalho. Porém, aceitei-o de coração e pretendo ir em frente até quando me for permitida essa comunicação com vocês.

Mas, Bruno, por quais motivos o nosso amigo Daniel não estava preparado ainda? Ele está bem?

— Daniel reviveu emoções esquecidas, momentos dos quais não gostaria de se lembrar. Ele viu que fez muito mal às pessoas que amava, mesmo achando, na época, que fazia a coisa certa. Hoje, ele sabe que errou muito e, apesar de estar submetido às consequências dos erros vividos no passado e de ter se arrependido de todos eles, ficou muito abalado.

Por esses motivos, sofreu muito quando reviu sua vida e, mesmo com auxílio dos mentores espirituais, foi muito difícil fazê-lo esquecer. Ele precisou passar por um tratamento para esquecer as angústias vividas em nosso último encontro. Agora, Daniel está bem, esqueceu-se do nosso encontro e não vive angustiado.

— Ele não se lembrará mais de nós? O fato de ele ter ficado muito angustiado com as lembranças resultou em algum reflexo na vida atual?

— Daniel se lembra e se lembrará de nós, sim. Ele poderia ter se recusado a continuar, como o fez, porém os mentores espirituais conversaram com ele e o convenceram a continuar o trabalho.

Contudo, teremos a companhia de outro guia espiritual no momento dos nossos encontros. Esse guia não participará da comunhão de nossa consciência e estará lá apenas para cuidar do nosso irmão Daniel, a fim de fazer com que as memórias dele fluam naturalmente, mantendo-o em estado de torpor.

Daniel estará em um estado mínimo de consciência, praticamente inconsciente. Quanto aos problemas na vida atual, sim, ele teve pequenos distúrbios de comportamento. Ele não se lembrou de nada quando voltou ao seu corpo, mas qualquer coisa o irritava. A família dele também sentiu a diferença.

A saúde física do nosso irmão não foi afetada, entretanto a experiência de ter revivido momentos de outra existência interferiu na sua vida atual, o que não pode acontecer. Esta nossa missão interfere na vida de todos os envolvidos, mas o único que não pode ter sua vida alterada nem um pouco é Daniel.

Por esse motivo, ele não se lembrará mais dos momentos vividos em outras vidas terrenas. Todos nós devemos nos doar ao máximo, o quanto pudermos. Tanto nós, desencarnados, quanto vocês, encarnados. Temos nossos afazeres dos quais não podemos nos esquecer, mas devemos fazer nosso melhor para que consigamos cumprir nosso trabalho.

E, para sabermos se estamos fazendo nosso melhor, basta nos questionarmos sempre, todos os dias. Dessa forma, conseguiremos nos melhorar a cada dia.

— Mas você tem alguma previsão de quando teremos outro encontro? – arrisquei.

Depois de mais um leve sorriso, Bruno falou:

— Querido Andre, você é mesmo muito ansioso, e eu gosto disso, pois e o que o impulsiona a alcançar o que deseja. Porém, tudo em excesso é prejudicial, e deve tomar cuidado para que essa ansiedade não o prejudique. Daniel está pronto. Logo que for permitido, haverá nosso encontro, e terá mais trabalho a fazer.

Sorri com a resposta e voltei a falar:

— Que bom, Bruno, que bom! Estou ansioso, sim, por mais um encontro. Também estou curioso, quero saber tudo o que acontecerá. Mas sei que tudo tem seu tempo e sei que preciso trabalhar essa ansiedade.

Então, Bruno me perguntou se eu queria conversar sobre os problemas que me afligiam, e eu respondi que sim. Ele logo me informou que não poderia responder todas as minhas perguntas, mas, ainda assim, conversamos sobre meus assuntos pessoais. Quando encerramos nossa conversa, Bruno se despediu:

— Meu caro amigo, não há tristeza que não preceda momentos felizes, assim como não há felicidade que não preceda momentos tristes. Devemos escolher bem qual valorizaremos mais e qual ficará mais gravado em nossa memória.

Que tal escolher ser feliz? Seja feliz.

Até outro dia, e que fique na paz do nosso Pai!

— Obrigado, Bruno. Muito obrigado por tudo!

Em seguida, não me lembro de mais nada. Depois de acordar, fiquei feliz e comecei a escrever. Agora, vou viver tentando escolher ser feliz, o que pode ser bem difícil. Sempre valorizei os momentos de felicidade, mas agora procurarei valorizar mais.

Capítulo 5

Os Ataques

16 de fevereiro de 2014.

Já havia se passado um mês e dez dias desde o último encontro com Daniel e, três semanas desde o último encontro com Bruno.

Há duas semanas, Fernanda começou a sentir dores no punho. Ela usa a mão diariamente para digitação no trabalho. Como sou fisioterapeuta, emprestei alguns aparelhos a ela e a ensinei a usá-los, para que ela pudesse fazer seu tratamento diariamente. Apesar disso, a dor continuou a incomodar e a atrapalhar seu trabalho, obrigando-a a repousar.

Após alguns dias de tratamento, a mão dela melhorou um pouco, mas ainda precisou trabalhar com uma imobilização, adiando, assim, as atividades com os textos deste livro.

Ontem, houve sessão no centro, e Fernanda teve a oportunidade de conversar com um guia espiritual de um dos médiuns. Ao ser questionada como estava, ela começou logo dizendo:

— Está tudo errado, estou cheia de problemas.

— Você e o Andre estão fazendo um trabalho muito bonito, muito importante e bom. Porém, existem muitos espíritos contra esse trabalho, e eles não querem que vocês deem continuidade a ele. Esse é o motivo de toda essa confusão – respondeu o guia.

Então, Fernanda associou o início das dores incessantes nos punhos, que a impediam de revisar os textos do livro, com a primeira regressão. Sem acreditar nos seus pensamentos, perguntou:

— Então, as dores que venho sentindo nos punhos são por causa disso? E os problemas também?

O guia espiritual ficou em silêncio. Entendendo como positiva a resposta, ela perguntou:

— Posso fazer algo para melhorar?

— Peça proteção a Oxalá[4] e deixe os guias espirituais resolverem isso. O que vocês estão fazendo não será rápido. O trabalho será longo e vai demorar um pouco para concluí-lo, mas será finalizado.

Depois da sessão, ela me contou sobre a conversa com o guia. Confesso que fiquei assustado e nos lembramos também de coisas que aconteceram durante esse período, tanto comigo quanto com ela.

Em uma madrugada, sonhei que minha casa estava sendo invadida por alguém e, quando acordei, estava em pé contra a porta do meu quarto, empurrando-a e trancando-a. Neste dia, senti meu coração na garganta. Quando percebi que era um sonho, abri a porta e caminhei pela casa. Vi que não havia nada, acalmei-me e voltei para a cama.

Fernanda me contou que teve uma experiência semelhante: estava dormindo e teve a sensação de que havia alguém em seu quarto falando com ela. Acordou bruscamente e viu um vulto em sua porta. Também sentindo o coração extremamente acelerado, ela disse, involuntariamente:

"Pode falar!", mas ficou sem resposta. Em seguida, sentiu dores fortes no estômago, sem motivos aparentes.

---

4   "Oxalá": Orixá da criação, da procriação; é a divindade suprema do panteão Yorubá sincretizado com Jesus Cristo. Palavra de origem árabe, cujo significado é "se Deus quiser", "tomara" ou "queira Deus".

Após conversarmos, ela me pediu que, quando chegasse em casa, orasse e pedisse mais um encontro com Bruno. Concordei com ela e assim fiz. Cheguei por volta de meia-noite e meia. Tomei banho e, em seguida, fui para a cama.

Rezei e pedi a Bruno que viesse ao meu encontro. Logo que fechei os olhos, apaguei.

— Olá, terno amigo.

Bruno estava, mais uma vez, envolto numa claridade muito grande. Percebi então que, na verdade, a claridade envolvia a nós dois. Estávamos novamente na zona neutra, que se destinava para vibrarmos em uma energia mais alta, evitando que fôssemos importunados por espíritos trevosos.

— Oi, Bruno, é sempre bom revê-lo, mas, desta vez, estou preocupado. As coisas não andam muito boas para a Fernanda. Por que a estão afetando, e não a mim? Por que não a deixam em paz? Seria mais fácil me afetarem.

— Sim, estão ocorrendo muitos ataques a vocês dois, só que você já é um médium mais experiente e tem mais domínio da sua espiritualidade, o que torna mais difícil o ataque a você.

Mas, ao atingi-la, também conseguem o atingir, visto que você realmente se preocupa com ela. Meu caro, saiba que isso não é sua culpa ou dela.

Quanto à Fernanda, ela está em desenvolvimento espiritual e sua mediunidade está crescendo a cada dia que passa. Porém, ela precisa controlar mais os sentimentos, para que eles não interfiram em sua vida.

Sei que é muito difícil pedir isso a alguém, pois os problemas sempre afetam nossa vida, mas vocês devem pensar em suas auras como se elas fossem suas peles, seguras e fortes. A cada corte que sofrem na pele, que é um escudo preventivo contra agentes externos, vocês ficam vulneráveis a ataques.

Dessa forma, cada problema que realmente nos aflige também nos corta e abre um buraco em nossa aura, tornando-a vulnerável a energias negativas.

— Mas como eles conseguiram essas brechas?

— A Fernanda é muito reservada e não fica contando seus problemas ou suas particularidades a quem não confia de verdade. Ao contrário de você, que fala muito, às vezes até com quem não deveria. Com essas atitudes, muitas vezes você acaba desabafando, e ela não.

Ela deveria fazer isso mais vezes, mesmo que faça somente com as pessoas em quem confia. Todos precisamos desabafar, Andre, mas, no seu caso, deve selecionar mais as pessoas com quem o faz.

Infelizmente, Fernanda se deixa atingir pelas opiniões das outras pessoas. Devemos escutá-las, porém, se essas opiniões não estiverem de acordo com o correto, não devemos nos abater. Naturalmente, podemos ficar tristes, mas devemos pedir a Deus que ilumine essas pessoas e que as faça mudar de ideia antes que tenham que viver experiências dolorosas para que entendam.

Essas opiniões não nos mudam como pessoas, não mudam nosso caráter e não nos acrescentam em nada. Elas apenas afetam nosso estado de espírito quando nos deixamos levar. Apesar disso, até o livre-arbítrio de pensamentos deve ser respeitado.

Se as pessoas são racistas, homofóbicas ou intolerantes e não aceitam mudar e evoluir, não podemos interferir e devemos respeitar seu livre-arbítrio.

— Sim, concordo. Mas é realmente revoltante que, em um mundo que se diz tão evoluído, ainda existam ideias medievais como essas.

— Mundo evoluído? Eu não o classificaria assim. Na verdade, eu o classificaria como mundo em evolução. Se fôssemos todos muito evoluídos, não precisaríamos fazer este trabalho. Nem outros irmãos fariam trabalhos como o que fazemos, as pessoas já seriam evoluídas e não precisariam de ensinamentos.

A Terra ainda está em um momento de expiação, passando por um processo de transição para se tornar um planeta de regeneração. Muitos espíritos sucumbiram, e muitos ainda sucumbirão e não poderão continuar neste orbe[5]. Assim como muitos já estão sendo expurgados para outro orbe. Porém, quem permanecer passará por uma evolução mais rápida.

O que devemos fazer é orar ao nosso Pai para que nos ajude a termos lucidez e a nos arrependermos de faltas cometidas, e que não caiamos perante a chance de crescimento.

E a querer que os menos evoluídos consigam crescer em espírito, alcançando, assim, o direito a permanecer. E que os ignorantes aprendam a amar o próximo como a si mesmo.

Fácil é amar quem nos ama, difícil é amar aqueles que não nos querem bem. É aí que está a verdadeira caridade, o verdadeiro amor.

— O que devemos fazer?

— Você, meu caro amigo, deve ficar mais calado. Não conte do livro a ninguém. Só você e a Fernanda precisam sa-

---

5   Maiores informações sobre esse exílio planetário podem ser obtidas na *Trilogia regeneração*, autoria espiritual de Andre Luiz, psicografia de Samuel Gomes. Editora Dufaux.

ber da história. Depois que o livro estiver pronto, quem se interessar por ele poderá ler tudo.

Você não precisa se antecipar. Isso também vale para a sua vida. Não fique falando dela para muitas pessoas, pois, às vezes, mesmo não querendo, elas atrapalham, uma vez que não vibram na mesma energia que você e acabam envolvendo-o numa energia que não é a sua.

Já a Fernanda deve orar pelas pessoas que a incomodam com opiniões infelizes. Não que ela deva parar de expressar a sua opinião, mas também não deve julgar quem pensa diferente. Ela deve orar para que os guias espirituais e o Pai Celestial possam ajudar na reformulação dos pensamentos dessas pessoas, pois nem o pensamento é livre de nos somar carmas.

Quem pensa de forma errada e realmente acredita nesses pensamentos agregará ao seu carma mais este pesar e terá que sofrer para que aprenda da maneira mais difícil. Então, não devemos ter raiva dessas pessoas, e sim piedade pelo sofrimento que virão a ter nesta ou em próximas existências.

— E os encontros? Daniel está bem?

— Sim, muito bem. Ele se recuperou por completo e conseguiremos fazer com que ele não se lembre das viagens às vidas passadas. Algo parecido com o que fazemos com os médiuns inconscientes, que incorporam e depois não se lembram do que aconteceu durante o período de incorporação.

Os encontros não estão acontecendo por conta dos ataques que vocês vêm sofrendo, e não por causa do Daniel. Devemos estabilizar tudo para que voltemos ao trabalho com as regressões. Até lá, estaremos trabalhando para limpar tudo, e vocês deverão permanecer em oração para que nos ajudem.

— Pode deixar, farei minha parte.

— Faça-me um favor: conte à Fernanda que fui eu mesmo quem ela viu no centro, entre a estante das velas e a porta de entrada. Agora devo partir. Mande um fraternal abraço a ela e fiquem sempre no amor do nosso Pai.

— Darei o recado a ela. Adeus, Bruno, fique com Deus também!

Então, Bruno foi desaparecendo como estivesse se apagando e sumiu. Quando acordei, lembrei-me do encontro que tivemos, levantei e, depois de tomar meu café da manhã, sentei e liguei o computador para escrever.

Toda vez que eu abria o editor de texto, o computador travava, e eu tinha que desligar e ligar outra vez. Isso se repetiu algumas vezes. Peguei, então, meu laptop e, ao tentar ligá-lo, não consegui. Lembrei-me do que conversei com Bruno e resolvi dar uma olhada na vela que acendo para o meu anjo da guarda.

Ela tinha acabado. Acendi outra e orei a Deus que me ajudasse a cumprir meu dever. Em seguida, voltei para a sala e tentei abrir novamente o editor de texto. Desta vez, funcionou e pude escrever. Contei à Fernanda o encontro e dei o recado de Bruno:

— O Bruno me pediu que dissesse que foi ele mesmo quem você viu outro dia no centro. Quando foi isso?

— Eu sabia! – ela respondeu empolgada. — Foi na semana retrasada! Achei que o tivesse visto perto da porta de entrada.

— Estou arrepiado, ele disse que foi entre a estante das velas e a porta de entrada. Foi lá mesmo?

— Exatamente! Exatamente lá! E o impressionante é que não comentei isso com você – respondeu emocionada.

Nessa hora, até eu me emocionei e disse:

— Qualquer ponta de dúvida que eu pudesse ter até agora foi embora.

— E, se eu tinha alguma dúvida de que esse compromisso também era meu, agora se foi. Caiu a ficha de que é verdade, não é?

— Sim, exatamente. Desta vez, não tem como não acreditar – respondi convicto.

Então, contei melhor sobre os ataques. Decidimos cuidar mais do nosso lado espiritual para impedirmos que venha a acontecer de novo. Estávamos ansiosos para saber das histórias que ainda veremos das outras vidas do nosso amigo Daniel.

Capítulo 6

O Escravo

20 de fevereiro de 2014.

Hoje, após um longo dia, fiz o *Evangelho no lar*[6] com meus filhos, como é de nosso costume às quintas-feiras. Depois, assistimos um pouco de televisão e fomos dormir. Para minha surpresa, tive mais um encontro com Bruno.

Dessa vez, eu estava andando sozinho pela praça onde já o havia encontrado da outra vez. Continuei caminhando após sair da praça e segui adiante. Pouco mais à frente, ele vinha caminhando em minha direção com um sorriso no rosto.

— Olá, meu amigo! Como está se sentindo?

— Estou me sentindo bem! Hoje, iremos ver o Daniel ou este será mais um de nossos compromissos para ensinamentos?

— Hoje, teremos mais uma experiência de regressão com Daniel. Tudo será protegido e orientado por guias espirituais que estão trabalhando, neste momento, no plano de defesa em sua residência e na residência de nossa querida irmã, Fernanda, para que nada dê errado durante todo o período do encontro e da regressão.

---

6   "O Culto do Evangelho na Lar é, comprovadamente, a porta que se abre para que nossos amigos espirituais venham participar da vida familiar, trazendo recursos de que ainda não dispomos para desenvolver o equilíbrio tão desejado na convivência". – *Vibrações de paz em família*, autora espiritual Ermance Dufaux, pelo médium Wanderley Oliveira - Editora Dufaux.

Isso fará com que nosso trabalho não sofra influência negativa de nenhum grupo de espíritos trevosos.

— Mas os ataques dos espíritos trevosos foram tão sérios assim?

— Sim, caro amigo. Todos os envolvidos e seus familiares e amigos queridos ficaram expostos a sugestões e interferências desses espíritos, que queriam desestabilizá-los e, por tabela, não permitir a concentração necessária em nossos trabalhos.

Temos, agora, irmãos protegendo todos os que foram e os que possam ter sido envolvidos nesse esquema, para que os trabalhos continuem sendo realizados. Colocamos postos de defesa próximos a vocês, para os momentos de nossos encontros.

— Como são os postos de defesa?

— São postos que impedem a entrada dos espíritos trevosos, pois o local onde vocês repousam sofre assédios. Por isso, é necessário um sistema de defesa provisório no local.

Daqui da colônia, controlamos a aproximação desses espíritos, e os que estão nos postos avançados têm conhecimento de tudo o que se aproxima deles. Aqui, controla-se todo o sistema de defesa. Para desviar os ataques, usamos os lança-raios em direção aos grupos que se aproximam com más intenções.

— Lança-raios? Eles existem aqui? Como eles são? Já aconteceu de vocês usarem esses lança-raios onde moramos? – perguntei, incrédulo.

— Os lança-raios são canhões de energia. Eles lançam feixes energéticos de forças muito intensas e energias brancas muito fortes. Esses feixes paralisam os espíritos trevosos por algumas horas e não os deixam seguir em frente. Além disso, eles também assustam os que não foram atingidos, deixando-os com medo e fazendo-os desistirem de suas intenções.

Sim, já usamos perto da residência de vocês, pois sofreram uma grande investida. Primeiro, os ataques foram com poucos espíritos, mas, à medida que fomos protegendo vocês, as investidas foram se intensificando, até que precisamos usar o lança-raios.

Quando não estamos em nossos encontros, protegemos vocês daqui da colônia, mas, quando estamos aqui a trabalho, montamos postos de defesa avançada onde mais necessitamos.

— Nossa, quantos estão envolvidos nessa tarefa?

— Muitos, Andre. Este trabalho realmente é muito importante, e os guias superiores sabem que é assim. Já esperávamos por isso e sempre trabalhamos desta maneira. Existem equipes preparadas para ajudar em tudo.

— Mas, se já sabiam, por que não nos avisaram?

— Se conseguimos conter os ataques sem nenhum problema, para que preocuparíamos vocês? Não funciona dessa maneira. Tudo está decorrendo da forma como deve, pode ficar despreocupado. Agora vamos. Temos muita atividade pela frente.

Bruno segurou minhas duas mãos e volitamos. Logo estávamos em frente à casa de dona Ermelinda, que se encontrava na janela e abriu um sorriso bonito quando nos viu. Não consegui esconder a felicidade por revê-la e a cumprimentei:

— Boa noite, dona Ermelinda. Que bom revê-la!

— Como vai, Andre? Fico muito contente ao ver que estão dando continuidade a este trabalho fantástico e mais feliz ainda em vê-lo bem.

— Sim, estou bem e muito contente por poder voltar ao trabalho.

— Boa noite, dona Ermelinda. Como estão as providências para a sessão de hoje com nosso querido irmão Daniel? – perguntou Bruno.

— Está tudo em ordem. O irmão Flávio já está na sala esperando sua chegada. É por isso que eu sabia que vocês chegariam a qualquer momento e os estava esperando.

— Então, vamos entrar, pois teremos mais uma sessão de regressão e precisamos de tempo para que consigamos finalizar a sessão antes de nosso irmão Andre despertar para o seu dia.

E assim fizemos. Entramos na sala de estar da casa de dona Ermelinda. Sentado ao sofá, encontrava-se um homem de estatura média, pele negra e rosto muito bonito. Ele se levantou assim que nos viu e disse:

— Boa noite, irmãos! Que a paz do Senhor possa alcançá-los na noite de hoje.

— Boa noite, Flávio! Que assim seja com todos nós – respondeu Bruno.

— Boa noite, Flávio! É um grande prazer conhecê-lo – disse.

— Boa noite, Andre. Eu já o conheço, mas sei que é a primeira vez que consegue me ver. Será um prazer dividir esse trabalho com amigos tão queridos.

— Já nos conhecemos de outras passagens minhas pela colônia do Bruno? – perguntei curioso.

— Posso garantir que já nos conhecemos. Quem sabe mais para frente você venha a se lembrar ou possamos falar a respeito disso. Mas, hoje, a história que devemos ver e contar é a do querido Daniel. Eu serei o guia espiritual que o ajudará no esquecimento e no torpor durante a sessão.

Em seguida, Bruno nos indicou o caminho para o quarto de Daniel, e fui à frente, seguido por ele e por Flávio, enquanto dona Ermelinda permanecia na sala.

Abri a porta do quarto, e tudo estava quase da mesma forma que da última vez: a luz em penumbra, que vinha da vela acesa no canto da mesa, que, por sua vez, estava encostada na parede; a cama encontrava-se no centro do quarto, e Daniel repousava sobre ela.

Dessa vez, a cama estava um pouco mais à frente do que das outras vezes, deixando um vão de aproximadamente trinta centímetros entre a parede e a cabeceira. Logo entendi o motivo: Flávio se posicionou naquele espaço e colocou as mãos na cabeça de Daniel.

Bruno se posicionou em um dos lados da cama e eu me direcionei para o outro. Observei-o enquanto ele estendia as mãos sobre Daniel e fechava os olhos. Em seguida, fiz o mesmo. Mais uma vez, experimentei aquela sensação de bem-estar, senti a energia que passava por dentro de mim. Ouvi Bruno falar em meu pensamento:

— Andre, hoje, Daniel estará presente, porém não estará consciente. Nosso irmão Flávio o manterá em um estado de inconsciência durante nossa regressão. Por isso, mesmo que queira se comunicar com Daniel, não o faça, para que tornemos o trabalho de Flávio mais fácil e tranquilo.

— Sem problemas. O Flávio participará da regressão? Vamos vê-lo conosco?

— Não. Flávio ficará trabalhando para que nada afete a consciência de Daniel, e é por esse motivo que não poderemos nos comunicar com ele durante a sessão de regressão. Devemos deixá-lo trabalhar concentrado para que nada o afete e, assim, Daniel não sofra.

— Sem problemas.

Ambos ficamos em silêncio. Passados alguns segundos, uma imagem começou a se formar na minha frente. Novamente, foi uma experiência realmente incrível. Como da outra vez, eu estava lá, mas, ao mesmo tempo, não estava.

Olhei as imagens com mais cuidado e me surpreendi: estava vendo o mesmo casarão da última regressão. Havia muita natureza por todos os lados, um grande lago à frente do casarão, muitos negros andando e trabalhando nos campos e, atrás do casarão, o estábulo, do qual nunca me esquecerei.

— Bruno, por que voltamos para cá? Ainda tem algo para vermos na primeira encarnação?

— Não, Andre. Na verdade, estamos em outra vida de Daniel, algumas décadas após a primeira encarnação que vimos.

— Mas tão pouco tempo? Pensei que demorasse mais para que tivéssemos uma nova oportunidade de reencarnação.

— Andre, não é a hora de conversarmos sobre o assunto. Após a sessão de regressão, poderemos conversar a respeito.

— Tudo bem, Bruno, desculpe-me.

— Não há necessidade de pedir desculpas, basta controlar sua ansiedade.

— Certo, entendi.

Enquanto seguíamos em frente, percebi que estávamos sendo direcionados para os locais como se uma força nos guiasse. Não conseguíamos andar, mas, mesmo assim, deslocávamo-nos sem nos mexer. Aproximamo-nos do casarão pela parte dos fundos, que levava até os aposentos dos criados e à cozinha.

De lá, um jovem negro de aproximadamente quinze anos saiu pela porta. Ele era magro e com músculos bem definidos. Tinha um rosto bem pronunciado, lábios grossos, nariz largo e olhos marcantes. Suas roupas não pareciam ser de um escravo, pois vestia uma calça bege, uma camisa branca e um suspensório marrom-escuro por cima. Em sua cabeça, havia um chapéu pequeno e, em seus pés, sapatos brilhantes.

O rapaz foi andando e tomou o caminho de trás da casa, em direção ao estábulo. Senti um aperto no coração quando estávamos prestes a entrar no lugar onde acontecera o primeiro estupro de Bernadete.

O jovem abriu a porta do estábulo, entrou e deixou-a aberta. O interior do lugar estava idêntico ao que era anos atrás, na última regressão que vi. Olhei atentamente o local em que Bernadete havia caído depois do segundo tapa de Joaquim, onde fora violentada, e minha barriga gelou.

O jovem foi até uma das baias e retirou dois cavalos, um branco e um marrom. Puxando os cavalos já selados pelas rédeas, o jovem se dirigiu ao casarão, seguindo até as escadarias na parte da frente. Ali, amarrou as rédeas dos cavalos no guarda-corpo da escada e se sentou nos primeiros degraus. Permaneceu sentado olhando para longe, pensativo.

De repente, escutamos uma linda voz, bem suave, que vinha do início das escadas. O rapaz olhou para cima, e a voz repetiu:

— Bento!

A voz vinha de uma linda adolescente. Ela usava um vestido creme bem clarinho, tão limpo que os raios de sol faziam-no brilhar. Ela também aparentava ter aproximadamente quinze anos, e seus cabelos eram castanho-claros e cacheados. Seu rosto, bem desenhado, chamava atenção por seus lábios rosados e olhos esverdeados. A pele era bem clara, macia e suave. Era uma menina de tirar o fôlego.

— Branca, *vossa mercê* está linda!

A jovem enrubesceu-se e olhou para o chão. Atrás dela, um homem alto surgiu. Aparentava ter uns trinta e poucos anos e seu rosto, forte e decidido, ostentava uma barba grossa, muito bem cuidada. Vestia um terno negro muito bem alinhado ao corpo, e sua postura era bastante imponente. O homem olhou sério na direção de Bento e falou:

— Meu rapaz, sabe que não quero que trate Branca com desrespeito. Para *vossa mercê*, ela é senhora ou sinhazinha, como costumam dizer. Não o quero elogiando minha filha.

— Sim, sinhô Mauro. O sinhô tem razão, desculpe-me.

— Papai, não gosto que fale assim com Bento. Ele é meu melhor amigo!

— Não me repreenda, Branca! – disse Mauro, muito sério e em tom incisivo. – *Vossa mercê* me deve respeito.

— Sim, meu pai. É que Bento cresceu comigo, e não o vejo como desigual.

— Mas ele é desigual, sim! Ele é nosso escravo, mas sabe bem que não gosto de tratar nossos servos da maneira como outros fazendeiros tratam. Gosto que se sintam livres para andar pela fazenda.

Além disso, não dou castigo a eles e ainda dou alforria a todos que completam cinquenta anos. Porém, exijo respeito comigo e com minha família. Apesar de saber que são pessoas, eles ainda são negros e estão abaixo de nós perante a sociedade. Quem sou eu para mudar isso?

— Meu pai, o senhor acabou de tratá-lo como os outros fazendeiros tratam.

— O quê?

— Nada, meu pai. Não é nada, não. Se me permite, vou para meu passeio a cavalo com Bento.

— Certo, minha filha.

Dirigindo-se ao rapaz, completou:

— Bento, cuide que Branca fique bem.

— Sim, sinhô Mauro. Ela voltará sã e salva.

Mauro deu as costas aos dois e voltou para dentro do casarão enquanto Bento ajudava Branca a subir no cavalo marrom. A menina se posicionou sentada com as duas pernas para um só lado.

— Está tudo bem, Branca? – Bento perguntou.

— Sim, Bento. Está, sim.

Em seguida, Bento subiu no outro cavalo, e os dois começaram a cavalgar bem devagar. Eles foram em direção ao lago e seguiram por sua margem. À medida que avançavam, recebiam cumprimentos dos negros que ali transitavam e respondiam com felicidade em seus rostos. Ambos eram muito queridos.

Eles avançaram cavalgando, subindo e descendo pequenos montes, até que a casa grande já não era mais visível atrás deles. Chegaram até um lugar de mata fechada e adentraram sem dificuldade através de uma brecha na relva, seguindo em frente até parar junto a uma árvore.

Bento desceu do cavalo e o prendeu em outra árvore. Em seguida, foi até Branca, ajudou-a a descer, prendeu o cavalo marrom com o seu e sentou-se no chão perto das árvores. Branca sentou-se, deitou a cabeça no ombro de Bento e falou:

— Bento, por que vossa mercê nasceu negro?

— Mas não é porque sou filho de negros? – brincou Bento.

— Sim, isso eu sei, não é?! – disse Branca, após algumas risadinhas. — Mas o que gostaria de saber é por que Deus o fez negro... Se vossa mercê fosse branco, não precisaríamos nos encontrar tão longe assim.

— Eu acho que Deus não tem nada a ver com isso, pois Ele não seria tão mal com uns e bom com outros.

— É, acho que tem razão. Será que algum dia irão nos aceitar?

— Sei não, Branca. Viu como o sinhô Mauro me tratou hoje? Ele não quer nem que eu a elogie.

Nessa hora, Branca levantou a cabeça, olhou nos olhos dele e disse:

— Bento, sabe que o amo. Não me vejo vivendo com outra pessoa. Só poderei viver com *vossa mercê*. Não sei como faremos e, talvez, tenhamos que fugir. Posso trabalhar, sei que posso assumir os afazeres de uma casa.

Bento colocou as costas de sua mão no rosto de Branca e, olhando-a com ternura, disse:

— Era tudo o que eu mais queria, porém como fugir em um mundo que não aceitaria um negro como marido de uma branquela? – e deu um sorriso leve. — Como *vossa mercê* poderia trabalhar? Nunca pegou na lida, nunca lavou uma roupa nem arrumou sua cama, sempre teve sua ama. Não saberia trabalhar.

Branca se afastou com o olhar entristecido e, olhando para Bento, disse:

— Posso aprender. *Vossa mercê* sabe e pode me ensinar. E, quanto a sermos um casal, ninguém precisa saber. Basta irmos a um vilarejo desconhecido e fingirmos que *vossa mercê* é meu escravo.

Quanto ao trabalho, posso ensinar piano ou costura e também dar aulas para crianças. Sempre gostei delas, e elas me adoram. Podemos dar um jeito.

— Vamos com calma, Branca. Devemos amadurecer a ideia e, depois, conversar mais sobre isso. Vamos aproveitar que estamos juntos e ficar um pouco em silêncio. Pode me abraçar?

Com um sorriso no rosto, Branca abraçou Bento e deitou novamente a cabeça sobre seu ombro. Os dois permaneceram juntos sem falar nada.

Fiquei feliz com aquela cena. Mentalmente, perguntei a Bruno:

— Quem são eles, Bruno? São Daniel e Bernadete?

— Sim, Andre. Mas vamos nos atentar aos acontecimentos.

— Mas estou feliz pelo amor dos dois!

— Desculpe-me de interromper, mas vamos nos atentar a esta vida de Daniel. Depois, falaremos sobre as hipóteses.

Depois disso, a imagem foi sumindo aos poucos e reapareceu com os dois cavalgando de volta ao casarão. Ambos estavam em silêncio e mantendo distância para que os outros não percebessem nada.

Chegando ao casarão, Bento desceu do cavalo e prontamente foi ajudar Branca a descer também. Mauro estava sentado no banco de madeira que ainda permanecia na varanda.

— Pai, Bento almoçará conosco, não é certo? – perguntou Branca.

— Sim, Branca, sabe que não me importo com isso.

Branca voltou-se para Bento e disse:

— Vá, Bento! Vá depressa, coloque os cavalos no estábulo e depois volte para almoçar.

— Venha comigo!

— Sabe que não gosto de entrar no estábulo.

— Sei e acho você uma boba quando diz isso. Lá não tem nada. Só os cavalos de que tanto gosta.

— Sim, mas não me sinto confortável no estábulo. Se eu tiver que ir até lá, irei, mas, se posso evitar, prefiro. Vá depressa enquanto me lavo para o almoço.

— Sim, sinhazinha.

— Sabe que não gosto que me chame assim.

— Mas o sinhô Mauro pediu que a chamasse assim, e na frente dele assim a chamarei.

— Está certo, então.

Branca virou de costas, segurou as laterais de sua saia, levantando-as um pouco, e começou a subir as escadas com certa rapidez. Ao passar por seu pai, ele disse:

— Calma, minha filha! Assim pode cair e me arranjará um problema onde não há.

Sem dizer nada, Branca entrou no casarão. Mauro olhou para baixo e avistou Bento olhando para a porta. Em seguida, disse em bom tom:

— O que olha, Bento? Vá, não fique parado! Se não estiver na mesa do almoço na hora certa, comerá na cozinha.

— Sim, sinhô Mauro.

Bento subiu em seu cavalo, deu uma volta no manete de sua sela com a rédea do cavalo de Branca e saiu cavalgando em direção ao estábulo. Lá chegando, rapidamente colocou os cavalos nas posições em que os havia retirado mais cedo, correu até um grande tonel e, com dois baldes, pegou água e colocou para os cavalos, que prontamente beberam.

Em seguida, correu até outro local do estábulo, pegou feno e levou para os cavalos. Feito isso, saiu apressado e seguiu até a porta dos fundos do casarão, e entrou por ela. Continuou até um dos quartos, onde pegou uma muda de roupa e uma toalha e, em seguida, saiu correndo mais uma vez.

No corredor, entrou por outra porta num banheiro humilde. Bento alcançou a banheira e rapidamente pôs-se a tomar banho de pé: com um balde pequeno, pegava água em um tonel ao lado e se banhava. Quando terminou, enxugou-se de maneira bem rápida e retirou a água da banheira, sem ao menos se secar por completo. Por fim, vestiu a roupa limpa, arrumou-se e, agora andando com mais calma, encaminhou-se para a cozinha.

Chegando lá, reparei que quase nada mudara. Nunca me esquecerei do desfecho a que assistimos aqui, na primeira vida de Daniel. A grande bancada de azulejos azuis e brancos, o enorme fogão a lenha no final da bancada e a mesa quadrada no centro da cozinha permaneciam idênticos.

Apenas as panelas e alguns outros utensílios estavam dispostos de forma diferente, porém tudo muito limpo e organizado. Avistamos uma senhora negra e gordinha, que acabava de preparar as travessas.

— Tia, o que temos para hoje? O cheiro está de dar água na boca – disse Bento.

— Vai tê porco, pedido do *nhô* Mauro. *Sabi* que ele gosta de porco, *num* sabe?

— Sim, e a comida daqui é bem melhor. Hoje, vou comer aqui mais uma vez – ele disse com grande alegria no rosto. — A sinhazinha Branca me convidou.

— Ara! Cê sabe que *num* gosto disso, porque isso *inda* vai dá *pohrema*.

— Que problema pode dar? Estou acostumado com a família desde pequenininho, fui criado com eles, e eles me ensinaram até a ler e a escrever junto com Branca.

— Sim, *mais cê num* é eles, meu *fio*. Cê nunca vai ser eles. No dia em que eles *num* quiserem mais, *ocê* vai ser *jogadu* fora.

— Mas sinhazinha Branca e sinhá Laura sempre gostaram muito de mim. Até o sinhô Mauro gosta de mim.

— As sinhás *gosta*, sim, mas *nhô* Mauro... *num* sei. Acho que suporta *purque nhá* Laura gosta muito *docê*.

— Ah, tia, deixe de besteira. Está falando coisas que não sabe.

— *Num* é porque *num* sei lê letra que sô burra. Sei o *qui* vejo e sei *qui* enquanto *ocê num incomodá num* tem *pobrema*. Agora, no dia *qui ocê incomodá*, aí já é *otra* coisa.

— Ah, tia, *vossa mercê* está errada. Vou para a sala esperar o almoço.

— *Num* quero *qui ocê* sofra, *fio* – falou a tia.

Bento seguiu para a sala. Encontramos o mesmo cômodo que vimos na última regressão. O chão de tábuas corridas era o mesmo, porém as cortinas que iam do teto ao chão eram outras, eram grená com detalhes dourados. Olhei através da janela e vi o mesmo campo verde e a mesma paisagem que me lembrava de ter visto na outra época.

Os móveis, os castiçais nas paredes, os candelabros sobre a mesa, o piano de cauda e até a harpa ao seu lado encontravam-se da mesma maneira como antes. Os quadros pendurados nas paredes permaneciam no mesmo lugar, inclusive o da família de Joaquim, que ficava perto da mesa de jantar.

Uma senhora, que aparentava ter por volta de quarenta e poucos anos, encontrava-se sentada na poltrona em frente à mesa de centro da sala. Ela era bonita e tinha cabelos bem-arrumados, presos em um coque. Usava um vestido bem comportado e belo, que fechava ao redor de seu pescoço, enquanto mangas longas se estendiam até os punhos.

Ao seu lado, estava Mauro, que segurou e beijou o dorso da mão da senhora. Em seguida, olhou para Bento, que acabava de entrar na sala:

— Bento, sabe que deve avisar quando entrar aqui.

— Meu marido, sabe que não gosto que fale assim com Bento. Ele é como se fosse da família. Eu o tenho como meu filho e é irmão de leite de Branca – disse a mulher.

Em seguida, virou-se para o rapaz:

— Bento, venha cá e me dê um abraço.

Ela se levantou e abriu os braços para ele, que veio em sua direção e a abraçou.

— Bento, meu querido, sabe que o tenho como um filho, não é verdade?

— Sim, sinhá Laura. Sei, sim.

Nesse momento, minha barriga congelou e, impulsivamente, perguntei ao Bruno se aquela era a mesma Laura que havíamos visto antes, filha de Joaquim. Bruno acenou positivamente, de forma breve, para que não continuássemos a conversa e prestássemos atenção. Então, concentrei-me no que continuava a acontecer.

— Ora, Bento, sabe que não gosto de *vossa mercê* me chamando de sinhá. Chame-me de Laura.

— Mas, Laura... – interferiu Mauro — não quero que os outros negros o vejam chamando-a somente de Laura, pois podem não respeitá-la mais.

— Mauro, trato todos os negros de igual maneira e não me importo com isso. Porém, Bento é praticamente meu filho e o amo de forma parecida como amo Branca. *Vossa mercê* também deveria tratá-lo assim, pois sabe que, com os problemas no parto de Branca, não pude nem poderei nunca lhe dar um filho, ainda mais com a idade tão avançada que apresento.

— Não me importo com sua idade. Apaixonei-me à primeira vista quando olhei para seus olhos. Sabia que seria com *vossa mercê* que passaria todos os meus dias. Não me importo em não ter um varão, é só Branca me dar um neto que a continuidade dos negócios estará garantida em nossa família.

— Quanto a esse assunto, quero que respeite os sentimentos de Branca. Ela não quer conhecer nenhum dos jovens que trouxe aqui, até hoje.

— Mas Branca já está em época de ficar noiva e não entendo esse desinteresse por parte dela. Devemos forçá-la a conhecer algum jovem. Não a obrigo a namorar, porém a conhecer.

Nessa hora, olhei para Bento e o vi com um semblante entristecido, olhando para baixo.

— Meu marido, não é assim. Se eu não tivesse agido da mesma forma que Branca, não teria demorado a me abrir e teria me casado com alguém que tivesse a idade regulando com a minha. Assim não teria conhecido *vossa mercê*, que é dez anos mais novo que eu.

— Eu sou oito anos mais novo que *vossa mercê*, Laura – corrigiu Mauro. — E somente agiu assim porque seu pai já havia falecido quando chegou a hora de *vossa mercê* noivar, e sua mãe era muito benevolente.

— Ela era sensata. Peço que aceite o tempo de Branca, que não apresse as coisas.

— Vamos ver até quando aguentarei.

— E *vossa mercê*, Bento? – disse Laura, aproximando-se do rapaz e colocando sua mão no rosto dele. — Veja se me trata pelo meu nome. Ouviu?

— Sim, sinhá... – e rapidamente, depois de olhares risonhos de Laura, completou — quero dizer... Laura.

Olhei na direção de Mauro e o vi bem sério, como se não concordasse com aquilo tudo. Nesse momento, Branca, que estava linda, pôs-se a descer as escadas ao mesmo tempo que a tia de Bento entrava pela sala carregando uma travessa grande de comida em suas mãos. Bento, prontamente, levantou-se.

— Tia, vou ajudá-la! – disse o rapaz, seguindo em direção à cozinha.

Após idas e vindas, a mesa foi posta. Com exceção da tia de Bento, todos se sentaram à mesa. Mauro olhou para Branca e disse:

— Minha filha, já está em idade suficiente para se preocupar em conhecer um rapaz de boa família e enamorar-se, não é mesmo?

— Papai, não quero a corte, por ora.

— Mas, minha filha, logo passará da idade de se casar. Como conhecerá um bom moço?

— Meu querido, acho que acabamos de conversar sobre isso, não é verdade? – interrompeu Laura, enquanto segurava a mão de Mauro.

— Sim, Laura, mas acho que está tudo errado. Branca deve conhecer alguém logo. Se me acontece algo, como faremos? Não viverei para sempre. Se o rapaz for um bom administrador, ótimo; senão, ela terá que me dar logo um neto varão para que eu possa ensinar as dificuldades e os benefícios da administração.

— Mas nem há um pretendente ainda, e vossa merce já está falando em netos. E, se faltarem, há meus irmãos para assumirem.

— Seus irmãos estão na capital e não largarão o jornal nem o escritório de advocacia.

— Pois, na falta do papai, a mamãe deu conta do recado até que *vossa mercê* assumisse.

— É isso que quer? Assumir os negócios? *Vossa mercê* não saberia nem como conversar com os clientes. Nunca precisou disso.

E lembre-se de que sua mãe quase levou a fazenda à falência. Quando assumi, passei maus momentos até conseguir reerguer os negócios. Mesmo com a beneficiadora de café, não foi fácil voltar aos lucros que seu pai obteve.

— Mas mamãe não teve êxito porque os tempos eram outros. Os homens não queriam negociar com ela, e os poucos que permaneceram o fizeram apenas por fidelidade a meu pai.

— E por que acha que será diferente nos dias atuais, minha doce Laura, se a maioria dos homens não vê inteligência nas mulheres? Eu sou um homem diferente dos outros e sei que é muito inteligente, que Branca é diferente e que os negros não são só um pedaço de carne a nosso serviço. Porém, não é assim no mundo fora de nossa fazenda.

— Mas, em sua falta, Bento pode me ajudar.

— Como é ingênua, minha querida. Se não querem negociar com mulheres, *vossa mercê* acha que negociariam com negros?

— Falando assim, Mauro, parece rebaixar os negros a nada.

— Minha cara, estou apenas fazendo com que reflita e entenda as ideias do povo. Muitos acham que os negros são como animais, que não possuem alma ou que, se possuem, é primitiva. Dizem que não são filhos de Deus, apenas criaturas.

— Ai, Mauro, não gosto quando fala assim. Bento é como se fosse do meu sangue, amo-o demais.

— Sim, eu sei, mas vamos encarar a realidade: Bento é negro. Sabemos que é inteligente, perspicaz e que, quando me ausento, comanda bem a fazenda. Parece que faz parte da natureza dele. Bento tem voz de comando perante outros negros, que o aceitam e sabem que confiamos tal tarefa a ele. Entretanto, os clientes não teriam o mesmo aceitamento que nossos escravos.

— Mauro, por favor, já pedi que não os trate como posse.

— É apenas força do hábito, Laura.

Parecia que o assunto se extinguiria, mas Mauro continuou a falar:

— Aproveitando o assunto de um pretendente, preciso contar-lhes que recebi uma proposta do compadre José Francisco de apresentar seu filho a Branca, para que, assim, possamos esperar que se entendam.

Notei, nessa hora, o semblante de tristeza de Bento enquanto Branca interpelava a mãe:

— Mãe, pelo amor de Nosso Senhor, ajude-me, não quero conhecer ninguém.

— Mauro, não pode desrespeitar a vontade de Branca!

— São *vossas mercês* que não estão me respeitando! Afinal, sou ou não o homem desta casa? Sou ou não o senhor desta família? Sei o que é melhor para Branca, e o filho do nosso compadre está voltando de sua formação na Escola Superior. Ele se formou em Ciências Contábeis e, com certeza, saberá conduzir uma família.

Branca estará segura com ele, e *vossa mercê* também, se eu lhe faltar. Sem falar em nossos netos, que terão futuro certo. Ficarei em paz, sem preocupações. Estou fazendo pelo bem de nossa família, e somente isso.

— Mas, pai, o senhor não po... – começou Branca.

Mauro a interrompeu antes que ela pudesse terminar sua frase:

— Respeite-me, Branca! Respeite minha decisão! Não estou forçando *vossa mercê* a se casar, somente a conhecer o tal rapaz.

— Mas já o conheço! É um garoto chato que sempre implicava comigo.

— *Vossa mercê* o conheceu quando rapazinho. Agora, ele está adulto e diferente, com a experiência de ter estudado na capital. Gostará dele, faço certa minha palavra.

— Então, irei conhecê-lo e mandá-lo de volta para casa.

Com os olhos enfurecidos, Mauro se levantou, olhou na direção de Branca e, enquanto golpeava a mesa com o punho cerrado, falou ríspido e em alto tom:

— Branca, seu almoço termina aqui! Pode se levantar e se retirar ao seu quarto até segunda ordem. Não permito afronta à minha pessoa e não deve ser tão insolente.

Branca tirou o guardanapo de seu colo e o jogou na mesa com raiva. Mauro fez menção de ir em direção a ela, porém Laura o segurou pelo braço, impedindo-o de qualquer atitude mais enérgica.

Esse movimento não foi percebido por Branca, que havia se virado e seguido rapidamente em direção à escada, após atirar o guardanapo sobre a mesa.

Incrédulo e com uma péssima fisionomia, Bento se levantou e fez como se fosse sair da mesa. Tive a impressão de que ele iria atrás de Branca. Porém, logo foi interrompido por Mauro.

— O que pretende, rapaz? Não lhe dei permissão para se levantar. Sente-se e acabe de comer!

— Sim, senhor – respondeu Bento, porém permaneceu parado, como se tivesse perdido a fome.

Enquanto isso, Mauro se sentou, ajeitou seu guardanapo e pegou os talheres. Quando olhou novamente em direção a Bento, disse:

— Não lhe mandei comer, rapaz?

— Não fale assim com ele. Se Bento não quiser comer, não precisa. Qual é o problema? – Laura interferiu a favor de Bento.

— Agora, *vossa mercê* também está me afrontando e nunca fez isso! Por que está me desacatando? Aceite minhas vontades, sou seu marido e me deve respeito.

— Mas lhe tenho respeito. Nunca foi injusto, mas está sendo agora.

— Não permito que fale assim comigo, Laura. Vamos comer. – Em seguida, tornou a falar a Bento: — Coma, rapaz.

Laura e Bento retornaram a comer. Bento permanecia visivelmente abalado e Laura estava com aparência de quem estava infeliz. Ao terminarem, Mauro se levantou e disse a Bento:

— Rapaz, peça à sua tia que arrume a mesa.

Em seguida, retirou-se pedindo licença a Laura e começou a subir as escadas. Então, olhou novamente para Bento e disse:

— Ao acabar, vá à casa de José Francisco e fale que poderão vir aqui amanhã à tarde para o chá, assim os jovens se conhecerão. Está entendido, rapaz?

— Sim, senhor – Bento respondeu baixinho.

Nesse momento, a imagem foi escurecendo novamente. Quando voltou, estávamos do lado de fora da casa e vimos Bento, que caminhava em direção ao estábulo. Ao entrar, seguiu direto para uma pilha de selas, pegou uma e a levou para uma das coxias.

Acarinhou um cavalo que lá estava e falou com ele algumas coisas que não consegui ouvir. Em seguida, abriu a porta da coxia, puxou o cavalo para fora, pegou uma corda que estava amarrada em uma coluna e passou ao redor do pescoço do cavalo.

Após preparar a sela sobre o animal, pegou um balde d'água e ofereceu a ele, que bebeu um pouco e logo se desinteressou.

Bento fez carinho nas bochechas do cavalo, que chegou mais perto do rapaz, passando sua cabeça por cima do ombro dele. Bento o abraçou e disse:

— Obrigado, amigão! Obrigado! Você me ama e pode demonstrar isso. Já eu não posso demonstrar o amor que tenho. Só posso demonstrar amor pelos animais ou por outra negra. Mas pelo amor da minha vida, não posso.

O cavalo baixou a cabeça, parecendo descansá-la no ombro de Bento, que continuava a acariciá-lo. Eles pareciam ser amigos de verdade. Bento deu um beijo no animal e, em seguida, montou em suas costas e saiu do estábulo.

Bento caminhou vagarosamente por todo o caminho, como se não quisesse chegar ao seu destino. Volta e meia, olhava para cima, para longe, falava com o cavalo e deitava sobre o pescoço do animal enquanto o acariciava.

Após algum tempo, Bento se aproximou de uma porteira e entrou em uma propriedade que parecia ser grande, dado o enorme casarão que se encontrava mais à frente. Uma estradinha de terra batida cercada por muito verde e alguns montes com flores levava até a casa. Ela era branca e as molduras das várias janelas e portas eram pintadas de marrom.

Apesar de muito grande, a casa possuía apenas um andar. Uma varanda se estendia nas laterais e na frente da casa, coberta pela continuação das telhas. Era uma propriedade muito bonita e imponente.

Um velho homem negro estava sentado em um banco na varanda e, quando viu Bento se aproximar, levantou-se e caminhou em sua direção. Ao chegar até o jovem, ele segurou as rédeas do animal para que Bento descesse do cavalo e cumprimentou:

— Tarde, Bento. Que bom *vê ocê qui*.

— Boas tardes, Jairo. O senhor José Francisco está em casa?

— Tá, sim, Bento. *Peraí qui eu vô chamá*.

Jairo levou o cavalo até um telhadinho sustentado por duas colunas, localizado ao lado do casarão, onde outros animais estavam presos para se abrigar do sol e beber água em um aguadeiro. Bento permaneceu embaixo da varanda da casa, também se protegendo do Sol.

O céu estava azul e sem nuvens, como só vemos em dias de verão, e Bento estava enxugando o suor de seu rosto com um lenço.

Logo depois, um senhor elegante, alto e de cabelos grisalhos saiu da casa. Ele possuía um porte físico bonito e trajava um terno cinza-escuro muito bem cortado. Apesar de andar bem, o homem segurava uma bengala em uma das mãos. Não para apoio, mas como um bonito acessório.

— Boas tardes, Bento. O que o compadre quer comigo?

— Boas tardes, senhor José Francisco. O senhor Mauro convida o senhor e seu filho para o chá da tarde de amanhã. Ele deseja apresentar seu filho a Branca Enquanto falava, Bento olhava para o chão como se torcesse pela recusa de José Francisco.

— Ora! Que boa notícia, Bento! Diga que nos aprontaremos e estaremos lá para o chá: eu, meu filho e minha senhora.

— Sim, senhor, eu direi.

Bento o cumprimentou com um gesto educado, virou-se e seguiu em direção ao cavalo, e uma voz ao longe se fez escutar:

— Bento! Bento! *Peraí* um pouquinho! *Truce* água fresca do ribeirão *procê* – disse Jairo, com uma moringa nas mãos.

— Muito obrigado, Jairo! *Vossa mercê* é uma boa alma – disse Bento, pegando a moringa para se refrescar.

Jairo transparecia um semblante bom, de tranquilidade. Ele não parecia trabalhar por obrigação, como um escravo da época. Na verdade, tive a impressão de que ele estava fazendo de bom grado e que se sentia feliz em ajudar. Ele parecia um bom homem.

Após saciar a sede, Bento jogou água em sua própria cabeça. Depois, agradeceu ao amigo novamente, subiu no cavalo e seguiu pela estradinha que levava para fora da propriedade.

O rapaz cavalgava ainda mais lentamente pelo caminho de volta, olhando para baixo e parecendo não se importar com nada. Parecia que ele estava deixando o cavalo guiá-lo de volta.

Chegando à propriedade, foi ao estábulo e, chorando, começou a retirar a sela do animal. Era um choro contido, as lágrimas escorriam enquanto Bento segurava o pranto, visivelmente magoado. Então, a porta do estábulo se abriu e Branca entrou correndo.

— E então, Bento, eles virão?

— Sim, Branca, virão todos. Na hora do chá.

— Bento, leve-me embora. Vamos fugir agora, vamos para outra cidade, para algum lugar longe daqui! Podemos conseguir o nosso objetivo, seremos felizes!

— Branca, não podemos fazer isso. Seu pai colocaria a polícia atrás de nós. E, quando fôssemos pegos, o que ele faria comigo?

— Ora, Bento. Papai nunca foi violento com os negros da fazenda, nunca castigou nenhum, nem mesmo os fujões.

— Não, nunca castigou. Mas ele vende os fujões, que depois são maltratados em outras fazendas. Se ele se preocupasse realmente com os escravos, não faria isso. Minha tia é que está certa...

— Mas ele sempre deixou claro para todos que o escravo que tentasse fugir não ficaria mais na fazenda, seja porque conseguiu a fuga, seja porque seria vendido nos mercados caso fosse recuperado. Papai sempre disse que não quer escravos problemáticos conosco.

— Mas é isso mesmo que sou, Branca, um escravo, nem mais nem menos.

— Não quis dizer que é escravo.

— Mas foi o que disse, e é verdade. É isso que sou para ele. Minha tia tem razão, quando eu começar a interferir nos planos dele, ele vai querer me vender também. E então, como seria? Eu não poderia mais vê-la. Se ao menos ele não existisse, se fosse só a senhora Laura, talvez tivéssemos alguma chance.

— Mas que conversa é essa? Ele é meu pai e o amo, apesar de toda discordância.

— Se está assim só porque eu disse que queria que seu pai não existisse, como aguentaria uma semana longe dele, em fuga? E, pior, como ficaria sem sua mãe?

— Ficaria triste, sim, não escondo o fato. Mas estaria saindo para ser feliz ao seu lado. Isso me bastaria, com certeza – retrucou a menina.

— Não posso ficar sem vê-la! – disse Bento, com lágrimas caindo mais efusivamente. — Não aguentaria ficar sem, pelo menos, vê-la. Se me arrisco, posso ser vendido, e nunca mais poderei estar com *vossa mercê*.

Nessa hora, Branca correu para abraçar Bento, e os dois estavam exatamente no mesmo local onde, em outra vida, havia ocorrido uma cena de horror. Agora, era um cenário envolto de amor verdadeiro.

Os dois se abraçavam chorando e, de repente, beijaram-se cheios de sentimento e força. Ficaram abraçados e, sentando, continuaram abraçados um ao outro. Após um tempo, Bento rompeu o silêncio:

— Branca, precisa voltar para casa, pois logo notarão sua falta e virão atrás de *vossa mercê*. Se nos pegarem aqui, estaremos perdidos.

— Não me importo mais. Que nos peguem! Vamos falar a todos do nosso amor. Minha mãe nos compreenderá e nos ajudará.

— *Vossa mercê* deve estar febril, pois está delirando. Assim, estaremos me colocando na feira de escravos do próximo fim de semana.

— Mas mamãe não permitirá que isso aconteça. Ela o trata como um filho.

— Mas o senhor seu pai, não. Ele sempre me diz que preciso me portar como um inferior. Vamos aguardar e ver os acontecimentos. Receba os convidados e não deixe que seu pretendente goste de *vossa mercê*.

— Mas como farei isso?

— Não o trate com cortesia, seja indiferente a ele.

— Farei isso, então.

A imagem mudou e mostrou Bento, de roupa trocada, sentado na cadeira da varanda da frente do casarão. Ele olhava a estrada e, de repente, levantou-se e começou a descer as escadas. Ao longe, uma charrete com três pessoas vinha em direção à casa.

O senhor José Francisco comandava as rédeas dos cavalos e, atrás, encontravam-se um rapaz de aproximadamente vinte anos e uma senhora ao seu lado.

À medida que se aproximavam, Bento parecia ficar mais ansioso. Quando chegaram, ele falou:

— Boa tarde a *vossas mercês*!

— Obrigado, Bento – disse o senhor José Francisco.

— Boa tarde – disse a senhora, enquanto estendia a mão para que o senhor José Francisco a ajudasse a descer da charrete.

— Boa tarde, caro jovem – cumprimentou o rapaz enquanto descia atrás da senhora.

Era um rapaz de porte atlético, alto e muito bonito. Trajava um terno muito imponente e bem cortado, um colete preto brilhante por baixo e uma gravata cinza afofada com o que parecia ser uma esmeralda no centro do nó. Seu rosto era de traços finos. Era realmente um jovem muito bonito. Bento olhou para ele e, de cabeça baixa, respondeu:

— Boa tarde!

Em seguida, indicando o caminho, começaram a subir as escadas. Lá em cima, Bento abriu a porta que os levava à sala, onde já se encontravam Mauro e Laura, que se levantaram de imediato.

— Que bom que aceitaram o convite prontamente. Sei que foi em cima da hora, mas que grande oportunidade de nos reunirmos, não? – disse Mauro, enquanto caminhava em direção a José Francisco e apertava sua mão.

— Sempre às ordens, compadre. É sempre um júbilo encontrar *vossa mercê* e sua família – respondeu José Francisco. Em seguida, dirigiu-se à Laura: — Como vai, Laura?

— Bem, e os senhores?

— Muito bem!

— Laura, já faz muito tempo que não nos vemos, não é mesmo? – disse a mulher de José Francisco.

— Ah, Rita! Perdoe-me pelas recusas dos convites. Tenho estado muito ocupada com os afazeres e ensinamentos de Branca. – E, dirigindo-se ao rapaz, Laura completou: — Como está, Ricardo? É um bonito homem agora. Lembro-me de quando corria pelos corredores desta casa.

— Muito obrigado, senhora Laura. Vejo que a beleza não a abandonou. Logicamente, com todo respeito, o senhor Mauro é um homem de sorte.

— Muito obrigada, Ricardo – agradeceu Laura.

— Também me acho um homem de sorte, Ricardo. Vamos todos nos sentar na sala de estar? – sugeriu Mauro.

Em seguida, Mauro foi em direção aos sofás da sala e esperou Laura, que, ao chegar, segurou em sua mão e se sentou. Ele indicou o outro sofá com a mão direita e, educadamente, disse aos outros que se sentassem. Assim todos fizeram. Olhando para a porta em que Bento ainda se encontrava de pé, Mauro falou:

— Bento, pode ir.

Nessa hora, imaginei que Bento iria embora e que não veríamos o que aconteceria, pois os fatos não estariam guardados na memória de Daniel. Porém, escutei Laura dizer:

— Mauro, meu marido, não há necessidade de Bento sair. Sei que os amigos não se importarão de tomar chá na companhia de Bento, não é mesmo?

— Mas é lógico que não. Sei que tratam Bento como se fosse da família – respondeu José Francisco.

— Venha, Bento. Sente-se aqui ao meu lado – chamou Laura.

Bento cruzou toda a sala em direção a Laura, e era visível que estava triste. Laura se levantou, deu um beijo na testa do rapaz e o colocou sentado ao lado dela.

— Bento, o que aflige *vossa mercê*? – perguntou Laura, sussurrando a Bento.

— Esta situação – sussurrou ele de volta. – Branca não está nada confortável, e me preocupo com ela.

— Eu sei, ela é como se fosse sua irmã, não é, querido? – respondeu Branca. – Isso também está me afligindo.

Branca surgiu, então, no alto da escadaria. Ela estava linda. Usava um vestido que a fazia parecer uma bonequinha de porcelana ou até mesmo uma daquelas lindas jovens retratadas em campos floridos em quadros pintados a óleo. Seu cabelo estava preso, como o costume na época.

Ela desceu a escada sem olhar os convidados, fazendo tudo da forma como combinara com Bento no dia anterior. Não falou com ninguém e se sentou ao lado de seu pai, mantendo a cabeça baixa. O jovem Ricardo a acompanhou com o olhar e não deixou de observá-la atentamente.

— Então, minha afilhada, não me toma bênção? – José Francisco perguntou.

— Mil perdões, meu padrinho e madrinha. Peço-lhes que me deem as suas bênçãos – disse Branca, sem se levantar de seu lugar.

— Deus a abençoe, minha querida – disse Rita.

— Que Deus a abençoe, Branca – falou José Francisco.

— Branca, não irá levantar para tomar a bênção de seus padrinhos? – perguntou Mauro.

— Deixe, meu amigo, não há problemas – disse José Francisco.

Dando início à conversa, Mauro perguntou:

— E, então, Ricardo, soube que terminou seus estudos na capital. Como foi por lá?

— O Rio de Janeiro é uma cidade maravilhosa, não posso me queixar. Lá há muitas oportunidades e muito o que fazer. Pode-se fazer uma amizade nova a cada dia. E o ensino é excelente. Foi uma grande experiência estudar lá.

— *Vossa mercê* se formou em Ciências Contábeis, não é mesmo?

— Sim, isso mesmo. Formei-me em Contábeis.

— O que pretende fazer agora que está formado?

— Sempre quis prosseguir com os negócios de meu pai, então pensei: "Qual seria o melhor curso a fazer?". Assim, resolvi que, fazendo contábeis, teria grandes noções de economia e tributos, além de estar inteirado do mundo das finanças.

— Meu filho está me ajudando muito agora. Ele está implementando uma nova dinâmica às contas dos nossos negócios. É ele quem trata das compras e vendas e administra nossos lucros. Está investindo muito bem! – disse José Francisco com orgulho.

— Muito bom, Ricardo, muito bom.

Percebendo que a mesa já estava posta para o chá, Mauro falou:

— Vamos à mesa então?

A mesa estava posta com pães, bolos, biscoitos, queijos e pratos de lindíssimas porcelanas. Cada prato tinha um desenho diferente que se assemelhava aos demais, todos do mesmo tom de cor. Em suas bordas, havia um filete dourado, uma pintura feita em ouro.

As travessas pareciam ser todas de prata, assim como os talheres. A toalha que cobria a mesa tinha um desenho bordado em sua barra, mas, no todo, era de uma cor creme bem clarinha.

Todos foram em direção à mesa para se sentar. Quando Branca foi sentar-se, Ricardo pediu licença a ela e puxou sua cadeira. Branca se sentou e, não por acaso, ele ficou ao seu lado. Ainda assim, ela nem olhava para o rapaz.

Logo, a tia de Bento entrou com uma linda bandeja de prata, três bules e uma jarra de cristal com suco de laranja. Ela pôs tudo na mesa e perguntou se alguém queria ser servido. Mauro, então, respondeu:

— Pode deixar que, se precisarmos, Branca fará as honras.

A tia de Bento virou-se e caminhou em direção à cozinha, enquanto Branca olhou em tom de desaprovação para seu pai.

— Não é mesmo, minha filha? – perguntou Mauro.

— Não que eu vá gostar, mas farei seu desejo – respondeu Branca em tom desafiador.

— Ora, Branca, *vossa mercê* certamente irá... – Mauro começou a falar de forma mais imponente, quando foi interrompido.

— Desculpe-me, senhor Mauro. Mas soube que tem uma beneficiadora de café em sua propriedade – disse Ricardo. Enquanto falava, levantou-se para pegar o bule de chá e servir sua mãe, Rita.

— Rapaz, deixe que minha filha faça isso. Não se preocupe.

— Desculpe-me pela intromissão, senhor Mauro, mas prefiro servir a todos a ver esta linda jovem se aborrecer.

Ela é quem merece ser servida, e faço questão de que seja por mim.

E, pela primeira vez, Branca olhou para Ricardo. Indiferente ao olhar de Branca, Ricardo continuou servindo sua mãe, que parecia ostentar um leve sorriso de orgulho. A menina continuou olhando surpresa para Ricardo. Nesse momento, olhei para Bento e o vi bastante nervoso com a situação.

Assim que terminou de servir a mãe, Ricardo perguntou à Laura o que ela queria e a serviu, fazendo o mesmo com Branca.

— Branca, o que *vossa mercê* gostaria de beber?

Branca não lhe respondeu à pergunta e ficou olhando para frente. Vi Mauro ficando irritado, mas Ricardo continuou:

— Então, posso decidir por *vossa mercê*?

Sem resposta, Ricardo pegou o bule de chá e serviu a xícara posta na frente de Branca. Depois, pegou um pote de porcelana e, enquanto misturava, disse:

— Vou colocar um pouco de mel, pois não gostaria que houvesse amarguras no seu chá. Deixe-me cuidar disso sempre que precisar.

Dessa vez, ao olhar para Ricardo, Branca olhou dentro de seus olhos, e o olhar foi correspondido. Encabulada, ela desviou o olhar, sentindo seu rosto enrubescer. Ricardo deu um sorriso e serviu os outros.

Bento permaneceu olhando diretamente para Branca, que, talvez por vergonha do que estava ocorrendo, não retornou o olhar.

Nesse momento, todos à mesa, com exceção de Bento, já estavam servidos. Como Ricardo procederia? Ele era um homem branco, formado, com cultura... Será que serviria um negro? Não seria demais para um branco, que fora criado a vida toda sob o olhar da escravatura e da inferioridade que os negros tinham perante os brancos? Ricardo logo pôs fim às dúvidas.

— Então, meu caro – falou Ricardo com Bento, da mesma forma que havia feito com os demais, — o que *vossa mercê* gostaria de beber?

— Pode deixar que eu mesmo me sirvo, senhor Ricardo.

— De maneira nenhuma! Se está à mesa conosco, é um de nós e merece ser servido como todos. Faço questão.

Rita, nitidamente, orgulhava-se do filho. Laura, por sua vez, quase não cabia dentro de si com a atitude do rapaz, e Branca permaneceu olhando em direção a Ricardo, que aguardava olhando para Bento.

— Mas esse meu filho, compadre, é realmente um abolicionista – disse José Francisco, rindo e olhando diretamente para Mauro.

— Não, papai, não sou um abolicionista. Sou justo e não concordo com a escravidão. Acho que todo trabalho deve ser remunerado. Assim, os negros que trabalham e recebem pelo suor que depositam em terras que não são suas produzem mais e trabalham mais satisfeitos.

Senhor Mauro, o que gastaria pagando seus escravos, retornaria em tripla parte com os lucros extras em sua colheita, pode ter certeza.

— Mas, assim, os negros iriam juntar dinheiro e ir embora – respondeu Mauro.

— Acredite, compadre, não é bem assim. Vi com meus próprios olhos. Nas minhas terras, os negros estão recebendo para trabalhar, e tudo vai de vento em popa – informou José Francisco.

— Mas como funciona? – Mauro perguntou incrédulo.

— Se me permite, papai, gostaria de explicar.

Após servir Bento, Ricardo se sentou e, com a concordância de José Francisco, começou a falar. Em nenhum momento, voltou o olhar a Branca. A menina, agora, acompanhava-o com o olhar o tempo todo, enquanto Bento a olhava atentamente. Notava-se que ele estava cada vez mais nervoso.

— Senhor Mauro, implantamos uma espécie de cooperativa na fazenda de meu pai. Começamos por abrir a senzala: agora ela fica aberta dia e noite. Ordenamos arrumação e asseio aos negros e demos melhores condições para dormirem, como cama, colchões, lençóis e outros utensílios. Eles não dormem mais diretamente nas esteiras.

Todos aqueles que desejam receber em dinheiro têm de comprar suas comidas e tudo o mais de que precisam. Aqueles que desejam receber o pagamento em produtos, em vez de dinheiro, podem optar por essa forma.

O valor que lhes sobra é adicionado a uma reserva de crédito que controlo em um novo livro que implantei na fazenda. Nele está contido quanto cada um tem de crédito. Também vendemos lotes de terra àqueles que assim desejarem, em dinheiro ou em créditos.

É lógico que o valor de tudo em crédito é menor que o valor em dinheiro, pois, dessa forma, estimulo os escravos a guardarem créditos e não nos descapitalizamos perante o banco.

Essas terras que oferecemos são terras que não nos servem muito. São espaçosas o suficiente para o que precisam, e poderão construir, futuramente, uma casa com uma pequena horta para próprio consumo.

 Se preferirem, podem ficar nas senzalas, que sempre permanecerão abertas. Os lucros da fazenda de meu pai já estão quase triplicando, a produtividade cresceu de tal maneira, que tivemos que construir outro galpão para guardar os grãos.

Estou pensando em comprar uma beneficiadora de café, mas soube que tem uma aqui e gostaria de poder conversar com o senhor para que possamos usá-la se não for atrapalhar seus negócios.

Ofereço em troca essa implementação do sistema de pagamento aos negros e meus préstimos de contabilidade. Dessa forma, nunca mais terá a obrigação de fazer a contabilidade de sua fazenda.

— Muito impressionante, Ricardo, meus parabéns! - disse Laura.

— Realmente, meu rapaz, é impressionante! Mas tenho perguntas a lhe fazer. Como é que você garante a permanência deles na fazenda? - perguntou Mauro.

— Senhor Mauro, todos sabem quanto cada um custou ao meu pai. Então, sabem que ainda são escravos, mesmo não sendo mais tratados dessa forma. Caso queiram, eles podem comprar a si próprios e serem donos de seus destinos, apesar de eu achar que não valeria a pena sair por aí. Mesmo com a carta de alforria nas mãos, embora livres, ainda são negros e enfrentarão muitos desafios fora dos limites de nossa fazenda.

Laura expressava um semblante de satisfação e orgulho. Branca também estava sorrindo e, quieta, permanecia olhando para Ricardo.

— Sendo assim, duvido que vão querer partir. Mesmo sem comprar a liberdade, são livres e podem sair da fazenda, desde que exerçam suas atividades e cumpram com suas obrigações. Caso contrário, são descontados em seus ganhos, como qualquer trabalhador.

No início, eles só querem saber o valor de suas liberdades e sempre ficam verificando quanto têm e quanto falta para comprarem a si mesmos. Com o tempo, eles vão percebendo que o melhor é ficar conosco, pois veem que respeitamos cada um deles e que não terão tal tratamento em nenhum outro lugar.

A partir desse momento, há uma mudança de pensamento, e eles começam a priorizar a compra do terreno. Os que tentam fugir e são recapturados têm uma segunda chance.

Caso haja recorrência, são postos à venda no mercado de escravos, pois não se adequaram à realidade da cooperação, tanto da deles para conosco como da nossa para com eles. Porém, nenhum deles tentou fugir até agora.

— Muito interessante, meu rapaz! – disse Mauro. — Mas fico preocupado de chegar à minha fazenda e não encontrar mais trabalhadores. Como é que sustentarei minha família? Apesar de não ser contra os negros, sei que são extremamente necessários. Não sou um abolicionista, pois me preocupo em como sobreviver sem eles.

— Senhor Mauro, também não sou um abolicionista, pois não concordo em dar de graça a liberdade aos negros. Eles são investimentos de vários anos de trabalho dos senhores de cultivos, que são o tesouro desse império. Não acho que os investidores devem ficar sem uma compensação por tais gastos.

Na verdade, hoje os negros são bens de direito dos senhores, e, por isso, não concordo em liberdade por liberdade. Porém, devemos trabalhar por compensações. Vossa mercê trabalharia satisfeito se fosse obrigado? Ou trabalharia com mais eficácia e dedicação se remunerado e recompensado pelo trabalho?

A verdade é que hoje os escravos trabalham por comida e para não serem castigados. Levantam cedo, mas com pesar, para que não sofram. Já no nosso sistema implantado, eles trabalham para serem indenizados.

Acordam ainda mais cedo e trabalham até mais tarde sem que peçamos, simplesmente para que alcancem mais rápido o sonho de cada um: o sonho de ter uma casa ou de ser dono de seu próprio caminho.

Se não querem trabalhar, não trabalham, descansam e, assim, não recebem por aquele dia ou por aquelas horas não trabalhadas. Isso os deixa mais distantes dos objetivos. Porém, nos outros dias, estão renovados e trabalham, às vezes, ainda melhor. Não é assim conosco? Por que seria diferente com eles?

Não inventei nada, só fiz o que está na frente de todos, mas ninguém consegue enxergar. E quanto a irem embora, isso dificilmente acontecerá, uma vez que o senhor dará a eles terra para fixarem residência dentro de sua propriedade.

Com isso, faremos com que eles próprios e suas famílias queiram ficar. Nunca mais terá problemas com fujões e com compras de negros em mercados. Terá sempre trabalhadores fiéis e contentes.

— É realmente impressionante, Ricardo! – disse Mauro. — Mas acho que, por ora, não tenho coragem para fazer assim. Vamos conversar sobre o assunto futuramente e ver como se sairá em sua experiência a um prazo mais longo.

— Por quê, papai? - questionou Branca, surpreendendo a todos e, principalmente, Bento. — Gostei da ideia. Ricardo foi muito perspicaz e já garantiu que deu certo na fazenda do senhor meu padrinho. Acho que deve pensar em adotar esse sistema aqui.

— Muito obrigado pela confiança, senhorita Branca – disse Ricardo, olhando com ternura para ela. — Espero que os olhos do senhor seu pai também vejam a minha ideia como os seus viram.

Branca olhou para Ricardo e enrubesceu-se com a permanência de seu olhar, mesmo com seu pai falando com ele.

— Meu caro, deixemos isso para depois. Vamos falar da beneficiadora de café em minha fazenda.

O chá transcorreu em clima mais ameno e, no final da tarde, a família visitante já se despedia:

— Foi um grande prazer vir à sua residência, meu compadre – disse José Francisco.

— O prazer também foi nosso, tenha certeza disso – respondeu Mauro. E, virando-se para Ricardo, complementou: — E *vossa mercê*, Ricardo, surpreendeu-me muito com suas ideias e posições. Vejo que se tornou um homem e que não preocupa seu pai quanto ao futuro da família.

— Obrigado, senhor Mauro. Foi um grande prazer e gostaria de voltar mais vezes para acertarmos o uso da beneficiadora de café. E também para que eu possa conhecer melhor a senhorita Branca, com todo o respeito.

Ricardo, então, olhou diretamente para Branca, que, com o rosto avermelhado, olhou para o chão. Ela tinha um pequeno sorriso em seus lábios e percebi que Bento também estava olhando para Branca, porém como se não acreditasse no que via. Laura, então, rompeu o silêncio e falou:

— Ricardo, vamos aguardar outras visitas suas. Quem sabe possam se conhecer com o tempo, não é mesmo? Para que precipitar os acontecimentos?

— Será sempre bem recebido em nossa casa – Mauro completou rapidamente. — Podemos agendar uma visita para o mais breve possível, a fim de que vejamos os negócios e para que tenhamos o prazer da sua companhia para mais um chá ou almoço?

— Logicamente, – respondeu Ricardo e, olhando para Branca, continuou — apesar de que, em minha próxima visita, gostaria de vir como amigo, não como negociante.

— Mas é certo que sim. Pronto, está convidado para o almoço de domingo. Logo após a missa, voltará conosco. Aceita? – perguntou Mauro.

— Mas é certo que sim.

Ricardo, virando-se para Branca, estendeu sua mão e permaneceu alguns segundos sem resposta. Mauro olhou com pesar para a filha, que estendeu sua mão até que Ricardo pudesse segurá-la.

— Atrevo a despedir-me citando Luís de Camões: "Se de saudade morrerei ou não, meus olhos dirão de mim a verdade".

Com essa frase, Ricardo olhou profundamente nos olhos de Branca, que estava nitidamente envergonhada. Ele abaixou, como se fosse beijar a mão dela, e, antes de chegar a um palmo de distância, interrompeu a ação sem tirar seus olhos dos olhos de Branca.

— Foi um prazer imenso reencontrá-la, senhorita Branca. – Em seguida, voltou à sua postura e soltou com delicadeza a mão da moça.

Depois de se despedir dos demais, todos foram para a varanda. A charrete já estava à espera da família, então eles subiram e foram embora. Todos voltaram à sala, e Mauro retomou a fala:

— E então, Laura, não é um homem bom para nossa filha?

— Querido Mauro, é nossa filha quem deve decidir isso, não acha?

— Sim, acho, mas acho também que ela deve dar uma chance ao rapaz. Deixar que ele a conheça e que ela também o conheça. – E, virando-se para Branca, Mauro continuou: — Não é um bom rapaz, Branca?

— De certo, é um bom rapaz, meu pai. Ele mudou muito desde a última vez em que nos vimos, porém não sei se quero conhecê-lo.

— Eu lhe asseguro que irá conhecê-lo. Pode estar certa de que, se não o quiser, tudo bem. Mas que irá conhecê-lo, disso não abro mão.

— Tudo bem, papai, concordo com *vossa mercê*.

— Não estou me sentindo muito bem. Peço licença para me retirar – disse Bento a todos com um semblante entristecido.

Branca fixou o olhar em Bento, que não olhou mais diretamente para ela.

— Claro, meu filho – disse Laura. — Quer alguma ajuda? Quer ficar no quarto de hóspedes por hoje?

— Não será necessário, senhora Laura. Só preciso descansar.

Então, Bento saiu pela cozinha e passou por sua tia, que, assustada com a pressa dele, falou em alto tom:

— Eita *minino* doido. *Quê qui* sucedeu?

Ele ignorou a tia, desceu as escadas e seguiu pelo corredor até chegar ao seu quarto, onde entrou, trancou a porta e se deitou na cama. Em seguida, começou a chorar muito, visivelmente magoado com tudo. Com certeza, foi um dia muito difícil para ele. Alguém tentou abrir a maçaneta, mas, ao percebê-la trancada, falou:

— Meu *minino*, *quê qui* sucedeu? Fale *cumigu*.

— Tia, deixe-me em paz, por favor. Preciso ficar sozinho.

— Abre *pra* mim, meu *minino*.

— Tia, respeite minha decisão, pelo amor que tem por Deus. Preciso ficar só.

— *Ara! Intão dispois, si quisé, suncê podi falá cum eu.*

Bento continuou chorando com o rosto no travesseiro enquanto a imagem se diluiu até não vermos mais nada. Quando a imagem tornou a aparecer, Bento estava sentado em um toco de madeira do lado de fora da casa grande. Era noite, e o rapaz olhava a Lua enquanto mascava a raiz de um capim que havia retirado da grama perto dele.

— Boa noite, Bento! – disse Branca, enquanto se sentava ao seu lado.

— Deve estar sendo uma noite boa para *vossa mercê*, não é mesmo? – perguntou Bento em tom de ironia.

— Lógico que sim. Por que não estaria?

— Não sei. *Vossa mercê* é quem deve me dizer. Deve estar toda feliz de ter conhecido o senhor Ricardo.

— Pare com essas besteiras, Bento. Vi no senhor Ricardo uma grande oportunidade.

— E ainda fala na minha cara que viu nele uma grande oportunidade – disse Bento, enquanto se levantava como se fosse embora.

— Mas ora, Bento. Sente-se aqui ao meu lado e pare com esses pensamentos. Eu o amo e mereço respeito de vossa mercê – disse Branca.

— Respeito? Mas *vossa mercê* pareceu bastante impressionada com o senhor Ricardo, não é mesmo?

— Sim, lógico que sim, mas escute o que vou falar...

Sem escutar, Bento se retirou, deixando Branca para trás.

Ele caminhou em frente e se distanciou cada vez mais da casa grande. Seguiu caminhando sem ao menos olhar para trás. Branca não o acompanhou.

Bento estava só e de onde estava podia ver uma luz à sua frente e ao longe. Foi em direção a ela, que era de uma lamparina dentro de um casebre velho. Ao chegar mais perto, encontrou um homem armado, apresentando uma péssima aparência. Ele possuía uma barba cheia e disforme, cabelos despenteados e usava uma roupa suja.

— O *qui* quer, negrinho? – perguntou o homem.

— Ora, o senhor Mauro já mandou *vossa mercê* me tratar bem, não é?

— Ele *podi mandá* o que quiser. Para mim, *ocê num* passa de um negrinho *qui* eu *num* posso encostar. Mas um dia *ocê* vai *tê* o *qui* merece.

— Vamos, abre a senzala. Hoje, quero ficar aí dentro.

— Olhe *qui* posso *acabá* confundindo *ocê* lá dentro e dando um corretivo em *ocê* – disse, rindo de forma sarcástica.

— E a senhora Laura manda decapitá-lo.

— Se *num* fosse sinhá Laura, tenho certeza *qui* o sinhô Mauro *num* seria o mesmo, e *ocê* estaria nas *minha mão*, seu negrinho desaforado.

Em seguida, abriu a porta. Outros homens armados mais ao longe observavam o que ocorria. Bento entrou na senzala e escutou a porta se fechar atrás dele. Por fim, o capataz falou:

— Um dia, *vô vê ocê* apodrecer aí dentro.

O lugar tinha apenas uma lamparina, fazendo com que os outros negros que ali estavam fossem vistos apenas através de uma penumbra. O ambiente era um grande galpão e suas paredes eram sujas e rachadas. O chão estava coberto de esteiras, nas quais homens e mulheres se ajeitavam da forma como podiam.

Em um canto, havia uma fossa protegida por uma construção baixa de madeira que permitia que a metade do corpo da pessoa que a usava fazendo as suas necessidades fosse vista naquele momento.

Não nos era possível sentir o cheiro, mas, pelos tratamentos que recebiam, tive a certeza de que não devia ser dos melhores.

Em outro canto, havia uma cozinha improvisada: um fogão de barro, panelas que pareciam de Bambu Brasil, vários coités empilhados sobre uma prateleira de uma madeira tão velha que parecia que poderia cair a qualquer momento, e uma mesa de madeira, também improvisada.

Era certo que tinham sido os próprios escravos que haviam feito essa mesa. Uma senhora cozinhava em um único caldeirão de ferro que vi. Bento se aproximou dela e disse:

— Oi, tia, o cheiro está excelente. O que é?

— Oi, Bento, que bom *qui ocê tá qui*. É um *cuzidu qui tâmo* fazendo – respondeu outra tia, que não era a mesma que estava na casa grande.

— Que delícia! Posso jantar com *vossas mercês* hoje? – perguntou Bento.

— Claro que pode, *fio*.

Bento pôs-se a andar e se sentou-se ao lado de outro negro, que aparentava ter a mesma idade que ele, e perguntou:

— E então, Zé, como estão as coisas por aqui?

— *Ara!* Tudo na mesma... di manhã *acorda*, sai pra roça, *vorta* pra *armuçar* e vorta pra *trabaiar*. Todo dia a *merma* coisa.

— Mas e o feitor? Tem maltratado *vossas mercês*?

— Todo dia ele faz alguma coisa com *arguém*... um dia bate em um, outro dia deixa *arguém* de castigo... parece *qui qué deixá nóis cum* raiva dele. *Num* tem um *qui* goste dele aqui.

— Ele sempre quis me maltratar também... se não fosse a proteção da senhora Laura, eu estaria perdido.

— A gente vê *qui* ele *qué ocê di* qualquer forma... se *pussiver*, ele pega *ocê. Ocê* tem *qui tumá* muito cuidado.

— Mas, Zé, quero falar daquele assunto.

— Da sinhazinha? – perguntou Zé, sussurrando.

— Sim, quero lhe falar, pois preciso desabafar – Bento falou, também sussurrando.

— *Qui si* sucedeu?

— Acontece que o senhor Mauro está querendo que Branca conheça o filho do senhor José Francisco. Ele tem ideias boas, é bom moço, estudado, bonito e branco.

— E *ocê tá* morrendo *di* ciúme, né?

— Sim, mas eu tenho motivos, pois o encontro aconteceu. A família dele foi convidada para o chá da tarde e vieram todos. Ele foi muito imponente durante o encontro e virou o centro das atenções. Branca ficou derretida por ele, tenho certeza.

— Mas eu já tinha dito a *ocê qui* isso *num pudia dá* em boa coisa. Eu disse *qui* isso *num* dá certo. *Ondi* já *si* viu a *fia* de um *sinhô di iscravo* sendo namorada *di* um negro? Bento, *ocê* tire isso da cabeça.

— Mas, Zé, agora quero fugir com Branca, quero ir para bem longe! Preciso da sua ajuda. Quando quis me ajudar, eu disse que não precisava, porém agora preciso ir para o mais longe possível.

— Mas isso *num podi sê* assim de um dia *pru* outro, *priciso* de mais uma semana. Tudo bem?

— Se precisa, então que seja. É bom que me dá tempo de falar com Branca. Amanhã, voltaremos a falar sobre esse assunto.

— Tá bom, Bento.

Nessa hora, a tia que cozinhava se aproximou de Bento e de Zé, oferecendo um coité para cada um. Bento e Zé pegaram os coités e colocaram farinha dentro do cozido. Zé ajeitou a comida com a mão, fazendo pequenos bolinhos, e comeu. Mas Bento se levantou e foi até a área da cozinha, pegou uma colher de pau e voltou para o lado de Zé.

Após misturar a farinha no coité, também se pôs a comer. Parecia estar delicioso, pois a maioria das pessoas repetiu. A tia colocava pouco em cada coité e ainda havia muito no caldeirão.

Os dois também repetiram e, depois, continuaram a conversar sobre outras coisas. Bento se deitou e ficou ouvindo histórias que o amigo contava sobre o trabalho até dormir. Ao perceber, Zé se deitou ao lado do amigo e também fechou os olhos.

Na manhã seguinte, Bento voltou para a casa grande, encaminhou-se para a entrada de baixo, pegou roupas limpas em seu quarto e seguiu em direção ao banheiro. Já de banho tomado, saiu da casa e se sentou ao pé da escada que levava à sala. Permaneceu lá durante algum tempo, até que Branca saiu pela porta e o olhou.

— Branca, preciso falar com *vossa mercê* – disse Bento.

Branca se virou, como se fosse voltar para a sala, mas Bento pediu:

— Branca, por favor, espere um minuto.

— Por que tenho que esperá-lo ou fazer o que me pede?

— Preciso lhe falar – disse, aproximando-se de Branca.

A menina, visivelmente magoada, virou-se e ficou de lado para ele, esperando que falasse. Sussurrando, ele falou:

— Branca, a hora que tanto espera está chegando. Fugiremos em no máximo uma semana.

— Mas agora não quero mais fugir, pois nós agora...

— É o senhor Ricardo, não é? Quer conhecê-lo – disse, interrompendo Branca.

— É. Preciso conhecê-lo, porém o que quero...

— Chega, Branca! Não vou ficar ouvindo essa conversa de apaixonada. – Em seguida, Bento virou-se e desceu as escadas correndo.

— Mas, Bento, volte aqui!

Mais uma vez, cheio de ciúmes e abalado, ele saiu correndo para longe da casa, enquanto Branca permaneceu na varanda observando-o se afastar.

Mais tarde, e já vestido com outra roupa, Bento estava em uma colina perto da casa. De longe, observava Ricardo e sua família chegarem na bonita charrete da família. Era domingo, o dia combinado para o almoço.

Bento começou a se aproximar devagar e observou todos entrarem na casa. Se mantendo a uma distância segura para não ser visto, ele continuou observando. Após algum tempo, Ricardo e Branca saíram da casa conversando e se sentaram no banco da varanda. Vez ou outra, trocavam sorrisos.

Ricardo, então, levantou-se, ficando de frente para Branca, gesticulando como se contasse uma história, enquanto a menina permanecia atenta. Percebi que Bento seguia olhando, imóvel, parecendo não acreditar que Branca não havia cumprido o trato de não deixar Ricardo se aproximar. E, mais ainda, ela parecia deixar que ele a cortejasse.

Então, Laura apareceu, falou algo, e eles entraram novamente. Era a hora do almoço, e todos ficaram bastante tempo lá dentro. Bento não saiu de sua posição, apenas se sentou e permaneceu olhando a casa. Após algumas horas, Ricardo e Branca saíram novamente pela porta.

Branca estava segurando uma sombrinha, então era certo que iriam caminhar pela fazenda. Eles desceram as escadas enquanto Laura reapareceu na varanda e se sentou no banco. Os dois caminharam em direção ao lago e conversaram enquanto o margeavam, sempre bem vigiados por Laura e, sem que soubessem, também por Bento, que permanecia imóvel.

Após conversarem por bastante tempo, os jovens retornaram à casa. Laura se levantou e foi até a porta do casarão, parecendo chamar alguém. Em seguida, retornou para o lado dos dois. Mauro se juntou aos três, e eles ficaram conversando por alguns minutos.

Ao longe, Jairo saiu do estábulo montado em um cavalo e trazendo outro puxado pela rédea presa em sua sela. Ao chegar junto a casa, ele desmontou do cavalo e acenou para o grupo acima. Ricardo e Mauro acenaram em resposta, porém conversaram mais um pouco.

Ricardo se despediu de Laura e de Mauro, e Branca desceu com ele até o pé da escada. Lá permaneceram por mais uns dois minutos, até que Ricardo pegou a mão da menina e repetiu o gesto do outro dia: fez menção de beijar sua mão, porém chegou a alguns centímetros dela sem tirar os olhos de seu rosto e voltou à posição ereta.

Em seguida, virou-se, subiu em seu cavalo e foi embora com Jairo, ambos cavalgando e sendo observados por todos. Branca subiu novamente as escadas e parou ao lado do pai, que passou um dos braços sobre os ombros da filha, ainda observando a partida de Ricardo.

Nessa hora, Ricardo virou o rosto em direção a casa e, de longe, acenou um último adeus, sendo respondido por todos. Quando Ricardo desapareceu de vista, todos começaram a entrar na casa. Branca, por sua vez, parou à porta e se virou, como se procurasse algo. Depois de pouco tempo, também entrou na casa.

Bento se levantou e foi andando na direção contrária da casa, e tomou o caminho que havia feito quando foi à senzala no outro dia. Ele se aproximou de uma janela gradeada por madeiras grossas e escuras e, olhando para o interior da senzala, perguntou:

— Olá. A senhora viu o Zé?

— Foi pra lida *cedim*, *cedim* – respondeu uma senhora negra que preparava alguma coisa no fogão.

— Sobrou alguma comida do almoço? Estou com muita fome.

— Sim, tem umas raspas *di cumida* aqui, ó.

Então, a senhora pegou um coité e colocou um pouco de comida. Em seguida, levou até a janela e entregou a ele, que, dessa vez, comeu com as mãos. Após comer, devolveu o coité, despediu-se e foi em direção ao campo.

Caminhou por um tempo até que avistou muitos negros trabalhando na colheita do café. Era um campo grande e havia muitos capatazes ao redor dele, todos armados. Bento continuou caminhando, ia em direção a um dos trabalhadores que ali estavam:

— Boa tarde, viu o Zé por aqui?

— Vi, sim, ele *tá* logo ali na frente. Olhe! – respondeu o homem enquanto apontava para Zé, que colhia café um pouco à frente.

Bento agradeceu e caminhou até o amigo.

— E então, Zé, como estão os preparativos? – cochichou Bento ao amigo.

— Tudo certo, acho qui em três dias nóis vâmo – respondeu Zé.

— Mas estou com um problema.

— Que qui foi qui si sucedeu?

— Branca não quer fugir e teremos que sequestrá-la. Sei que posso fazê-la mudar de ideia depois de fugirmos.

— Ara, Bento, ocê tá é louco. Num podi fazê isso, não. Vai dá errado assim.

— Zé, preciso da sua ajuda. Farei isso com ou sem vossa mercê, mas preciso de vossa mercê. Por favor, ajude-me.

— Ara, eu sei qui vô si arrependê, mas tudo bem. Vâmo cuntinuá.

Nesse momento, escutamos uma voz vindo por trás dos dois:

— Eu sabia qui ia pegá ocê um dia, negrinho! Ocê tá discurberto, i vô contá tudo para o sinhô Mauro – disse o capataz enquanto mirava a arma para a cabeça de Bento.

— Feitor, por que diz isso? Eu não fiz nada – disse Bento, tentando despistar.

— I eu não iscutei qui vai fugi cum esse negrinho fedorento i inda vai levá a sinhazinha? Iscutei bem o qui disse.

— Não foi nada disso que escutou. Vossa mercê entendeu errado.

— Cale a sua boca, seu negrinho safadu! É o sinhozinho qui vai dicidir o qui vai acontecê.

O feitor chamou outro homem e mandou que ele fosse buscar o senhor Mauro.

— Ocês dois, vâmo. Vâmo pra senzala. Lá ocês vão tê o qui merecem.

Empurrando Bento e Zé para a frente, levou-os para a senzala.

O feitor foi caminhando atrás dos dois até chegarem lá. Abriu uma outra porta, que ficava de frente para a porta de entrada da senzala, e os três entraram em uma sala bem menor, que tinha um tronco com grilhões exatamente no centro dela. Grossas argolas se prendiam às paredes ao redor da sala, e algemas de ferro bruto, presas a correntes, passavam por dentro delas. Em um canto, vários chicotes, varas secas e barras de madeiras grossas.

O feitor prendeu os dois nas algemas e pôs-se a rir sarcasticamente enquanto olhava para Bento. E assim ficou até a chegada de Mauro.

— O que está acontecendo aqui? Por que prendeu o Bento, feitor?

— Porque esse negrinho *tava* tramando fuga *cum* esse outro.

— Mentira dele, senhor Mauro. Ele sempre quis me pegar e está falando isso só para que o senhor permita que ele me castigue.

— Mas ora, *vâmo pará di* conversa fiada. Pergunta pra esse aqui. Ele é frouxo e vai *contá* tudo. É só *dá* umas chicotadas nele. I o *sinhô* sabe que nunca *minti pru* sinhô. E também sabe *qui* é verdade, *qui* sempre quis *pegá* esse negrinho, mas porque sempre soube *qui* ele *num* presta – disse o feitor.

— Então, castigue o outro e vamos ver o que ele fala.

— Bento, por favor, Bento!!!

— *Cala* a sua boca, negrinho – disse o feitor enquanto tirava as algemas dele.

— Deixem-no em paz! Eu falo tudo. Libertem ele, que eu conto tudo. Por favor, senhor Mauro – disse Bento enquanto chorava.

Mauro, então, olhou para o feitor e mandou que ele soltasse o Zé.

— Mas *sinhô*, ele *tava* junto. Tem *qui sê* castigado também.

— Já mandei soltar – Mauro respondeu seriamente.

O feitor soltou Zé, que ajoelhou, agradeceu a Mauro e pediu desculpas a Bento.

— Rapaz, da próxima vez não terá perdão – disse Mauro ao menino. — Agora, vá para a senzala e fique lá.

Zé obedeceu. Ele saiu chorando enquanto o feitor abria a porta da senzala. Então, quando Zé estava prestes a entrar, recebeu uma coronhada do feitor e caiu dentro da senzala chorando. A porta se fechou sob risadas do feitor. Quando retornou à outra sala, Mauro ordenou a ele que soltasse Bento.

— Mas, *sinhô*, ele *ocê num* pode *dexá*! Ele ia *sequestrá* a sua filha.

— Solte ele, decerto algo o aflige. Solte, já mandei.

E, contra sua vontade, o feitor abriu as algemas. Bento se ajoelhou chorando e agradecendo a Mauro.

— Conte-me, rapaz, o que aconteceu?

— Senhor Mauro, o senhor é um bom homem e vou lhe contar tudo. Talvez entenda. Eu e a senhorita Branca nos amamos. Ela e eu sonhamos em viver juntos esse amor, mas sou negro e sei que é difícil que um negro seja aceito para uma relação de amor com uma pessoa de cor branca.

Estamos namorando, senhor, e nosso amor é puro. Nós nos amamos verdadeiramente, e Branca me pediu que armasse uma fuga para que pudéssemos viver esse amor. Por isso, pedi ajuda ao Zé.

— Então, é por isso que está sumido desde o primeiro dia em que Ricardo veio à fazenda para o chá?

— Sim, eu fiquei com ciúmes. Tentei falar com Branca, mas parece que ela está encantada. Porém, tenho certeza de que ela me ama e sei que só ficou deslumbrada pelas ideias do senhor Ricardo. O senhor me entende?

— Sim, meu jovem. Então, quer dizer que não se falaram?

— Falei duas vezes com ela, porém em ambas as vezes ela me deixou com ciúmes, então saí e a deixei falando sozinha.

Então, Mauro olhou para o feitor e falou:

— Ele é todo seu. Faça o que quiser com ele e, depois, dê um fim nele. E não deixe nunca que descubram isso. Faça com que achem que ele fugiu. Ouviu-me?

— Sim, *sinhô* – disse o feitor com um sorriso no rosto enquanto olhava para Bento.

— Mas, senhor Mauro, o senhor é quase meu tio! Fui criado sob seus olhares.

— Nunca gostei de *vossa mercê*. Sempre o aturei pelo amor que tenho a Laura. Não sei por que ela gosta de *vossa mercê* e não sei o que o torna tão especial a ela, pois é um negro. Agora ainda se mete com minha filha? Não permitirei isso. Não acabará com o futuro dela nem com o de minha família.

Branca achará que, entristecido, foi embora. Ela se entregará a Ricardo e me dará um neto varão e meu sossego tão merecido.

— Mas, senhor Mauro, a senhora Laura ficará triste com a minha ausência.

Mauro se aproximou de Bento e deu um chute em seu rosto, fazendo-o cair no chão. Então, cuspiu em cima do menino e falou:

— Para mim, *vossa mercê* não passa de um negro fedido. Logo, Laura o esquece.

E, dirigindo-se ao feitor, continuou:

— Feitor, faça um bom serviço. Quero que ele sofra.

Em seguida, Mauro se virou e saiu da sala. Bento chorava compulsivamente e pedia que o feitor o deixasse ir embora, prometendo que nunca mais voltaria. Porém, o esforço foi em vão.

O capataz pegou uma vareta seca e começou a açoitar Bento, que se contorcia em dores pelo chão. Depois, pegou o chicote e continuou o açoite. Entre as chicotadas, o capataz desferia chutes contra Bento, que foi perdendo as forças até desmaiar.

O feitor aguardou um tempo e acordou Bento. Depois, continuou açoitando-o por mais algum tempo e o prendeu ao tronco. O feitor, então, foi embora, deixando Bento preso para dormir.

No dia seguinte, o feitor tirou Bento do tronco e o prendeu nas algemas da parede. Em seguida, entregou uma papa marrom-clara e água. O jovem comeu, e, depois de mais um bom tempo, o capataz voltou a colocá-lo no tronco e a açoitá-lo até que ele desmaiasse novamente.

O sofrimento permaneceu dessa forma por alguns dias, até que o capataz pegou Bento e o enrolou em uma coberta suja. Depois, dirigiu-se a dois homens e falou:

— Carreguem ele e venham atrás de mim.

Os homens obedeceram e seguiram o capataz pela mata até chegarem a um ponto distante. O capataz mandou que cavassem um buraco.

Nesse momento, fechei meus olhos porque sabia que não ia querer assistir àquilo. Então, escutei Bruno falando:

— Andre, sinto muito que tenha que passar por isso, mas é importante que veja. Precisa relatar tudo.

Abri meus olhos e vi os homens cavando o buraco sob os olhares do feitor.

Vi Bento desacordado, mas mexendo-se de vez em quando. Quando os homens acabaram, o feitor enrolou Bento no cobertor e o jogou dentro do buraco. Escutei o gemido de Bento após o impacto, ao começarem a jogar a terra sobre ele. Então, escutei uma voz sofrida, com dor e angústia:

— Pelo amor que têm a Deus, não façam isso comigo! Libertem-me, que sumo e não volto nunca mais! – suplicou Bento.

Os homens ignoraram e continuaram a jogar a terra, até que cobriram Bento por completo, silenciando sua voz. Quando terminaram de cobrir o buraco, o feitor voltou a falar:

— Podem *voltá*, *qui* eu *vô* ficar mais um pouco aqui.

Os homens obedeceram e deixaram o feitor sozinho. Para meu espanto, ele desabotoou a calça e urinou sobre a terra onde Bento se encontrava.

— Eu sabia *qui* ia *ferrá ocê*, negro *fidido*. – E finalmente se virou e foi embora rindo.

Tudo ficou escuro, e pude ouvir os pensamentos de Bento e saber o que sentia.

— Deus, por que esta provação? Sentir-me encerrado abaixo da terra, machucado, sem forças para mexer-me e tolhido. A voz, por falta de ar, não sai, e nunca conseguiria pedir ajuda. Tento em vão me esforçar para respirar. Eu estou condenado. A ninguém desejo este fim.

Que cruel punição de uma terrível existência. Por que me fez negro? Queria ser branco. Penso nos que conheci e no que vivi no passado. Sinto-me perdendo o fôlego, não tenho mais como respirar. Sinto uma dor lancinante em meus pulmões. De repente, não sinto mais nada.

A cena escureceu à nossa frente e voltamos nossa atenção ao quarto de Daniel. Eu chorei ao ver a morte tão sofrida e difícil de Bento. Bruno falou, olhando para mim:

— Calma, meu querido amigo. Sei que é difícil presenciar e reviver essa provação, porém tem que ser forte para que não passe seus sentimentos a Daniel.

Olhei para Flávio e o vi concentrado, de olhos fechados, segurando a cabeça de Daniel como em simbiose mental com ele.

— Vou me recuperar. Podemos sair logo para que não passe nada para Daniel? – perguntei, ainda sofrendo.

— Sim, Andre, vamos.

Ao sairmos do quarto, encontrei dona Ermelinda carregando a bandeja com os dois copos de suco de laranja. Ela os entregou e perguntou:

— Como foi lá, amigos?

— Tudo bem, dona Ermelinda. Nosso amigo Andre precisa de repouso. Ele testemunhou uma experiência complicada e deve se recuperar – falou Bruno, enquanto eu bebia o suco.

Como sempre, o suco estava maravilhoso, e me senti muito bem enquanto o bebia. Dessa vez, perguntei a Bruno enquanto ele também bebia o suco:

— Bruno, por que sempre bebemos esse suco? Ele é tão bom...

— Na verdade, Andre, esse suco é um preparado energético para que recuperemos mais rápido nossas forças.

Então, entendi por que bebíamos o suco. Achava que era só por cortesia, mas era mais que isso. Saímos da casa e me despedi de dona Ermelinda. Flávio continuou no quarto com Daniel, certamente o protegendo da minha tristeza.

Bruno também se despediu de dona Ermelinda, que, mais uma vez sendo muito simpática, disse:

— Caros amigos, é sempre bom revê-los. Espero vocês em breve. Andre, prepararei o suco que tanto gosta com mais cuidado, para que goste cada vez mais.

— Dona Ermelinda, acho impossível eu provar algum suco melhor que o seu. Ele é o melhor que já tomei em minha vida!

E, depois de sorrisos sinceros e felizes, despedimo-nos. Bruno estendeu as mãos para mim e as segurei. Volitamos e, quando chegamos, percebi que estávamos na área neutra, pois só via luz ao nosso redor.

— Por que viemos para a área neutra, Bruno? Estamos recebendo ataques?

— Hoje não, Andre. Estamos na área neutra para que possa se recuperar melhor. Hoje é por sua causa que estamos aqui.

Realmente, eu estava me sentindo muito melhor, se comparado há poucos minutos, quando voltamos da sessão de regressão.

— Posso lhe perguntar algumas coisas, Bruno?

— Lógico que sim.

— Por que Branca se desinteressou rapidamente por Bento?

— Branca não se desinteressou. Na verdade, ela tentou, por diversas vezes, falar a ele o que sentia. Só que, às vezes, o ciúme, a raiva e outros sentimentos ruins nos impedem de enxergar um palmo à nossa frente e nos fazem agir de modo que não deveríamos.

Se Bento houvesse ao menos escutado Branca, nada disso teria acontecido. O desfecho provavelmente seria outro.

— Por quê? O que ela ia dizer a ele?

— Ela viu em Ricardo uma oportunidade de conseguir a alforria de Bento para que ele fosse livre. Assim eles poderiam ficar juntos. Mas, para isso, precisava que Ricardo ganhasse a confiança de Mauro, e isso só aconteceria se ela deixasse que ele a cortejasse.

Ela tentou dizer isso a Bento, só que, cego pelos maus sentimentos, ele não a deixou falar. Branca realmente amava Bento e não queria nada com Ricardo.

— Então, Bento foi praticamente o culpado pela própria morte?

— Bento foi morto por ordem de Mauro, que, provavelmente, iria fazer isso de qualquer forma, pois o seu espírito, inconscientemente, não esqueceu os problemas da outra vida.

Ele levava uma vida de aparência para que Laura não percebesse, mas nunca gostou de Bento e queria vê-lo pelas costas. Na primeira oportunidade que teve, fez o que não deveria fazer. Porém, em outras oportunidades que apareceriam, ele o faria de qualquer forma por conta do sentimento de rancor e mágoa que guardava dentro de si.

— Como ficaram Laura e Branca após os acontecimentos?

— Branca se entristeceu muito com a "partida" de Bento e deixou que Ricardo continuasse a cortejá-la. Depois de algum tempo, Branca o aceitou e viveram uma vida de felicidades. Ricardo foi muito bom para Branca.

Laura se entristeceu muito e adoeceu, pois tinha em Bento um verdadeiro filho. Nunca aceitou sua partida. Viveu assim, lembrando-se sempre de Bento. E Mauro nunca se arrependeu do que fez.

— Bruno, fiquei pensando em algo. Mauro era a Bá, não é verdade?

— Sim, Andre, você se lembrou bem. Mauro, em outra vida, era a Bá.

— Mas Branca, que foi Bernadete, aproveitou a reencarnação para perdoar Joaquim, hoje Bento, não foi?

— Sim. Branca conseguiu perdoar Joaquim, que foi Bento nessa vida. E Bento, que teve uma vida de muitas dificuldades, estava tendo a oportunidade de aprender em sua nova posição de vida.

Essa morte de Bento o fez sofrer por erros de maus-tratos a negros em outras reencarnações. Porém, Bá, que nessa encarnação era Mauro, não conseguiu esquecer as mágoas de outra vida, tornando-se uma pessoa falsa e vingativa.

Ele acabou com a vida de Bento por achar que este atrapalharia seus objetivos e também por nunca ter tido empatia com ele. Na verdade, ele só o suportava por causa de Laura, que reconheceu a alma de seu pai em Bento e o amou por meio da simpatia entre seus espíritos antes mesmo de amá-lo como um quase filho.

— Então, podemos dizer que, se não fosse por Mauro, provavelmente essa vida teria servido para o resgate dos erros contraídos na outra vida?

— Nunca podemos afirmar ao certo, por causa do livre-arbítrio, mas, sim, tudo caminhava para o resgate – disse Bruno.

— Mas, para Mauro ser a Bá, ele reencarnou em aproximadamente quatro anos. Isso não é muito pouco entre as encarnações?

— O tempo, na erraticidade[7], não é fixo. É possível permanecer meses, um ano ou um milênio. Tudo varia de acordo com nossas necessidades.

— Bruno, ficamos mais tempo na Terra ou nas colônias do plano espiritual?

— A tendência é que permaneçamos mais tempo desencarnados, por questões de disponibilidade para as reencarnações. Há algo em torno de 20 bilhões[8] de desencarnados no plano espiritual. Por isso, acredite, os encarnados têm uma oportunidade incrível. A oportunidade da vida na matéria deve ser muito valorizada, até porque muitos estão à espera da reencarnação.

— Mas não perdemos tempo, esperando tanto sem reencarnar?

— A evolução não é exclusividade da vida na Terra. Acontece nos dois planos. O espírito evolui também nas colônias espirituais, contanto que trabalhe para isso, auxiliando os necessitados, e se instrua para não ficar estacionado espiritualmente.

— O que mais pode influenciar para que o espírito tenha novas chances mais rapidamente?

— As necessidades dos espíritos. Comprometimentos espirituais graves, erros cometidos durante as encarnações que afetam a muitos, necessidade de um retorno breve, conforme já comentado.

---

7   Na Doutrina Espírita, a erraticidade é o estado em que o espírito se encontra entre duas encarnações.

8   Esse número varia entre 20 a 35 bilhões de acordo com livros psicografados anteriormente por outros médiuns. Não há, ainda, uma informação precisa.

Um trabalhador que vá à Terra para tarefas em favor do bem comum poderá permanecer muito tempo na Espiritualidade, até mesmo séculos. Um famoso caso é o do nosso irmão Chico Xavier, que não precisa e não precisava reencarnar, porém o fez para aliviar as dores de outros, ensinar a muitos e levar a esperança e o discernimento às pessoas. Ele o fez por amor ao próximo.

— Então, ficamos mais tempo desencarnados?

— Sim. Além de considerar a disponibilidade da reencarnação, a vida na Terra é como uma escola. O tempo em que se passa na escola é sempre inferior ao do restante do seu dia, quando se ocupa com outras atividades.

— E quem decide quem reencarna e quem não reencarna?

— Depende. Os que possuem uma maior evolução, que entendem suas responsabilidades, podem pleitear seu retorno. Espíritos que possuem uma menor evolução são orientados por mentores nas colônias.

Nesses casos, é mais comum os mentores indicarem as reencarnações necessárias para aquele momento e, com isso, é mais fácil a aceitação para o reencarne por parte dos espíritos que ainda se acham comprometidos com seus erros.

— Mas e se o espírito se recusar a voltar à vida no corpo físico?

— Se realmente houver a necessidade do reencarne, os mentores farão a reencarnação compulsoriamente.

— Mas e o livre-arbítrio? O espírito não tem que assumir suas necessidades de aprendizado e aprimoramento? Se for forçado, ele pode não cumprir suas responsabilidades espirituais, assumidas antes da encarnação, não é?

— Provavelmente. A reencarnação de forma compulsória faz com que o espírito amadureça também obrigatoriamente, pois não se lembrará de que não queria reencarnar, e as experiências escolhidas, para que novos aprendizados sejam obtidos nessa vida, não serão feitas de comum acordo, e sim só pelos mentores, o que pode ser um fator dificultoso para o espírito reencarnante durante sua passagem pela vida terrena.

Quanto ao livre-arbítrio, até para ele há regras. Você, em certas situações, é tolhido do seu livre-arbítrio caso ele interfira num bem maior, como no caso da encarnação de muitos outros espíritos.

E, depois de uma pausa, Bruno falou novamente:

— Andre, precisamos nos despedir. Desta vez, você precisa de descanso e receberá uma equipe de tratamento para que os pesares do desencarne de Bento não interfiram na sua vida. Fique na paz de Nosso Senhor e, quando for a hora, nós nos encontraremos outra vez.

— Muito obrigado por tudo, meu amigo. Desejo a você toda a paz do mundo e que Deus também o acompanhe. Já estou com saudade.

Depois disso, não me recordo de como retornei. Só que, ao acordar, lembrei-me de tudo novamente e estava ansioso para contar à Fernanda sobre o novo encontro, pois já fazia tempo que estávamos esperando pela continuidade da narrativa das vidas de Daniel.

Quando contei a ela, ela partilhou comigo a alegria de termos conseguido nos resguardar dos ataques até então sofridos e, consequentemente, colaborar para um novo encontro. Lembro-me exatamente da reação que ela teve quando contei sobre a regressão.

— Conseguimos – disse ela, em tom aliviado.

É, conseguimos. Agora, contente com mais esta nova etapa, bastava aguardar a próxima.

Capítulo 7

O Ourives

18 de abril de 2014.

Hoje é Sexta-feira da Paixão e, daqui a dois dias, será Páscoa. Meus filhos, minha mãe e eu vimos um filme que adoro sobre a Paixão de Cristo. Não me canso de vê-lo e acho que nunca me cansarei. Emociono-me toda vez que vejo o sacrifício de Jesus para a nossa salvação.

À noite, lembrei-me dos encontros com Bruno, pois fazia um bom tempo que não o encontrava e estava com saudade. Então, percebi que, no próximo sábado, finalmente haveria sessão no centro.

Após o recesso da quaresma, enfim estaríamos de volta às sessões que tanto me faziam bem e que me preparavam para os encontros com os mentores e com Daniel. Terminei o banho e fui ler um pouco de O Evangelho segundo o espiritismo, de Allan Kardec. Mais tarde, fui dormir.

Desdobrei e fui à colônia de Daniel. Lá chegando, avistei Bruno, que estava de pé, com seu sorriso de sempre, olhando para mim. Fui até ele e, enquanto o abraçava fortemente, falei:

— Olá, Bruno! Que saudade de você, meu amigo!

— Como está, Andre? Eu também estava sentindo falta dos nossos encontros.

— Por que não o vejo desde a última regressão com Daniel?

Perguntei isso para ele porque, entre os desdobramentos em que ocorrem as regressões, eu costumo encontrar os guias espirituais para conversamos sobre outros assuntos. Esses encontros são também para que eu e Fernanda possamos obter outros ensinamentos e desenvolvimentos pessoais, por isso ela também costuma estar presente nesses momentos.

Durante a quaresma, tivemos alguns encontros com o Flávio, porém o Bruno não estava presente.

— Andre, sou trabalhador do posto avançado onde fica o centro em que você e Fernanda trabalham. Nos tempos de quaresma, muitos guias espirituais, que ajudam e trabalham lá, voltam às suas colônias com o objetivo de se energizarem para que possam atuar no trabalho espiritual em mais uma temporada. Sendo assim, o posto fica com menos trabalhadores, mas mantem o mesmo número médio de atendimentos.

Logo, há muito trabalho a ser feito e menos trabalhadores para cooperar, então acabo tendo muitas coisas para fazer. Por isso, não pude vê-lo.

— Você também não foi se energizar?

— Não, Andre. Eu não trabalho diretamente com o tipo de plasma[9] que os guias espirituais que incorporam trabalham e, por isso, não preciso dessa reenergização.

— Ah, agora entendi. Não sabia disso.

— Temos os atendimentos aos espíritos necessitados no posto avançado, e isso é prioridade. Agora, com a volta dos outros trabalhadores espirituais, posso me ausentar do meu posto. No fim da quaresma, podemos voltar aos nossos encontros.

---

9   Os guias de umbanda trabalham emanando plasma e ectoplasma tanto para o médium que incorpora quanto para o consulente que o procura, são tipos de energias que os guias trabalham. (N.A.)

— Que bom! Estava sentindo sua falta.

— Eu também, caro amigo.

— Bruno, hoje teremos mais uma regressão? Estamos na colônia do Daniel, não é mesmo?

— Sim. Estamos na colônia da família de Daniel, e hoje teremos uma regressão à outra vida do nosso irmão. Por isso, vamos andando para a casa de dona Ermelinda.

— Certo, vamos. Eu já estava ansioso por este momento.

Enquanto caminhamos, conversamos sobre diversas coisas, inclusive sobre os ataques espirituais.

— Andre, você e a Fernanda devem se proteger mais quanto aos ataques e não permitir que sejam atingidos. Não podem deixar que eles os prejudiquem. Vocês estavam mais expostos na quaresma e se deixaram atingir, possibilitaram que eles agissem sobre suas ações. Isso não deve acontecer!

Damos proteção e ajudamos, porém vocês também devem colaborar. Não podem se permitir serem influenciados. Tanto você quanto a Fernanda tomaram atitudes que não são do feitio de vocês e agiram de modo diferente do que normalmente agiriam, brigando um com o outro. No mínimo, isso deveria parecer estranho, não?

— Sim, concordo. Mas não percebi a interferência dos espíritos trevosos.

— Não percebeu porque eles a fizeram de uma maneira que não percebessem.

— Eu sei, Bruno, eu sei.

— Então, faça o que tem que fazer: ajude-nos.

— O.k., Bruno, farei o que pede.

Continuamos caminhando e logo chegamos à casa de dona Ermelinda. Bruno parou em frente à porta e fechou os olhos, concentrando-se. Pouco depois, a dona da casa abriu a porta.

— Olá, queridos irmãos. Sejam bem-vindos!

— Que bom rever a senhora, dona Ermelinda – disse, extremamente feliz em revê-la.

— É bom revê-lo também, Andre. Por favor, entrem.

— Olá, dona Ermelinda. Que a paz do Senhor esteja convosco.

— Com todos nós, Bruno. Podem entrar, Flávio já se encontra lá dentro.

Estava feliz por rever Flávio também. Quando entrei na sala, ele estava sentado no sofá, mas prontamente se levantou e veio ao nosso encontro.

— Que bom revê-lo, Flávio – falei enquanto o abraçava. — É muito bom estar aqui.

— É sempre bom estar em sua companhia, Andre. Que Deus esteja sempre em seu caminho – disse Flávio.

— Já está tudo preparado? Daniel já está inconsciente? - perguntou Bruno.

— Ainda não. Eu estava aguardando a chegada de vocês para podermos começar o processo de inconscientização.

Nessa hora, fiquei um pouco mais feliz, pois pensei que conseguiria falar com Daniel.

— Então, podemos começar? - perguntou Bruno.

— Bruno, nós poderemos falar com Daniel? - arrisquei.

— Andre, na hora certa, falaremos com Daniel. Não conversaremos antes nem depois das regressões para que não interfiramos nos esquecimentos ou no processo de inconscientização dele. Lembre-se: quem menos deve ser prejudicado é ele, que tem um carma pesado demais para cumprir.

Estamos dando uma oportunidade de recuperação de parte de seus carmas por meio do trabalho que está fazendo junto a nós, pois, ao compartilhar sua história, vai ajudar muitas pessoas.

Assim, poderemos levar a compreensão às almas necessitadas e fomentar o perdão em seus corações. Com o perdão no coração, o amor surge mais facilmente e não fica escondido atrás do rancor ou das mágoas. Através do verdadeiro perdão, aproximamo-nos de Deus, pois o perdão sincero traz alegria, é um instrumento muito poderoso.

Ele acalma a alma e afasta o ódio. Por esse motivo, Jesus disse a Pedro para perdoar setenta vezes sete[10]. Quando Ele assim o disse, quis dizer que não há limites para o perdão, e sim para o rancor.

— Sim, entendo. É que não falo com Daniel há muito tempo e gostaria de poder conversar com ele. Mas compreendo o que disse e concordo com você, ainda que tenha ficado um pouco decepcionado.

— Pois não fique. A decepção é um sentimento ruim e vai prejudicá-lo no que quiser fazer. Ela não deixa que enxergue além de seus interesses, funcionando como uma barreira que chega e tapa a sua visão. Não devemos fomentar sentimentos ruins.

O bom seria que todos tivessem compreensão de tudo, pois o sentimento de compreensão é respeitoso e bom. Com ele, aceitamos os sentimentos e as necessidades dos nossos irmãos.

---

10   Mateus 18:22.

— Mas, às vezes, quando somos muito compreensivos, as pessoas, aproveitando-se disso e sabendo que aceitaremos, passam a fazer o que querem.

— Andre, isso é agir com má-fé e, como o nome diz, é um sentimento ruim. Do mesmo jeito que falo que o bom seria que todos tivessem compreensão de tudo, falo também: o bom seria que todos tivessem apenas sentimentos bons.

Entretanto, se assim fosse, não precisaríamos mais reencarnar, pois, seríamos espíritos evoluídos, sem cometer erros e pensaríamos sempre no próximo antes de pensarmos em nós mesmos. Contudo, erramos e assumimos compromissos que precisamos recuperar.

E essa recuperação ocorre primeiro por meio do perdão e, depois, pelo amor. Então, nunca se esqueça: ame, perdoe e continue a amar, pois todas as mágoas e tristezas só existem se não perdoarmos de verdade. Assim que perdoamos, o amor se sobressai e nada mais importa: o que passou vira passado.

Se não perdoarmos, o passado não passa e fica eternamente no presente, não nos deixando caminhar adiante ou até mesmo nos levando a um futuro que, muitas vezes, não precisaríamos viver.

— Foi o que aconteceu com Daniel? Se tudo tivesse sido resolvido com amor e perdão na primeira vida que vimos, eles não estariam sofrendo tanto hoje, não é mesmo?

Sim, Andre. Mas conversaremos depois sobre as vidas de Daniel. Estamos falando também das pequenas coisas que, se simplesmente deixássemos para lá, não nos afetariam em nada.

Muitas pessoas, às vezes até por orgulho inconsciente, não aceitam levar desaforos para suas casas. Ou não aceitam se sentir prejudicadas ou injustiçadas por receberem menos que outras.

Brigam por motivos indignos, e garanto a você que, geralmente, as diferenças começam por motivos insignificantes. Mas posso afirmar que é melhor ir para casa com menos do que os outros, porém com tudo o que é realmente seu.

Se lhe cabe pouco, é porque é o que merece. Se não é suficiente, faça por onde ter mais. Nunca inveje o que é dos outros, achando que é injustiçado. Faça com que possa voltar para casa com mais.

Nesse momento, percebi que Flávio não estava presente durante a conversa e perguntei ao Bruno:

— Onde está o Flávio?

— Ele já está trabalhando na inconscientização do Daniel.

— Entendo – disse ainda um pouco decepcionado, pois pensei que, ao menos, fôssemos ver Daniel ainda consciente. — Quando vamos entrar?

— Na verdade, Andre, entraremos agora. Flávio já está nos chamando.

Seguimos para o corredor e entramos no quarto de Daniel. Tudo permanecia igual, e Flávio já estava em pé atrás da cabeceira da cama, com as mãos postas nas laterais da cabeça de Daniel. Bruno e eu fomos para nossas posições. Ele estendeu as mãos sobre Daniel e fechou os olhos, e fiz o mesmo.

Aquela sensação de bem-estar se fez presente. A energia que passava por mim era muito prazerosa, e então pude ouvir Bruno falar em meu pensamento:

— Andre, lembre-se de que não poderá entrar em contato mental com Daniel, tornando, assim, o trabalho de Flávio mais fácil.

— Sim, Bruno, eu me lembrarei disso.

A imagem foi clareando. Estávamos dentro de uma sala de tamanho médio, com aproximadamente nove metros quadrados. As paredes eram de pedra, dando um toque bem rústico.

Uma delas possuía uma bancada de madeira de ponta a ponta, cheia de equipamentos de metal: martelos de vários tamanhos, alicates, hastes, limas, conchas de metais, morsas, pinças e arcos de serra com lâminas que, de tão finas, pareciam verdadeiras linhas. Havia várias unidades de cada ferramenta, cada uma de um tamanho diferente. Bigornas de vários tamanhos estavam dispostas na prateleira.

Uma bacia cheia de água encontrava-se em uma bancada na outra parede e, ao lado, outra bancada um pouco menor continha uma morsa e algumas outras ferramentas.

Em uma prateleira ao lado da bancada, havia um gaveteiro de aproximadamente um metro quadrado, composto por pequenas gavetas. Ao seu lado, encontrava-se um pequeno forno. Um cano saía dele e ultrapassava o teto, como uma chaminé.

Uma estante com várias caixinhas encontrava-se na outra parede. Por fim, na última parede só havia a porta e, ao lado dela, um cabideiro com um chapéu no topo, um colete e um paletó.

Não havia janelas no cômodo, somente tijolos vazados no alto de duas paredes, indo de ponta a ponta, certamente para dar uma ventilação ao local.

Sentado em frente à bancada maior estava um homem. Ele era branco, tinha cabelos castanho-escuros bem penteados e costeletas até a base do queixo. Vestia uma camisa social branca com mangas que iam até o punho e, por cima, um colete preto ligeiramente surrado. Ele era um ourives e estava produzindo uma joia.

Ele serrava uma pequena barra de ouro bem fina com um dos arcos de serra de lâmina fina. Quando acabou, pôs o objeto em sua mão e o olhou atentamente: era uma minúscula flor. Colocou-a na bancada e voltou a serrar a barra de ouro, produzindo mais uma florzinha. Ele repetiu o gesto até fazer cinco florzinhas.

Em seguida, levantou e foi até o outro lado, onde havia um forno. Ele o abriu, pegou uma pinça grande e retirou de lá uma concha, que estava incandescente. Depois, despejou em uma forma o ouro derretido que estava dentro da concha, fazendo com que o ouro assumisse uma forma longa como a de uma haste, um filete. Depois, colocou a forma na água e pude ouvir o barulho do metal esfriando bruscamente.

O homem retirou o filete de ouro da forma e o passou em uma prensa que pareciam dois rolos. Passava o filete de um lado para o outro e apertava o espaço entre os rolos toda vez que fazia isso, achatando o filete. Então, o homem pegou um instrumento de medição, verificou a espessura do filete e mediu sua largura. Em seguida, marcou o filete, achatando-o com uma régua e fazendo a marcação de duas linhas longitudinais, para que a largura ficasse homogênea. Depois, prendeu-o com a morsa, pegou o arco de serra – que o permitiria fazer um corte bem reto – e começou a serrar o local que havia marcado, retirando as beiradas do filete.

Com isso, fez uma haste achatada bem retinha. Na sequência, pegou um alicate pequeno e começou a moldar um arco, formando um anel. Pegou um medidor de tamanho, mediu o anel e serrou a sobra da haste. Sem demora, colocou-o em uma fôrma de metal e o levou de volta para o forno. Posteriormente, voltou a trabalhar nas florzinhas que havia feito.

Passado algum tempo, retornou ao forno, retirou a forma e pegou o anel novamente. Acertou sua junção e começou a colocar as florzinhas nele. Preparou uma massa cinza-claro e cobriu o anel com as florzinhas que estavam em cima do arco. Colocou, então, sobre uma bandeja de metal e levou ao forno mais uma vez.

Voltou para as gavetinhas e começou a olhar seus interiores, como se procurasse algo. Em seguida, retirou cinco pedras verdes e colocou-as em cima da bancada.

Passado algum tempo, depois de muito trabalhar, retirou do forno um anel com as cinco florzinhas presas nele, posicionou as cinco pedras verdes e fixou-as nas próprias flores. Por fim, deu brilho à joia. O resultado foi um lindo anel com flores em cima e esmeraldas no centro de cada flor.

Colocou o objeto em uma caixinha preta aveludada, retirou o colete que estava usando e o pendurou no cabideiro. Depois, colocou o outro colete, o paletó e o chapéu. Guardou a caixinha com o anel no bolso da calça e saiu.

Ele saiu para uma rua composta por várias pedras, uma colada à outra, como um mosaico perfeito, com calçadas também de pedras, porém diferentes das pedras da rua.

Estava entardecendo, e ele andava rapidamente.

Reparei que estávamos em uma época bem mais avançada do que a da última encarnação de Daniel. Havia mais pessoas nas ruas, a cidade era mais movimentada do que a da última regressão. Aa ruas eram mais estreitas, feitas de grandes pedras, que formavam um grande quebra-cabeça.

Havia mais construções, e percebi que as casas eram geminadas, bem parecidas com às da colônia em que Daniel vive. Algumas delas pareciam mais novas e bem cuidadas, outras eram mais sujas e pouco cuidadas.

As pessoas vestiam roupas de época, mas as mulheres não usavam mais as saias rodadas que eram sustentadas por anáguas. Agora, usavam um caimento mais reto, porém com um pouco de volume, parecendo haver vários tecidos entre a saia e as pernas, provavelmente para que não marcasse o corpo delas.

Os homens estavam, em sua maioria, muito bem-vestidos, com terno e chapéu. Mas nem todos. Alguns vestiam coletes, enquanto outros estavam apenas com as camisas sociais. Poucos também usavam suspensórios.

Também era possível ver alguns homens negros e mulheres negras andando com roupas mais surradas, que pareciam ser roupas de escravos. Não sei se estávamos em uma época em que ainda havia escravidão, mas tive a impressão de que sim.

Nas esquinas e em alguns pontos das ruas mais compridas, havia postes que sustentavam lamparinas. Em um deles, dois homens trabalhavam para acender uma delas. Enquanto um deles abaixava a lamparina que estava suspensa por uma corrente, o outro colocava algo que parecia ser óleo, recarregando-a.

Depois de acesa, o outro puxou a corrente, elevando-a até chegar ao seu local correto. Enquanto passávamos por eles, observei o primeiro homem prender novamente a corrente ao poste.

Seguimos em frente e, de repente, o homem que seguíamos parou em frente a uma casa. Acima da porta, podia ser visto um quadro de madeira sem moldura. Ele estampava um fundo preto com uma rosa vermelha que parecia flutuar no desenho.

O homem ajeitou o paletó, arrumou o cabelo, abriu a porta e entrou. Dentro, havia uma antessala bem pequena, com outra porta à frente. Apenas um homem estava nela, sentado em um banco. Não havia qualquer outro móvel no recinto.

— Boa tarde, senhor Rodolfo. Apareceu cedo hoje – disse o homem sentado.

— Como vai, caro Augusto? Quero falar com Júlia mais cedo hoje.

— Ela está lá dentro, deve estar se arrumando. Não há nada pronto ainda, nem os músicos chegaram. Vossa *mercê* chegou cedo por demais.

— Não há problema, Augusto. Preciso falar com Júlia antes de qualquer um.

— Pode entrar, senhor Rodolfo, pode entrar. Divirta-se!

— Obrigado, Augusto.

O interior do ambiente parecia um restaurante com um palco pequeno encostado em uma das paredes. Ao lado do palco, estavam posicionados um pequeno piano e um baixo, ambos também encostados à parede. Mesas espalhadas pelo salão estavam de forma bem-arrumada. Pesadas cortinas não deixavam a claridade entrar.

Havia um pequeno bar com um balcão, permitindo que somente quatro bancos altos fossem posicionados diante dele. Por trás do balcão, um homem de porte médio vestia um avental preto por cima de sua roupa. Ele era calvo e tinha um bigode acinzentado com mescla de fios pretos e brancos. Ao ver Rodolfo, abriu um sorriso e falou:

— Boa tarde, senhor Rodolfo! O que o traz aqui tão cedo?

— Boa tarde! Quero falar com Júlia antes de abrirem. Pode chamá-la aqui?

— Sim, senhor. Mas o senhor vai querer algo para beber enquanto espera?

— Sim, pode me trazer o meu vinho, por favor – disse, sentando-se em uma mesa.

O *barman* levou uma garrafa de vinho e uma taça até Rodolfo. Em seguida, foi para uma passagem que dava a um corredor. Rodolfo pôs-se a tomar o vinho enquanto aguardava. Depois, ficou mexendo a taça, demonstrando um pouco de nervosismo. Quando estava acabando de beber sua primeira taça, o *barman* surgiu novamente:

— Já avisei, senhor Rodolfo. Ela pediu que o senhor aguarde um pouco, pois está se arrumando.

— Muito obrigado – agradeceu Rodolfo, enquanto enchia sua taça de vinho.

Rodolfo continuou a beber e, quando chegava quase ao final da sua segunda taça, uma linda mulher entrou no salão. Ela aparentava ter vinte e poucos anos, pele clara, cabelos pretos, lisos e fartos. Seus olhos eram marcantes: castanhos claros, quase esverdeados. Usava um batom contornando a boca de lábios finos, lindamente desenhados.

Quando avistou Rodolfo, abriu um sorriso que fez seus olhos se apertarem, tornando-os quase como duas linhas e fazendo seu sorriso encher o lugar de beleza. Ela era uma mulher deslumbrante. Usava um corpete branco e uma saia bem justa, também branca, que ia até um palmo abaixo do joelho. Seu tornozelo, à vista, era adornado por uma linda joia. Seu pescoço também ostentava outra bela joia, em forma de uma gargantilha justa, que chamava bastante atenção.

Nesse momento, notei também que havia algo como uma sombra perto dela e achei aquilo muito estranho, pois não havia visto essa sombra nas outras experiências de regressão. Pelas vestes da moça, percebi que estávamos em um tipo de casa de "vida fácil", que, de fácil, realmente não tem nada.

Ela se aproximou de Rodolfo, puxou a cadeira ao seu lado, sentou-se de frente para ele e deu-lhe um abraço.

— Meu querido, estava com saudades suas! Por que me abandonou?

— Minha doce Júlia, não a abandonei. Tive que me ausentar da cidade, conforme havia lhe dito. Até a convidei para ir comigo, mas recusou. Lembra-se disso?

— Sim, lembro-me, mas não posso me ausentar daqui. Tenho que arcar com meus compromissos.

— Mas já me propus a arcar com os compromissos que assumiu com Madame Lia, para que possa se ausentar uns dias.

— Meu querido, não posso deixar que despenda tanto dinheiro assim por minha causa.

— Bem, Júlia, gostaria de lhe falar.

— Diga, meu amor, como posso ajudar?

— Não é ajuda que venho pedir – começou a falar Rodolfo, enquanto tirou do bolso da calça a caixinha com o anel, abriu-a e a girou para que a moça visse o interior. — Quero pedir sua mão em casamento. Eu a amo e não posso mais viver sem sua companhia.

Não posso mais imaginar outro possuindo *vossa mercê*. Morro de ciúmes quando sei que outros a levam para o quarto. Case comigo e terá uma vida de rainha. Nada lhe faltará e a cobrirei de joias, pois merece as mais belas peças.

— Ah, que lindo, meu amor! Mas sabe que não posso – disse a mulher, enquanto retirava a aliança de noivado da caixinha e a colocava em seu dedo. — *Vossa mercê* é o melhor que conheço. Suas joias são lindas e me orgulho de recebê-las, mas não posso me casar agora, somente deixarei esta vida quando atingir a minha meta. Já lhe falei isso.

— Com o que ganho, posso lhe dar tudo o que precisa. Não lhe faltará nada. Diz que me ama. Se é verdade, então case comigo e não se preocupe com mais nada pelo resto da vida.

— Sabe que não sou assim e que, para mim, dinheiro não é tudo. O que quero é uma boa casa em meu nome para que eu nunca seja mandada embora outra vez. Quero segurança para viver o resto de minha vida sem precisar de ninguém.

Nessa hora, Bruno falou em meu pensamento:

— Andre, Júlia foi expulsa de casa por seu pai porque deu um beijo em um jovem rapaz. Apenas um beijo. Então, ela mudou de cidade e veio parar nesta casa.

Entendi que era só uma explicação para compreender o que Júlia falava a Rodolfo. Não prossegui conversando com Bruno para evitar que ele chamasse a minha atenção, pois a conversa entre Júlia e Rodolfo continuava, e eu precisava permanecer atento.

— Sabe que pode confiar no meu amor. Nunca a mandarei embora, e não vai mais precisar de ninguém.

— Vamos fazer assim: quando eu estiver pronta, conversaremos a respeito. Eu o amo e não escolheria outra pessoa. Mas agora tenho que voltar a me arrumar para a noite.

— Eu esperarei aqui. Hoje, não irei embora. Eu ficarei aqui.

— Tudo bem, meu amor.

Então, Júlia se levantou e seguiu na direção do corredor por onde veio, enquanto Rodolfo, já terminando a terceira taça de vinho, permaneceu ali bebendo, ao mesmo tempo que as pessoas começavam a chegar.

Quando já estava na segunda garrafa, as meninas começaram a entrar no salão, com exceção de Júlia. Quase no fim da segunda garrafa, foi que ela apareceu. Ainda de corpete, agora usava uma espécie de peruca, que a deixava com o cabelo mais curto. Sua maquiagem também estava mais pesada, os olhos receberam um contorno amendoado e os lábios, um batom vermelho mais forte, tornando-os um pouco mais grossos que antes.

Percebi que aquela sombra ainda se encontrava perto dela. Logo que Júlia entrou no salão, um homem se aproximou dela. Rodolfo prontamente se levantou e foi até eles. Chegando lá, dirigiu-se ao homem que conversava com ela.

— Caro colega, já paguei por essa jovem, e hoje ela é minha. Se me permite, pode nos dar licença?

— Claro, se já pagou, deixo-a com *vossa mercê*. Esperarei que termine e a procurarei depois.

— Não, meu caro, paguei pela noite toda. Hoje, ela será só minha.

— Então, peço licença, pois vou atrás de outra jovem. – Em seguida, dirigiu-se a Júlia: — Mas haverá outras oportunidades, minha jovem. Nós nos vemos outro dia.

Rodolfo estava bastante alterado pelo álcool e pelo ciúme, muito visíveis em seu rosto e em suas atitudes. Então, Júlia falou:

— Rodolfo, pagou pela noite toda?

— Ainda não, meu amor, mas resolverei isso agora mesmo. Onde está Madame Lia?

— Está lá dentro e logo virá. Mas, Rodolfo, não pode pagar por todas as noites todos os dias. *Vossa mercê* precisa me deixar trabalhar.

— Sim, Júlia, tenho que deixá-la trabalhar. Porém, sempre que estou em casa e penso no que está fazendo, fico louco de ciúme. Não quero mais isso e, por isso, preciso que se case comigo.

— Ah, então está querendo casar comigo por ciúme? Não era por amor? Faça-me um favor: vá repensar seus sentimentos por mim e volte outro dia, pois hoje não quero *vossa mercê*.

Júlia se levantou, seguida por Rodolfo, que foi atrás dela e segurou seu braço. Júlia se virou e puxou o braço, soltando-o da mão de Rodolfo.

— Não me segure. Não quero mais conversar com vossa mercê hoje.

— Mas, Júlia, se sinto ciúme de *vossa mercê* é porque a amo. Isso não pode estar em dúvida.

— O que quer de mim é posse, mas sou livre. Mesmo se um dia me casar com *vossa mercê*, serei livre. Não serei uma *esposinha* que faz tudo o que o marido manda e que fica com o rabinho entre as pernas. Agora com licença, preciso trabalhar e não quero ter que chamar o Benedito.

Nesse momento, muitas pessoas em volta olhavam em direção aos dois, pois era nítido que estavam discutindo. Então, um homem negro, alto, forte e bem- vestido se aproximou e colocou a mão no ombro de Rodolfo.

— Algum problema, senhor Rodolfo?

— Não, Benedito. O senhor Rodolfo já está indo embora – respondeu Júlia a Benedito. Em seguida, dirigiu-se a Rodolfo:

— Não é mesmo, senhor Rodolfo?

— Sim, Benedito. Não sei o que vim fazer aqui. Preciso reformular meus pensamentos e, principalmente, meus sentimentos – falou enquanto olhava bem nos olhos de Júlia.

Rodolfo, então, virou-se, caminhou até o balcão do bar e perguntou ao barman:

— Quanto é a garrafa de vinho?

— Um conto de réis, senhor Rodolfo.

Rodolfo colocou a mão dentro do paletó, retirou uma fina carteira de couro e colocou no balcão duas notas de dinheiro.

Comparadas às notas de Real, aquelas eram bem grandes, quase quadradas.

— Dê-me mais duas garrafas, por favor. Mas pode sacar as rolhas e recolocá-las, para que fiquem pela metade no gargalo.

O barman fez o solicitado e entregou as duas garrafas a Rodolfo. Antes de sair, Rodolfo pegou a outra garrafa, que estava na mesa, e virou o restante do líquido em sua boca, acabando com o vinho que ainda restava ali. Por fim, dirigiu-se à saída e abriu a porta que levava à antessala. Ao ver o homem, Augusto falou:

— Mas já vai tão cedo, senhor Rodolfo?

— Sim, Augusto. Não estou para conversa hoje.

— Tudo bem, senhor Rodolfo. Vá com Deus.

Rodolfo, sem ao menos responder, seguiu adiante. Retirou um charuto do bolso, acendeu e pôs-se a fumar enquanto abria uma das garrafas que levava consigo. Andava pelas ruas e bebia o vinho diretamente no gargalo.

Ele também tinha uma sombra acompanhando-o de perto. Seguiu fumando e bebendo enquanto andava aparentemente sem rumo. Permaneceu assim até acabar uma das garrafas de vinho.

Já visivelmente embriagado, jogou a garrafa em um beco, quebrando-a, e seguiu em frente até chegar numa pequena praça. Havia uma igreja bonita e bancos espalhados por toda a praça.

Rodolfo caminhou em direção à lateral da igreja e se sentou no degrau de uma porta fechada. Em seguida, pegou outro charuto e voltou a fumar e a beber. Quando estava na metade da garrafa, começou a chorar sem emitir qualquer som. As lágrimas escorriam pelo seu rosto, e ele chorava olhando para baixo. Terminando a garrafa de vinho, encostou-se à porta, terminou de fumar e adormeceu ali mesmo.

O dia amanheceu e Rodolfo ainda dormia encostado à porta. De repente, surgiu um policial fardado como um militar. Vestia calças escuras e uma camisa de manga longa pesada, com botões dourados na frente e ombreiras com fios dourados pendurados. Usava um chapéu grande com uma pluma vermelha centralizada na parte frontal. O cinto era de couro preto brilhando e suas botas cobriam a calça e iam quase até o joelho. Com uma espada, deu algumas cutucadas em Rodolfo.

— Senhor, não pode dormir em praça pública. Por favor, vamos andando.

Sem resposta, o policial repetiu, agora com mais força e falando mais alto:

— SENHOR, POR FAVOR, ACORDE!

Rodolfo abriu os olhos e, com eles bem apertados, olhou para o policial e falou:

— O que disse?

— Não pode dormir em praça pública, senhor. Peço que levante e vá para a sua casa.

— Certo, perdoe-me, por gentileza. Irei para casa.

O policial se afastou, mas permaneceu por ali como se quisesse ter a certeza de que o homem realmente iria embora. Rodolfo se levantou devagar, tentou ajeitar seu cabelo com a mão, porém sem muito sucesso. Ajeitou seu paletó e bateu onde estava sujo de pó, limpando-se.

Em seguida, seguiu caminhando e se afastou da igreja sob o olhar do policial. Foi em direção a uma rua que desembocava na praça e continuou caminhando pesadamente, porém de forma constante. À sua volta, não se localizava mais a sombra que o acompanhara na noite passada.

Ele caminhou até chegar à casa de onde tinha saído no dia anterior, abriu a porta e entrou em uma sala. Havia uma bonita mesa no fim do cômodo, com seis cadeiras ao seu redor. Uma cristaleira, cheia de copos, taças e recipientes de cristal, estava encostada a uma parede. Ao seu lado, posicionava-se uma estante. Em frente a ela, havia uma mesa de centro baixa, de cristal, com alguns adornos de metal.

Ao redor da mesa, como se formassem a letra "u", encontravam-se três belos sofás de madeira com estofados de couro verde-escuro. Um deles possuía assentos para três pessoas, enquanto os outros acomodavam apenas duas. No chão, havia um grande tapete decorado, também verde, só que em um tom um pouco mais claro que o tom dos estofados dos sofás.

Rodolfo colocou as chaves na prateleira de uma estante posicionada perto da porta. Pendurou seu paletó e seu chapéu em um cabideiro ao lado da estante e seguiu em frente, atravessando a sala até chegar à cozinha.

Em suas paredes, havia ladrilhos de cor bege-claro, que iam desde o chão até a metade da parede. Também na parede posicionavam-se prateleiras de madeira, que possuíam cortinas para fechá-las. Abaixo estava uma bancada de alvenaria e um forno a lenha, também de alvenaria. Na outra parede, havia uma mesa com alguns bancos sob ela.

Rodolfo acendeu o fogão e colocou água em uma chaleira grande. Depois, levou-a ao fogo e a deixou lá até ferver. Com um pano em sua mão, retornou ao fogão, retirou a chaleira do fogo e seguiu em direção ao banheiro.

O ambiente era ladrilhado como a cozinha, os azulejos brancos e lisos iam desde o chão até a metade das paredes. Apenas a última fileira superior possuía três faixas marrom-escuras, que formavam três linhas rodeando todo o banheiro.

A parte de cima da parede era pintada de branco. O chão era feito de peças do tamanho dos ladrilhos da parede, também brancos. Os cantos do piso eram marrons, do mesmo tom das faixas dos ladrilhos.

Tinha um grande espelho emoldurado preso à parede. Embaixo do espelho, encontrava-se uma bancada de mármore com uma cuba em seu centro, e uma torneira dourada pendia para dentro dela. Havia também um vaso sanitário com uma caixa d'água acima, para descarga.

Um escuro biombo de madeira separava o sanitário do resto do ambiente. Também havia um porta-toalhas de madeira de aproximadamente um metro e meio, com dois travessões e duas toalhas em cada travessão. Uma banheira de louça com pés dourados se encontrava no canto do banheiro, já com água pela metade.

Rodolfo despejou a água fervente na banheira e a mexeu com a mão. Em seguida, tirou a roupa e entrou na banheira. Permaneceu sentado sem se mexer, enquanto olhava para longe, pensativo.

Depois de algum tempo, tomou banho, levantou e se enxugou. Seguiu em direção ao quarto. O ambiente era simples, os móveis eram pesados e de cor marrom bem escura, quase preta. Em uma das paredes, havia um armário de duas portas de frente para a cama. Duas mesinhas de cabeceira posicionavam-se uma de cada lado da cama.

Na parede lateral, havia uma janela, que estava fechada. Na outra parede lateral, encontrava-se a porta e, ao lado, uma escrivaninha. Rodolfo se vestiu e deitou-se na cama, permanecendo lá por algum tempo, descansando.

Tudo foi escurecendo até que não pude ver mais nada. Quando o ambiente voltou a clarear, vi que Rodolfo se arrumava. Mesmo com a janela fechada, percebi que lá fora era noite, pois as frestas da janela estavam sem luminosidade aparente.

Rodolfo abriu a porta do armário e se olhou num espelho posicionado no interior dele, preso à porta. Ajeitou-se, fechou a porta do armário e saiu do quarto. Seguiu pelo corredor, passou pela sala e, finalmente, saiu à rua. Realmente era noite.

As pessoas andavam de um lado para o outro, e a pouca luminosidade vinda dos raros postes tornava o ambiente mais obscuro. Rodolfo andava devagar, parecendo observar a bela noite que fazia. Seguiu caminhando por algum tempo, indo até a casa onde trabalhava Júlia. Quando chegou ao seu destino, parou, ajeitou-se e entrou. Augusto estava sentado na antessala.

— Senhor Rodolfo! Há muito que não aparece por aqui. Aconteceu algo?

— Não, Augusto, está tudo bem. Eu só precisei de um tempo para mim.

— Mas que bom vê-lo outra vez! Espero que aprecie a estada.

— Obrigado, Augusto.

Rodolfo entrou na casa e tudo estava igual à primeira vez, porém mais animado. As meninas conversavam com os homens e, no palco, uma linda mulher dançava e cantava uma música.

Logo, avistou Júlia. Ela estava conversando com um rapaz de aproximadamente vinte anos. Ela ria muito e gesticulava, acompanhada por aquela sombra bem próxima a ela.

Rodolfo foi até uma mesa, sentou-se, e prontamente chegou uma mulher bem nova, provavelmente de apenas dezoito, dezenove anos. Loira. Tinha um lindo sorriso, seios fartos e uma cintura bem marcada.

— Olá, Rodolfo, como vai? – perguntou ela.

— Tudo bem, e com *vossa mercê*?

— Melhor agora com o senhor aqui.

— É Milena, não é?

— Sim, meu nome é Milena – respondeu sorridente.

— Milena, faça-me um grande favor e chame Madame Lia aqui.

Imediatamente, a menina deixou de sorrir. Deu para ver a decepção em seu rosto. Então, ela continuou:

— Mas, Rodolfo, eu disse algo que não gostou?

— Não, Milena, preciso mesmo falar com Madame Lia. Poderia chamá-la?

— Sim. Um minuto, por favor.

Milena se levantou e seguiu em direção ao corredor. Enquanto isso, Rodolfo levantou a mão para o *barman* e acenou quando ele olhou. O *barman* lhe respondeu e, pouco depois, uma das meninas trouxe a Rodolfo uma garrafa de vinho já aberta e uma taça.

— Muito agradecido.

E, com o olhar longe, pegou a taça e virou-se para pegar a garrafa. Porém, percebendo o movimento, a menina se apressou, pegou a garrafa, retirou a rolha, que estava quase para fora, e serviu Rodolfo. Em seguida, falou:

— Deseja algo mais?

— Não, jovem, nada mais. Obrigado – respondeu Rodolfo, ainda olhando para longe.

Passando a mão pelo corpo, a moça foi para a frente de Rodolfo e insistiu:

— Tem certeza? Posso fazê-lo querer tudo!

Agora, não tendo como não reparar na jovem, Rodolfo a olhou com admiração e respondeu:

— Cara jovem, *vossa mercê* é uma das mais belas nesta casa, mas meu coração já pertence a outra pessoa.

A jovem aparentou um pouco de decepção, mas, atrás dela, surgiu uma voz suave, porém de grande presença:

— Ligia, irá conhecer os clientes mais antigos e suas preferências. Um dia, terá seus fiéis clientes, mas, por ora, deixe o senhor Rodolfo em paz.

A voz veio de uma mulher com um pouco mais de idade que as outras. Ainda assim, era uma bela mulher. Tinha cabelos curtos, seios fartos e cintura bem fina. Seu rosto tinha lindos traços e seu olhar era penetrante. Rodolfo se levantou e foi ao encontro da mulher.

— Que prazer revê-la, Madame Lia. Faz muito que não nos encontramos.

— Sim, há muito tempo não o vejo aqui. E soube que tivemos problemas da última vez que aqui esteve.

— Bebi um pouco demais, mas nada que o gigante Benedito não controlasse – respondeu Rodolfo, arrancando uma risada de Madame Lia.

— Por vezes, Benedito é bem convincente, não é?

— Eu que o diga! – disse ele enquanto sorria para senhora. — Porém, Madame Lia, gostaria de falar sobre Júlia.

— Sim, eu sei, quer se casar com ela. Ela já me contou. Sabe que não impeço o casamento de minhas meninas, porém algumas ainda me devem dinheiro, e Júlia é uma delas. Até que tenha pago, não posso permitir que saia.

— Mas ela disse que estava juntando dinheiro para a compra de uma casa, não para pagar dívidas. Quanto Júlia deve?

— Caro amigo, não costumo falar disso com outros, porém, como sei que o seu amor é verdadeiro, vou lhe falar: Júlia me deve trezentos contos de réis.

— Meu Deus, mas isso são quase vinte cavalos. Desse jeito, não vou me casar com ela nunca. Quero falar com Júlia. Posso ficar esta noite com ela? Gostaria de conversar sobre como pagar essa dívida.

— Se é esse o caso, meu amigo, nem cobrarei por hoje. Diga que já me pagou pela noite. Só espere que volte dos quartos, pois ela está em atendimento.

— Pode deixar, aguardarei – disse, visivelmente descontente.

— Se me der licença, preciso resolver uns problemas. Posso deixá-lo na companhia de alguém enquanto Júlia não chega?

— Não, Madame Lia, não há necessidade. Esperarei por Júlia.

— Tudo certo, então. Pedirei às meninas que não o incomode e a Júlia que, quando terminar, venha falar com o senhor.

— Muito obrigado, Madame Lia. Tenho certeza de que vamos resolver esta pendência.

Madame Lia se levantou para ir embora. Rodolfo levantou-se junto e se despediu. Em seguida, sentou-se e permaneceu observando o movimento da casa enquanto bebia o vinho. Dessa vez, era notável que bebia moderadamente, não como da outra vez.

Passado algum tempo, Júlia saiu pelo corredor procurando Rodolfo. Ela o viu, foi em sua direção cruzando seu olhar com o dele e, prontamente, abriu um leve sorriso.

Foi caminhando sem tirar os olhos dele, e Rodolfo aguardou fazendo o mesmo.

Naquele momento, era como se o tempo tivesse parado. Um não enxergava mais nada além do outro. Quando ela estava quase chegando à mesa, Rodolfo se levantou, abriu um sorriso sincero e a abraçou.

— Minha querida Júlia, eu...

— Não fale nada, não importa o que aconteceu – interrompeu Júlia. — O importante é que está aqui me abraçando outra vez, que posso estar sentindo seu carinho.

Nesse momento, Rodolfo respirou claramente aliviado e a abraçou ainda mais forte. Júlia interrompeu o abraço:

— Vamos para o quarto logo. Quero estar a sós com *vossa mercê*, quero poder conversar, acarinhar e beijar.

— Sim, vamos logo.

Ele pegou a garrafa de vinho e ela a taça e, antes de irem para o corredor, Rodolfo parou no bar.

— Por favor, dê-me mais uma garrafa de vinho e mais uma taça.

O *barman* entregou mais uma garrafa a Rodolfo, e Júlia pegou a outra taça.

Entrando pelo longo corredor, onde havia várias portas de um só lado, do outro era só parede, caminharam em direção aos quartos. O ambiente era de penumbra, já que as únicas fontes de luz eram algumas velas posicionadas em castiçais presos à parede do corredor.

Júlia chegou até uma porta que estava com uma chave pelo lado de fora. Em algumas, a chave estava da mesma forma, enquanto outras não possuíam chaves. Esse era o sinal que indicava qual quarto estava ocupado e qual não estava. Júlia abriu a porta e entrou, seguida por Rodolfo.

O quarto era um cômodo bem simples, e pequeno. O chão era coberto por uma tapeçaria de cor escura, quase vinho. A cama era de madeira escura, preta, com uma faixa de voal presa desde o teto até as laterais da cama.

No canto do cômodo, havia duas poltronas individuais com uma mesinha de canto entre elas. As paredes eram cobertas por um papel de parede listrado verticalmente, com listras que alternavam entre um verde musgo e um bege escuro.

As cortinas, também escuras, eram pesadas e tapavam uma parede inteira, na qual havia uma janela. Assim que entraram, Júlia colocou as taças na mesa, pegou as garrafas e as colocou junto das taças.

Em seguida, sem dizer uma palavra, foi em direção a Rodolfo e começou a beijá-lo.

A imagem, então, escureceu, até que não pude ver mais nada. Quando tudo se tornou claro novamente, vi os dois deitados na cama vestindo apenas roupas de baixo. Júlia estava com a cabeça deitada sobre o peito de Rodolfo, que a abraçava e falava:

— Minha querida, estava com saudades e não via a hora de estar ao seu lado.

— Eu também senti sua falta. Pensei que havia desistido de mim.

— Por que não foi me procurar?

— Não sabia qual seria a sua reação. E se *vossa mercê* se recusasse a me ver? Poderia achar que não o amo. Não aguentaria essa rejeição.

— Nunca faria isso! *Vossa mercê* será minha esposa.

— Amo-o, mas não poderei me casar.

— Júlia, é sobre isso que quero conversar. Há pouco, conversei com Madame Lia e falei da minha intenção de desposá-la. Ela me confessou que faria gosto na nossa união, porém há um impedimento: a sua dívida para com ela. Que dívida é essa?

— Meu querido, esqueça isso.

— Não, Júlia. Fale-me, que dívidas tem com Madame Lia? Quero e preciso saber para que possa ajudá-la.

— Não posso... não quero lhe dizer.

— Por que não? O que fez de tão errado, que teme minha reação?

— É exatamente isso: tenho medo de sua reação e não sei o que fará. Não sei se me perdoará ou se me largará de vez.

— Agora está me deixando preocupado. Será pior se não me contar, pois pensarei mil coisas.

— Tudo bem, falarei.

Então, Júlia se levantou e sentou-se na poltrona. Posicionou as mãos nos braços da poltrona e permaneceu olhando para baixo. Em seguida, respirou fundo e confessou:

— Estive grávida de *vossa mercê*.

— O que foi que disse? – perguntou Rodolfo, levantando-se por conta da tamanha surpresa.

— Sim, meu querido, estive grávida de um filho seu.

— E perdeu nosso filho?

— Não foi bem assim que aconteceu. Eu estava assustada e não poderia ter aquele filho, pois ainda não confiava em *vossa mercê* e não teria condições de criá-lo. Além disso, ele atrapalharia meu trabalho. Então, pedi ajuda a Madame Lia, e ela me levou a um aborteiro.

— O que fez? Se tivesse me falado, estaríamos casados, com um filho, felizes e sem esse problema da dívida com a Madame Lia.

— Eu sei, não há um dia em que não me arrependa.

— Pois continue sua história.

— Então, Madame Lia me levou a um aborteiro na cidade vizinha. Ele me cobrou cinquenta contos pela consulta e mais cem contos pelo procedimento. Madame Lia pagou e, desde então, eu devo a ela.

Porém, não consigo pagá-la, pois ela me cobra dez por cento de juros, e só consigo pagar cerca de cinco contos por mês. Sendo assim, a dívida aumenta a cada mês. É por isso que sempre lhe digo que não poderei me casar com *vossa mercê*.

— Vou tentar resolver isso o mais rápido possível.

Júlia se levantou e sentou no colo de Rodolfo, abraçando-o:

— Desculpe-me.

— Depois conversamos sobre isso.

Logo depois, os dois estavam arrumados e prontos para sair do quarto. Júlia abriu a porta e passou a chave para o lado de fora. Em seguida, os dois atravessaram o corredor e se sentaram numa mesa disponível.

Júlia se levantou e tornou a seguir para o corredor e, pouco depois, retornou com Madame Lia. As duas se aproximaram da mesa e se sentaram. Madame Lia perguntou:

— A Júlia me disse que gostaria de falar comigo. O que quer dizer?

— Madame, pode ficar tranquila, que não tenho nenhum segredo com minha Júlia. Já soube do acontecido e quero negociar com a senhora.

— Sim, pode falar.

— Quero levar Júlia hoje mesmo para minha casa. Por isso, ofereço-lhe quarenta contos de réis por mês. Assim, amortizamos os juros e diminuímos o saldo devedor todo mês. Todo mês, faremos as contas para ver quanto devemos à senhora e vamos pagando.

— Mas assim *vossas mercês* vão demorar trinta meses pagando. Isso equivale a dois anos e meio.

— Menos, pois os dez por cento vão diminuindo, e a amortização será sempre maior do que a do último mês pago.

— Não entendi.

— Vou demonstrar com um exemplo: devemos 300. Então, este mês os 40 contos pagarão os dez por cento e amortizaremos 10 contos, sobrando 290 contos a pagar. No mês seguinte, pagaremos 29 contos de juros e 11 contos da dívida, sobrando 279 contos em dívidas. Então, todo mês amortizaremos um pouco mais do que no mês anterior.

— Não, não concordo, quero receber tudo de uma vez. Quando emprestei, foi tudo de uma vez.

— Mas assim ficará impossível pagar. E, se eu pagar como estou falando, pagarei muito mais que trezentos contos.

— Desculpe, Rodolfo, sou muito prática. Tem, tem. Não tem, não tem. – E, levantando da cadeira, despediu-se: — Aproveite o restante da noite.

Nesse momento, a sombra reapareceu ao lado de Júlia pela primeira vez naquela noite.

— Minha querida, não sei o que fazer.

— Se tem quarenta contos de réis por mês para pagar a dívida, pode me dar essa quantia e deixar que eu vá pagando. Estarei livre em aproximadamente dois anos, não é isso mesmo?

— Sim, mas eu não disponho de quarenta contos de réis por mês. Eu estava tentando negociar e depois baixaria minha oferta, se ela concordasse. Se ela não aceitasse reduzir o valor da parcela ou do total, eu aceitaria da forma como sugeri e daria um jeito de pagar os quarenta contos por mês.

— Como *vossa mercê* oferece o que não tem? Está brincando com a minha vida?

— Logicamente que não. Eu estava negociando. Às vezes, precisamos começar assim, disponibilizando as maneiras possíveis para finalizarmos o negócio.

— Então, sou um negócio para *vossa mercê*? – questionou irritada.

— Minha amada, olhe o que está falando. Eu estava prestes a oferecer o que não tinha pela sua liberdade, e *vossa mercê* me faz uma pergunta dessa!

— Sim, desculpe-me. É que preciso ficar livre para podermos ser felizes. Não sei o que fazer para me livrar da dívida.

— Vamos pensar em algo.

Rodolfo parou e permaneceu olhando para Júlia. Pouco depois, prosseguiu:

— E as joias que lhe dei ao longo desses anos? De certo, poderão amortizar grande parte da dívida. Assim, posso negociar com Madame Lia outra vez, agora com mais poder de persuasão.

— Foi com as joias que eu paguei grande parte da dívida durante todo esse tempo. Por isso, a dívida não cresceu tanto assim. Toda vez que me dava uma joia, eu a vendia e pagava a dívida.

— Compreendo. Então, vou para casa e ver o que consigo fazer.

— Está triste comigo, não é mesmo?

— Sim, Júlia, estou triste. Mas vamos tentar resolver nosso problema primeiro, e depois nos acertamos.

Rodolfo se levantou e Júlia fez o mesmo, depois deu a volta na mesa e falou:

— Posso ir para casa com *vossa mercê* hoje. Sou só sua, posso me ausentar.

— Não, Júlia. Hoje preciso pensar no que vou fazer. Preciso de um tempo para analisar o que fazer.

— Então, tudo bem.

Ela o abraçou e seguiu em direção ao corredor. Rodolfo permaneceu ali parado, sem mexer um músculo sequer, observando-a ir embora. O rosto dele expressava desânimo, como se ele não tivesse como reagir. Impotência seria a palavra correta para descrever o que ele parecia estar sentindo.

Depois que Júlia sumiu pelo corredor, Rodolfo ainda continuou parado por alguns momentos, até que se virou e seguiu em direção à porta. Após sair do salão principal, despediu-se de Augusto e foi embora.

Nitidamente desolado, seguiu caminhando a passos miúdos pela rua, andando bem devagar. Levou uma eternidade para chegar até sua casa e, no caminho, passou pelas pessoas como se elas não estivessem ali. Vez ou outra, parava e olhava para o céu, como se buscasse inspiração divina ou orasse a Deus para que acontecesse um milagre.

Enquanto eu observava, Bruno falou em meu pensamento:

— Andre, Rodolfo está perdido e não sabe o que fazer. Ele já deu mostras de que não é apegado a bens materiais quando o assunto é presentear Júlia.

Porém, não devemos fazer nada só com a emoção, e sim agir também com a cabeça. Rodolfo é muito mais emoção que raciocínio e já provou isso também nas outras vidas dele.

— Sim, Bruno. Reconheço que também sou um pouco assim. Posso garantir que, às vezes, ficamos cegos para a razão e precisamos de uma pessoa de fora para entender que estamos errados. Preciso de pessoas assim, e ele, pelo menos nessa vida, parece-me ser sozinho.

Até agora, não vi nenhum parente ou amigo sincero em quem ele possa confiar, o que torna a vida mais difícil.

Bruno permaneceu em silêncio, e logo percebi que fez isso para que eu voltasse a prestar atenção aos acontecimentos, e assim o fiz.

Rodolfo estava chegando à casa. Vagarosamente, apanhou as chaves, abriu a porta e entrou. Após fechar a porta, foi direto para o quarto. No caminho, tirou apenas o chapéu e o jogou na poltrona da sala. Jogou-se na cama e permaneceu estático por algum tempo, exatamente na mesma posição em que caiu.

Então, virou-se e começou a chorar em silêncio. As lágrimas escorriam pelo seu rosto sem que ele emitisse um som sequer. Era só silêncio e tristeza naquele momento.

A imagem, mais uma vez, escureceu e, quando clareou, pude ver novamente Rodolfo. Ele terminava de se arrumar e estava muito bem-vestido. Pegou seu chapéu, seu paletó e foi até uma escrivaninha. Abriu a gaveta, pegou alguns papéis, sentou-se e ficou olhando para eles.

Após analisá-los, separou alguns e os colocou em uma pasta de couro preta que estava sobre a escrivaninha. Em seguida, levantou-se e foi em direção à porta de saída de sua casa.

Já na calçada, parou e ficou estático por alguns segundos. Olhou para o céu, que não possuía nenhum filete de nuvem e era de um completo azul-turquesa. Era um dia lindo. Virou-se, então, para a direita e seguiu caminhando tranquilamente.

A cidade era típica do interior de Minas Gerais, como Ouro Preto ou Mariana, pois, a todo momento, encontrávamos praças com igrejas. A cidade lembrava até mesmo Paraty, no Rio de Janeiro.

Nas ruas, havia alguns comércios. Em bares, homens bem-trajados bebiam e petiscavam. As barbearias eram muito interessantes, antigas, e tudo estava em perfeito estado e brilhando como se fosse novo.

Na esquina de uma mercearia, havia um homem vendendo carne em uma carrocinha. Era o chamado "tripeiro", que já não é muito visto nos dias de hoje, principalmente nas grandes cidades.

Logo mais à frente, Rodolfo foi em direção à entrada de uma casa bem grande com uma fachada amarela e em alto relevo. Na sua estrutura, estava escrito Banco do Brasil em alvenaria.

Fiquei muito surpreso, pois estava vendo a História na minha frente. Deslumbrado com a oportunidade que estava tendo, pude ouvir Bruno falar em minha mente:

— Andre, não se deslumbre com as imagens que vê. Preste atenção na vida de Rodolfo.

Passei a focar novamente no momento e analisei o interior do banco, que era todo feito de madeira bem pesada, inclusive as mesas, as cadeiras, os bancos, o piso e os arquivos. Até o balcão dos caixas, que, por sua vez, não possuíam grades. Reparei que Rodolfo sentou-se em uma das cadeiras postadas em frente à mesa de um dos gerentes. Permaneceu aguardando até que um homem apareceu. Ainda que aparentasse ter entre quarenta e cinquenta anos, o homem tinha cabelos grisalhos e ostentava um belo bigode de pontas salientes arqueadas para cima. Sua estatura era mediana, nem magro, nem gordo, e ele estava muito bem-vestido.

Rodolfo, ao vê-lo, levantou-se e o cumprimentou, apertando sua mão.

— Como vai, senhor Francisco?

— Muito bem. E o senhor, como vai?

— Estou bem, meu caro.

— O que o traz aqui, senhor Rodolfo? Veio comprar mais ouro?

— Não, desta vez meu estoque ainda está suficiente. O que me traz aqui, amigo Francisco, é que venho pedir que hipoteque minha casa.

— Mas o que houve? Está com algum problema sério?

— Não, caro amigo. Quero apenas investir mais nos meus negócios, produzir mais.

— Então, tenho que pedir que traga a documentação com a avaliação de sua casa e os documentos de sua posse.

— Sim, já me adiantei e trouxe todos eles. Gostaria que verificasse se falta algum documento. Trago ainda hoje, se possível.

Rodolfo entregou os papéis que estavam dentro da pasta de couro, e Francisco os analisou cuidadosamente. A demora na análise fazia Rodolfo bater o pé no chão repetidas vezes, visivelmente ansioso. Ele também passou a mão no rosto diversas vezes, enquanto o gerente lia calmamente os papéis e apertava a ponta de seu bigode, como se o moldasse ainda mais para cima.

— Está tudo aqui, Rodolfo.

Então, visivelmente aliviado, Rodolfo se acomodou na cadeira em que estava sentado enquanto relaxava os ombros.

— Então, como podemos fazer? – perguntou Rodolfo.

— O senhor vai querer dividir a hipoteca por quantos meses?

— Gostaria de pagar em dois anos.

— Senhor Rodolfo, vou ver o que consigo, mas nunca fizemos os parcelamentos por um tempo tão longo. Tentarei estender ao máximo o prazo.

— Por favor, senhor Francisco, tente estender ao máximo. Quando poderemos definir isso?

— O mais rápido possível.

— O senhor acha que já dará para fecharmos a negociação da próxima vez?

— Sim, está tudo aqui, e darei entrada nos papéis com o menor prazo que eu conseguir. Na próxima quinta-feira, pode passar aqui para assinar os papéis da hipoteca e pegar seu dinheiro.

Francisco se levantou e estendeu a mão a Rodolfo, deixando claro que não havia mais tempo para conversarem. Rodolfo se levantou, apertou a mão de Francisco e se despediu:

— Muito obrigado! Na quinta-feira, estarei aqui para acertarmos os detalhes finais.

— Até mais ver, senhor Rodolfo.

— Até mais ver.

Dirigindo-se à saída do banco, ele seguiu em frente com um leve sorriso no rosto, que lembrava os sorrisos de Bruno. Rodolfo continuou andando enquanto olhava para cima, como se estivesse agradecendo aos céus.

Cumprimentou as pessoas que passavam por ele, visivelmente mais leve, como se houvesse tirado um peso dos ombros. Então, entrou em uma das igrejas, seguiu até a frente do altar, fez o sinal da cruz e se direcionou ao primeiro banco da fileira. Em seguida, ajoelhou-se e começou a rezar.

Nesse momento, pude ouvir Bruno falar em minha cabeça:

— Andre, feche os olhos e concentre-se.

Assim o fiz e, prontamente, escutei a oração de Rodolfo:

— Senhor, obrigado por ser tão bom comigo. Abandonei minha casa e vim para esta cidade. Quando vi Júlia, soube que ela era a mulher da minha vida. Não me importo com seu passado, importo-me de estar ao lado dela no futuro e de garantir uma vida de felicidade.

Obrigado, Senhor, por me dar a chance de ser feliz. Prometo fazê-la feliz também.

Depois desse agradecimento espontâneo, Rodolfo rezou um Pai Nosso e uma Ave Maria. Levantou-se, foi até a porta e colocou dinheiro dentro do ofertório. Por fim, virou-se de frente para o altar, benzeu a si mesmo e saiu.

Continuou a caminhar bem feliz, parou na banca de uma florista e comprou um buquê de flores vermelhas. Seguiu e, de vez em quando, levava as rosas perto de seu nariz. Ele inspirava fundo e fazia uma expressão de contentamento como se sentisse o perfume mais delicioso da vida, o perfume de uma conquista.

Chegando em frente à casa de Madame Lia, Rodolfo parou e ajeitou a roupa. Em seguida, entrou na antessala:

— Bom dia, Augusto.

— Bom dia, senhor Rodolfo. Parece bem-disposto hoje.

— Sim, caro Augusto. Estou feliz. Hoje, em particular, estou bem feliz.

Rodolfo seguiu para o salão, ainda vazio, e sentou-se na cadeira ao lado de uma mesa posicionada bem próxima ao bar. Permaneceu ali até aparecer uma jovem pelo corredor, que falou com ele:

— Olá, seu nome é Rodolfo, não é?

— Sim.

— Por que está aqui tão cedo?

— Porque quero estar com Júlia o mais rápido possível.

— Um dia, terei um homem que me ame assim, da forma como o senhor a ama.

— Sim, terá sim. Expresso os melhores sentimentos para que consiga ter um homem que a ame assim como amo a doce Júlia. Se assim for, ele será capaz de até dar a vida por *vossa mercê*.

Suspirando ao ouvir tais palavras, a jovem se virou e disse:

— Só um segundo, senhor Rodolfo. Vou chamar a Júlia para o senhor.

Dito isso, a jovem seguiu em direção ao corredor. Enquanto caminhava, parou na metade do caminho e lhe perguntou:

— O senhor quer que eu lhe sirva algum aperitivo enquanto espera?

— Sim, minha jovem. Quero uma garrafa daquele vinho ali – disse Rodolfo, apontando para o vinho. — Mas não quero que o abra ainda. E traga-me duas taças.

A jovem fez o que foi pedido enquanto sorria, como se estivesse admirando o momento. Pediu licença e seguiu novamente ao corredor.

Rodolfo segurou a garrafa enquanto esboçava um leve sorriso, sem esconder a felicidade que estava sentindo. Parecia estar lendo cada palavra do rótulo do vinho, como se não conhecesse a garrafa que sempre pedia. Parecia que as palavras que lia não estavam sendo gravadas em sua mente, como se entrassem pelos olhos sem sequer chegar ao cérebro.

Certamente, Rodolfo já se encontrava pensando no momento de júbilo que esperava viver na quinta-feira. Passado algum tempo, desviou da garrafa o seu olhar, que ficou perdido no ar, como se estivesse sonhando acordado.

Júlia entrava no salão naquele momento, e seus olhares se cruzaram. Trocando sorrisos com a moça, ele se levantou e rapidamente chegou até a amada, abraçando-a com força. Retribuindo o abraço, ela perguntou:

— O que foi? O que aconteceu? Parece diferente. O que aconteceu?

— Nada, Júlia, nada. Só estou feliz em vê-la e quero passar a noite em sua companhia.

— Certamente, Madame Lia não permitirá.

— Chame-a para que eu converse com ela.

— Ela não se encontra, foi resolver uns assuntos fora. Mas, antes de abrirmos, ela já estará de volta.

— Não esperaremos. Vamos agora para um dos quartos.

— Mas só pensa nisso?

— Sim, só penso em estar na sua companhia. Quero deitar em seu colo e receber cafuné. Quero dormir ao seu lado sentindo seu perfume. Quero estar a noite toda com *vossa mercê*, sem pensar se amanhã irei embora ou não.

— Ah, Rodolfo, está sonhando. Que lindo! Mas lembre-se de que amanhã terá que ir embora e acordará desse sonho. Então, tornará a se ver na realidade.

— Por pouco tempo. Por pouco tempo, tenho certeza.

— Que o Senhor o escute e faça de suas preces a minha verdade.

De mãos dadas, foram em direção ao corredor. Ele a parou por um instante e soltou sua mão. Em seguida, voltou à mesa e pegou a garrafa e as taças. Júlia abriu um sorriso e o abraçou lateralmente, e seguiram juntos.

Entraram em um dos quartos, e Rodolfo descansou o vinho e as taças sobre uma mesinha entre duas poltronas. Pediu um beijo, que foi prontamente dado por ela. Os dois se abraçaram e se beijaram calorosamente e, quando interromperam aquele momento, Júlia perguntou:

— O que está acontecendo? Está diferente hoje.

— Estou mais apaixonado e, a cada dia, tenho mais certeza de que se aproxima o dia a partir do qual viveremos juntos para o resto de nossa vida. Eu a farei feliz como sempre desejei.

— Deus permita. Sonho com esse momento também, meu amor.

Rodolfo a beijou mais uma vez. A imagem sumiu aos poucos e reapareceu. Rodolfo dormia sob as cobertas com Júlia adormecida e abraçada a ele, sua cabeça repousava no seu peito. Ambos pareciam felizes.

De repente, umas quatro ou cinco batidas retumbaram na porta. Mais batidas se repetiram, dessa vez acompanhadas por uma voz masculina:

— Senhora Júlia! Sou eu, Benedito. Quero falar com *vossa mercê*.

Acordando com os barulhos, Rodolfo foi em direção à porta:

— O que foi, Benedito? Aconteceu alguma coisa? – perguntou com a porta ainda fechada.

— Senhor Rodolfo? É o senhor?

— Sim, Benedito, sou eu mesmo. Aconteceu algo?

— Não, senhor. É que Madame Lia soube que o senhor estava com Júlia. Entretanto, como os senhores não saíram do quarto e ninguém de fato os viu entrar aí, ficamos preocupados.

Madame Lia me pediu que dissesse que ela gostaria de conversar com o senhor, caso estivesse aí.

— Obrigado, Benedito. Avise a Madame Lia que irei assim que me arrumar.

— Muito obrigado, senhor Rodolfo. Falarei com ela.

Logo, Rodolfo, sem acordar Júlia, arrumou-se e saiu do quarto. Seguiu em direção ao salão e, ao chegar lá, pareceu procurar alguém, esticando seu pescoço enquanto olhava de um lado para o outro, até que acenou para Benedito, que veio em sua direção:

— Senhor Rodolfo, Madame Lia quer falar com o senhor.

— Sim, falarei com ela. Pode chamá-la?

— Ela está no escritório. O senhor pode ir lá. Ela pediu que entre sem bater.

— Muito obrigado, Benedito.

Então, Rodolfo seguiu em direção ao corredor outra vez. Caminhou até a última porta, parou em frente a ela e ajeitou sua roupa. Em seguida, abriu a porta e entrou pedindo licença.

Lá dentro, Madame Lia estava sentada em uma cadeira atrás de uma escrivaninha de escritório. Na frente da escrivaninha, encontravam-se duas cadeiras bem rústicas. Aliás, todos os móveis eram bem rústicos, de cores bem escuras.

Na parede, havia um relógio de pêndulo dentro de uma caixa bem trabalhada e com uma porta de vidro, permitindo ver o pêndulo balançando de um lado ao outro. No topo da caixa do relógio, havia uma águia entalhada com as asas abertas como se fossem um telhadinho sobre a caixa.

Em um canto do escritório, tinha um gaveteiro com dez gavetas. Ao seu lado, havia um espelho numa moldura presa a um suporte. No outro canto da sala, uma mesa estava posicionada, como se fosse uma mesinha de cabeceira que sustentava um cofre de aparência pesada. Ao lado, havia um aparador embaixo de uma janela, que estava protegida por uma leve cortina de tecido branco.

Havia cortinas mais pesadas em um tom verde-musgo presas nas outras paredes brancas, que pareciam precisar de uma mão de tinta. O chão era feito de tábuas corridas de um marrom tão escuro que parecia preto. Quando Rodolfo entrou no escritório, Madame Lia abriu um sorriso e falou:

— Como está, Rodolfo?

— Estou bem. E a senhora, como está?

— Vou bem também. Por favor, sente-se.

Rodolfo, prontamente, puxou uma das cadeiras e se sentou.

— Quer falar comigo, Madame Lia?

— Sim, Rodolfo, gostaria de falar com o senhor sobre a nossa querida Júlia.

— Em que posso ajudá-la?

— É que, com suas constantes vindas aqui nos últimos dias, sabendo que não precisa pagar por ela já que vai pagar a alta dívida, Júlia não recebeu um valor considerável e não conseguirá pagar os juros que me deve. Dessa forma, a dívida aumentou, e estou lhe informando que ela agora é de trezentos e trinta contos de reis.

Rodolfo ficou bastante incomodado com as palavras de Madame Lia.

— Madame Lia, espero que a senhora reconsidere, pois irei, tão logo, pagar a dívida à vista, como me pediu. Espero, verdadeiramente, que não me cobre os juros deste mês, pois terá o dinheiro todo em suas mãos. Mais vale receber os trezentos contos do que nunca receber nem um dos trezentos e trinta contos.

— Mas terei Júlia comigo para sempre, o que me rende uma boa clientela, já que Júlia é uma das garotas preferidas. Ganho de qualquer modo.

— Peço que aja com o coração e deixe que vivamos nosso sentimento. Sei que gosta de Júlia. Faça isso por ela. Prometo lhe entregar os trezentos contos na próxima quinta-feira.

— Faça isso, mas sobrarão trinta contos a pagar. Com isso, a dívida só crescerá três contos por mês, o que será melhor para o senhor.

Meu caro, tenho Júlia como uma filha, mas sei separar meus sentimentos dos negócios. Até porque, no ramo em que trabalho, se eu os misturasse, certamente não teria chegado aonde cheguei, tampouco conseguiria ir adiante.

— Peço que reconsidere. Faça-me um pequeno favor: pense, e conversaremos a respeito disso na quinta-feira.

— Tudo bem, Rodolfo. Na quinta-feira, conversaremos sobre isso.

Rodolfo saiu da sala de cabeça baixa e sem se despedir de Madame Lia. Pensativo e com a mão direita sobre a cabeça, seguiu pelo corredor e, no salão, encontrou Benedito.

— Benedito, por favor, avise Júlia de que precisei sair e que volto quinta-feira.

— Sim, senhor Rodolfo, avisarei a ela.

Cabisbaixo, Rodolfo foi embora. Já era noite. Ele seguiu andando de cabeça baixa até chegar à sua casa. Lá seguiu o mesmo ritual da outra vez: apanhou as chaves, abriu a porta, entrou, fechou a porta e foi para o seu quarto.

Depois, deitou-se na cama e permaneceu ali por um bom tempo, olhando para cima. Piscava raramente, mas, a todo momento, coçava a cabeça e passava a mão no rosto, provavelmente pensando no que iria fazer naquele momento.

Na manhã de quinta-feira, após se vestir, ele foi até a cozinha, apanhou um pedaço de broa e passou manteiga enquanto a chaleira começava a apitar. Ele foi em direção a ela e a retirou do fogão, passando um café que já estava no coador. Tomou seu café da manhã, apanhou a pasta de couro e saiu pela porta.

O céu estava nublado, impedindo que se visse qualquer pedacinho azul. Rodolfo caminhava pelas calçadas enquanto charretes e cavalos passavam com seus condutores e cavaleiros.

Perto da casa dele, algumas pessoas o cumprimentaram, mas, à medida que se afastava, os cumprimentos ficaram cada vez mais raros. Ele se aproximou do Banco do Brasil e entrou. Avistou Francisco sentado à sua mesa, porém com um cliente à sua frente. Rodolfo se aproximou e falou:

— Bom dia, senhor Francisco. Estou no aguardo do atendimento.

— Bom dia, Rodolfo. Sim, logo o atenderei. Um momento, por favor.

Rodolfo se afastou e se sentou em um banco de três lugares encostado na parede. Ele era o único sentado ali. Além do senhor que estava sendo atendido, havia mais dois homens um pouco mais à frente e, nos caixas, somente um homem, já em atendimento.

Passado algum tempo, Rodolfo já estava bastante ansioso para ser chamado. Outro gerente, então, aproximou-se e falou:

— Olá, senhor, posso ser útil? Estou disponível e, se eu puder ajudar, ficarei contente.

— Muito obrigado pela gentileza, mas vim pegar a resposta de um processo já começado com o senhor Francisco, então acho que não será possível dar prosseguimento com o senhor.

— Entendo. Bem, se precisar de algo, estou à sua disposição.

— Muito obrigado, meu caro.

O homem retornou para sua mesa. Rodolfo tornou a olhar para a mesa de Francisco no exato momento em que o senhor que estava sendo atendido se levantou e apertou a mão de Francisco, que havia se levantado com o cliente.

O cliente virou-se para Rodolfo e, antes de ir embora, falou:

— Bom dia, meu jovem!

— Muito obrigado, e um bom dia para o senhor também – respondeu Rodolfo, educadamente.

Rodolfo se levantou, foi em direção à mesa de Francisco e sentou-se.

— Bom dia, senhor Francisco, como vai?

— Vou bem, meu amigo. E o senhor, como tem passado?

— Bem, muito bem.

— E então, vamos direto ao assunto que o traz aqui?

— Sim, vamos aos detalhes para que nada saia sem entendimento.

— Sim, então vamos. Conseguimos chegar ao valor de duzentos e noventa e três contos de réis e dividiremos esse valor em vinte meses para o senhor pagar. Serão quinze contos e oitocentos réis por cada uma das parcelas, totalizando, no final, um montante no valor de trezentos e dezesseis contos de réis.

— O senhor não pode arredondar este valor para trezentos contos de réis?

— Não, caro Rodolfo, pois essa é uma avaliação sobre os documentos da sua casa.

— Veja o que pode fazer por mim. Gostaria muito de que chegássemos a esse valor.

— Bem, aguarde um pouco.

Francisco se levantou com os papéis, foi em direção a uma porta localizada nos fundos do grande salão do banco, entrou e fechou a porta. Então, permaneceu um bom tempo lá dentro.

Enquanto esperava, Rodolfo ficou quase imóvel sentado à mesa de Francisco, movendo-se de vez em quando apenas para olhar em direção à porta, com esperança de que Francisco saísse de lá a qualquer momento.

Depois de um bom tempo, Francisco saiu e caminhou em direção a Rodolfo. Passou por ele sem o olhar, enquanto Rodolfo olhava fixamente para o gerente. Francisco, então, sentou-se e tornou a falar:

— Senhor Rodolfo, como sempre foi um bom cliente e sempre cumpriu com seus compromissos, ganhou um voto de confiança do nosso banco. Terá os trezentos contos de réis e pagará o valor de dezesseis contos de réis em vinte meses, totalizando trezentos e vinte contos de reis. Está bom dessa maneira?

— Sim, senhor Francisco, está muito bom.

— Então, leia o contrato, preencha os valores com letra de próprio punho, e daremos seguimento ao processo.

Rodolfo pegou os papéis e os leu calmamente. Terminada a leitura, escreveu no contrato os valores e assinou o documento. Em seguida, entregou tudo a Francisco, que analisou todos os papéis.

Francisco pegou, então, um bloco fino em uma das gavetas, destacou uma folha, preencheu, assinou e carimbou. Entregou uma cópia do contrato a Rodolfo, juntamente ao papel, e falou:

— Rodolfo, aqui está a sua via do contrato e a ordem de pagamento, que o senhor já pode resgatar nos caixas agora mesmo.

— Senhor Francisco, muito obrigado pela sua ajuda. Foi um grande prazer tratar desse assunto com o senhor – agradeceu enquanto pegava os papéis.

— Eu que agradeço, senhor Rodolfo. Estamos aqui para ajudá-lo sempre que possível. Até mais ver, caro amigo.

— Até mais ver, meu amigo.

Rodolfo se levantou e foi em direção aos caixas. Em seguida, entregou a ordem de pagamento, e o funcionário a analisou e disse:

— Senhor, peço que aguarde, pois não tenho essa quantia aqui comigo e terei que providenciar lá dentro. Se quiser, pode se sentar, que logo venho com seu dinheiro.

— Sem problemas, meu caro.

Rodolfo se dirigiu para o banco onde havia aguardado anteriormente e sentou-se outra vez. Entretanto, dessa vez a espera foi menor. Logo, o funcionário reapareceu e o chamou:

— Senhor Rodolfo, pode vir ao caixa, por favor?

Rodolfo, prontamente, dirigiu-se até o caixa.

— Senhor Rodolfo, seu dinheiro está aqui. O senhor pode conferir, por favor?

— Não preciso de conferência, meu rapaz. Confio no banco.

— Não é questão de confiança, senhor Rodolfo. Errar é humano, e posso ter errado, não é mesmo?

— Neste caso, então, conferirei.

Rodolfo pegou o dinheiro e contou. Em seguida, voltou-se para o rapaz e falou:

— Está tudo correto. Muito obrigado, meu caro. Posso pedir um envelope para que eu guarde o dinheiro?

— Certamente.

O rapaz entregou um envelope, e Rodolfo guardou o dinheiro. Em seguida, colocou o envelope dentro de sua pasta de couro.

— Caro jovem, tenha um bom dia.

— Bom dia para o senhor também.

Rodolfo virou-se e foi embora do banco com um grande alívio estampado em seu rosto. Seguiu, então, andando devagar pelas ruas.

Enquanto ele caminhava, notei que deveria estar frio, pois as pessoas estavam com roupas mais pesadas do que nos outros dias. Pensando nisso, perguntei mentalmente para Bruno:

— Bruno, o tempo mudou muito de um dia para o outro, não é mesmo?

— Andre, na verdade, o que você viu antes não necessariamente foi o dia anterior a este que estamos vendo. Nós só estamos vendo o que realmente é relevante à história.

— Entendi. Então, podem ter se passado semanas entre os acontecimentos relatados desde o início desta vida?

— Teoricamente, sim. Mas, na prática, não, pois normalmente vemos uma fase em que os fatos relevantes estão acontecendo com uma frequência maior. Dessa forma, os intervalos entre os fatos vistos podem ser nulos, e, então, realmente vemos os dias vividos em sequência, ou podem ter espaços de aproximadamente dois, três dias.

Quando eu ia continuar a conversar com Bruno, ele me chamou a atenção para o que estava ocorrendo.

— Andre, agora precisamos prestar atenção aos fatos desta vida de Daniel.

Então, calei-me e voltei a prestar atenção ao que estava acontecendo.

Rodolfo estava na mesma igreja em que havia entrado alguns dias antes e repetiu o mesmo ritual da última vez:

— Senhor, obrigado por continuar sendo tão bom comigo. Obrigado por me garantir o valor que eu precisava, por ter feito as pessoas serem boas comigo e terem se esforçado para conseguir o que eu precisava.

Peço ao Senhor que me ajude com Madame Lia, para que eu possa convencê-la a liberar Júlia do restante da dívida. E peço também, Senhor, que me dê sabedoria para que eu faça Júlia feliz e para que eu possa ser feliz.

Rezou um Pai Nosso e uma Ave Maria, colocou o dinheiro dentro do ofertório, virou-se de frente para o altar e fez o sinal da cruz.

Foi direto para a casa de Madame Lia. Entrou no hall e, dessa vez, não havia ninguém lá. Era cedo demais para isso. Rodolfo, com a mão fechada, bateu à porta três ou quatro vezes e aguardou. A porta logo se abriu, e Benedito apareceu.

— Bom dia, Benedito, como vai?

— Vou bem, senhor Rodolfo – disse Benedito, com um leve sorriso, demonstrando contentamento em vê-lo.

— Meu caro amigo, Madame Lia pode me receber? Preciso falar com ela.

— Entre, senhor Rodolfo. Pode se sentar, que vou ver se a Madame pode recebê-lo.

Rodolfo rapidamente entrou e se sentou em uma das mesas do salão. Passados alguns minutos, Benedito entrou novamente no salão.

— Senhor Rodolfo, logo Madame virá falar com o senhor.

— Muito obrigado, Benedito. Aguardarei, então.

Rodolfo se levantou, foi até um quadro preso à parede e ficou observando-o, como se prestasse atenção a cada pincelada e tentasse ver a técnica utilizada. Era uma paisagem, na qual um pequeno rio passava no meio de um jardim com uma ponte bem bonita sobre ele e uma mulher de sombrinha passeando sobre a ponte.

— Senhor Rodolfo – a voz de Madame Lia soou atrás de Rodolfo e pareceu dar um pequeno susto no homem, que estava bastante concentrado.

Com um leve sorriso, ela continuou:

— Como vai, senhor Rodolfo? O que o traz aqui?

— Venho resolver nossa pendência.

— Então, sigamos até meu escritório, por favor.

Os dois caminharam pelo corredor até chegarem ao escritório dela. Entraram e, após a mulher se posicionar em sua cadeira, Rodolfo sentou-se do outro lado da mesa.

— Bem, Madame Lia, quero dizer que já tenho em mãos o dinheiro para quitação da dívida de Júlia.

— Que boa notícia, senhor Rodolfo. Então, ela estará liberada hoje! Realmente, é uma boa nova, e Júlia ficará bem mais feliz – respondeu a mulher, enquanto estendia seu corpo para trás e abria um sorriso. Seus olhos brilhavam, deixando nítido o quanto gostava de dinheiro, não de pessoas.

Rodolfo pegou sua pasta de couro, abriu e retirou de dentro o envelope que recebeu no banco. Entregou-o a ela, que pegou o dinheiro e pôs-se a contar.

— Senhor Rodolfo, temos trezentos contos de réis aqui, e avisei que este mês a dívida cresceu para trezentos e trinta contos de réis.

— Madame, confio que agirá com o coração. Estou lhe dando uma grande soma em dinheiro e peço que me libere dos últimos juros corridos.

Madame Lia levantou-se, foi até o gaveteiro ao lado do espelho e pegou um caderno dentro de uma das gavetas. Em seguida, voltou a se sentar, abriu calmamente o caderno e falou novamente:

— O senhor deve saber que sou uma mulher de negócios e, no meu trabalho, quando envolvemos o coração, só perdemos. Por isso, nunca envolvo meus sentimentos com os negócios. Aqui, estão os recibos de empréstimos assinados por Júlia, que só lhe darei quando receber tudo o que me é de direito.

Não leve para o lado pessoal, até porque gosto dela e do senhor e digo que Júlia será difícil de ser substituída, pois é uma das minhas melhores meninas. Então, mereço receber o que tenho que receber. Mas logo o senhor quitará essa dívida.

Façamos assim: eu a libero de trabalhar aqui, e o senhor me paga a dívida quando puder. Mas lembre-se de que a dívida irá crescer dez por cento a cada mês que findar.

Madame Lia, então, foi até o canto da sala onde havia a mesinha com o cofre em cima. Ela o abriu após girar o botão algumas vezes de um lado para o outro, inserindo o segredo. Retirou uma bolsa de pano e colocou o dinheiro dentro.

Deu para notar que a bolsa tinha muito volume dentro, que parecia ser mais dinheiro. Ela recolocou a bolsa dentro do cofre, fechou a porta e a travou novamente. Em seguida, voltou à mesa, abriu o caderno e começou a escrever.

— Rodolfo, já discriminei o pagamento, e ainda estão me devendo trinta contos de réis. Vou considerar a data de hoje como a data para basearmos os juros. O senhor pode levar Júlia hoje mesmo.

— Madame, podemos reduzir esse valor, então? A cinquenta por cento? Fico devendo quinze contos.

— Senhor Rodolfo, como lhe disse, sou uma mulher de negócios. Não posso me dar ao luxo de perder. Desculpe.

— Bem, espero que eu consiga quitar esse valor o mais rápido possível.

Rodolfo se levantou, apertou a mão dela e falou:

— Posso, então, levar Júlia comigo hoje mesmo?

— Sim, pode.

Rodolfo saiu do escritório e foi ao salão. Lá, encontrou Benedito novamente.

— Olá, Benedito.

— E então, senhor Rodolfo, conseguiu conversar com ela?

— Sim, meu caro, gostaria de lhe pedir um favor, se não for incômodo.

— Sim, senhor Rodolfo, ajudarei se eu puder.

— Poderia chamar a doce Júlia para mim?

— Ah, senhor, só isso? Estou indo agora mesmo.

Benedito seguiu em direção ao corredor e sumiu por ele. Pelo semblante de Rodolfo, vi que ele ia falar mais alguma coisa, que acabou se perdendo no ar à medida que Benedito se afastou e desapareceu. Logo depois, Júlia surgiu com roupas simples e com cara de sono. Parecia que ela tinha acabado de acordar.

— Bom dia, Rodolfo. O que o traz aqui tão cedo?

— Vim buscá-la. Vamos para nossa casa?

Júlia abriu um lindo sorriso e rapidamente pulou no pescoço dele, que sorriu de volta e a rodou. Júlia pediu que parasse, e ele atendeu o seu pedido. Em seguida, os dois se beijaram. Rodolfo ajoelhou mais uma vez e, dessa vez, sem nenhuma aliança, disse a Júlia:

— Amor da minha vida, quer ser minha amada para toda a vida e, com certeza, para além dela também?

Júlia estava com os olhos cheios de lágrimas. Ela puxou Rodolfo pelos braços, fazendo-o levantar, e o beijou.

— Meu amor, é claro que aceito. Só peço umas horas para que eu possa arrumar meus pertences.

— Claro, minha doce Júlia. Posso passar à tarde para pegá-la? Contratarei uma charrete para levá-la à *nossa* casa.

E toda vez que ele falava "nossa casa", Júlia não se continha dentro de si mesma. Dava para perceber isso em seus olhos e em seu sorriso. A moça quase parecia uma criança que acabara de ganhar um presente novo. Então, a imagem escureceu novamente e, quando clareou, vimos o lado de fora da casa de Madame Lia.

Uma charrete conduzida por um homem de vestes simples, mas bem asseadas, encontrava-se aguardando. O homem condutor desceu da charrete seguido por Rodolfo, que, sem demora, foi logo entrando na casa. No hall de entrada, estava Augusto, que cumprimentou Rodolfo logo que o viu:

— Boa tarde, senhor Rodolfo, como tem passado?

— Muito bem, Augusto, obrigado. E o senhor, como está?

— Bem, e feliz pelo casal. Eu já soube da boa-nova. Meus parabéns! Receba meu voto de extrema felicidade, *vossas mercês* merecem.

— Muito obrigado, estimado amigo – disse Rodolfo, com a felicidade estampada em seu rosto.

Então, ele entrou no salão principal da casa. Lá dentro, algumas pessoas arrumavam e limpavam tudo, certamente preparando o lugar para o horário de abertura à noite. Uma mala e algumas caixas estavam juntas no canto do salão, bem próximas à saída. Benedito veio ao encontro de Rodolfo e falou:

— Olá, senhor Rodolfo, gostaria que chamasse Júlia?

— É certo que sim, meu jovem.

Benedito se virou e seguiu adiante, sumindo pelo corredor dos quartos. Logo depois, apareceu Júlia, trajando um bonito vestido longo. Olhou para Rodolfo com um lindo sorriso e um brilho nos olhos impossível de não se notar. Ela seguiu em sua direção, e ele a abraçou.

— Minha querida, posso colocar suas coisas na charrete?

— Sim, Rodolfo, está tudo aí.

— Pode nos dar uma ajuda, Benedito?

— Lógico que sim.

Benedito pegou uma caixa e foi para o lado de fora, seguido por Rodolfo. Ao passar pelo hall, ganharam mais um ajudante: Augusto os viu e também passou a carregar a bagagem de Júlia. O condutor pôs-se a acomodar tudo na charrete, e logo tudo estava arrumado.

Rodolfo entrou novamente, e Júlia se despediu das garotas. Algumas choravam e desejavam felicidades, o que parecia ser bem sincero. Já outras davam apenas um abraço e um tapinha nas costas, dizendo coisas como "boa sorte" e "felicidades", votos esses que pareciam ligeiramente falsos, como se a despedida não fizesse diferença alguma para elas.

Madame Lia não estava entre elas, não veio se despedir. Então, todos se dirigiram à saída. Do lado de fora, o condutor já estava sentado em seu lugar aguardando o casal. Júlia se virou de frente para Benedito e falou:

— Muito obrigada, meu amigo. Sempre foi um amigo verdadeiro. Não me esquecerei de *vossa mercê* e sempre virei visitá-lo. Espero sua visita na minha nova casa.

— Sim, irei de verdade e ficarei esperando suas visitas.

Os dois trocaram um abraço verdadeiro e tanto Júlia quanto Benedito choraram contidamente. Logo depois, Rodolfo ajudou Júlia a subir na charrete e, em seguida, também subiu.

— Vamos, amigo. Para a minha casa.

O condutor seguiu em frente, e todos acenaram se despedindo do casal, que acenou em resposta. Júlia segurou a mão de Rodolfo e deitou a cabeça em seu ombro.

A imagem escureceu e ficamos um tempo sem enxergar. Quando voltamos a ver, Rodolfo estava em pé, conversando com Júlia na sala de casa.

— Minha cara, não sei o que faço, pois preciso pagar dezesseis contos de réis ao banco e três contos de réis para madame Lia. É um total de dezenove contos de réis, fora as despesas que fazem o valor chegar a mais de vinte réis, e eu nunca fiz tanto dinheiro em um mês.

Já se foram três meses, e não consigo pagar à Madame Lia a quantidade toda. A dívida está aumentando e, daqui a pouco, ficará, mais uma vez, impagável.

— Posso trabalhar, fazer alguma coisa.

— Mas o que faria?

— Não sei, posso ver se querem que eu faça quitutes em algum lugar. Ou quem sabe precisem de cozinheira?

— Bem, minha querida, não gostaria que trabalhasse, mas deixarei que *vossa mercê* tome essa decisão. Terei que sair.

Enquanto eles conversavam, podia-se notar a presença da sombra escura perto de Júlia. Rodolfo se arrumou e, quando ia sair, ela falou:

— Meu querido, vou procurar algo também. Mais tarde, nós nos encontramos.

— Sim, tudo bem. Irei à casa de Madame para tentar, mais uma vez, o perdão da dívida.

— Boa sorte, meu querido.

Despediram-se e, ao saírem, Júlia foi para um lado e Rodolfo foi para o outro.

Rodolfo foi andando com a cabeça baixa e, ao chegar à casa de Madame Lia, foi recepcionado por todos com grande alegria, que perguntavam como estava Júlia e como estavam as coisas. Ele respondia a todos com um sorriso no rosto, dizendo que estava tudo bem. Rodolfo foi logo ao escritório de Madame Lia.

— Madame Lia, como está?

— Eu estou bem, Rodolfo, porém sua dívida não para de crescer. Daqui a pouco, Júlia terá que voltar a trabalhar aqui, pois *vossa mercê* não está conseguindo pagar a dívida.

— Sim, eu sei, mas venho pedir que não cobre os juros. Estou podendo pagar apenas um conto de réis por mês. Deixe-me pagar mais dezessete parcelas de um conto de réis, o que dará um total pago de vinte contos de réis

Depois desse prazo, pago mais cinco parcelas de quatro contos de réis, o que totalizará quarenta contos de réis. Nesse valor, já estaríamos colocando dez contos de réis de juros.

— Meu caro Rodolfo, não concordo com isso. Eu tenho o direito de cobrar juros e não vejo por que não cobrar. Sei muito bem separar amizade dos negócios. Deixe-me ver quanto o senhor está me devendo.

Madame Lia se levantou, caminhou até o gaveteiro e apanhou o caderno no qual fazia as anotações. Em seguida, pareceu fazer os cálculos.

— Bem, hoje o senhor me deve pouco mais de trinta e cinco contos de réis.

— Mas, em três meses, a dívida cresceu, e logo não terei como pagar.

— Se quiser, posso aceitar Júlia de volta. Ela vem, trabalha e, depois, volta para sua casa.

— Madame Lia, sabe que não quero assim. Encontraremos outra solução.

A imagem sumiu novamente e, quando reapareceu, Rodolfo estava trabalhando em sua oficina de ourives. Era fantástico ver como um trabalho tão artesanal se transformava em joias tão lindas. Júlia entrou e o abraçou por trás. A moça estava, mais uma vez, com a sombra ao seu lado.

— Meu amor, não encontrei nada hoje. Amanhã, tentarei outra vez. Como foi a conversa com Madame Lia?

— Nada proveitosa. Ela disse que não mudará a forma do pagamento. Estamos devendo agora trinta e cinco contos de réis, e ela ainda teve o desprazer de sugerir que voltasse a trabalhar lá.

— Mas, se não tivermos outra opção, poderíamos aceitar a proposta dela até quitarmos a dívida.

— Não, essa opção não será considerada. Não a quero lá.

— Tudo bem. Mas saiba que eu estaria disposta a me sacrificar dessa maneira para que pudéssemos viver felizes depois de pagarmos a dívida.

— Mas não é feliz aqui?

— Sim, sou, apesar de nunca podermos fazer nada e de eu nunca poder vê-lo direito, pois trabalha o tempo todo. Sinto mais saudade da sua presença agora do que quando não morava aqui. E agora me sinto sozinha, pois lá na casa sempre tinha companhia.

— Então, quer dizer que sente a falta de outros homens?

— Não disse isso. Está me julgando. Falei da companhia das meninas, de Benedito e de todos.

— Essa conversa não está me agradando e me deixa muito chateado – disse Rodolfo, visivelmente abalado.

— Por que está com ciúme de eu sentir falta das pessoas que me acompanharam por anos? Sabe o que farei? Amanhã, passarei o dia na casa de Madame Lia.

— Por quê? Para me afrontar? O que vai fazer lá? Vai aceitar a proposta dela?

— Não é pela sua ofensa, e sim porque gosto das pessoas de lá. E, se eu deixar *vossa mercê* cultivar esse sentimento, logo virarei uma prisioneira e nunca me permitiria isso. Sempre fui dona do meu nariz.

— Não parece. Parece que a dona do seu nariz ainda é Madame Lia. Parece que ela comprou *vossa mercê*. E, se trabalho o tempo todo, é para poder comprá-la de volta.

— Não há mais essa necessidade, pois voltarei hoje mesmo para a casa de Madame Lia. Ninguém é meu dono ou minha dona. Eu sou dona do meu destino e não sou nenhuma mercadoria que *vossa mercê* possa comprar ou vender.

Visivelmente irritada, Júlia virou as costas e, mesmo com Rodolfo chamando-a, saiu da oficina. Na mesma hora, Rodolfo baixou a cabeça e colocou a mão no rosto. Ele se levantou e saiu da oficina também.

Ao chegar no quarto, avistou Júlia retirando suas roupas do armário e fazendo as malas. Ele a segurou pelo braço, impedindo-a de continuar arrumando suas coisas.

— Querida, perdoe-me. Estou muito nervoso. Eu a amo e não estou conseguindo resolver nossos problemas. Não faça isso. Estou realmente triste e não fui correto. Não estou comprando *vossa mercê*. Perdoe-me.

Júlia permaneceu parada em frente a Rodolfo, sem dizer nada. Rodolfo, então, rompeu mais uma vez o silêncio:

— Por favor, minha querida, reconsidere.

Júlia o abraçou chorando:

— Nunca mais fale comigo dessa maneira. Não sou uma mercadoria e mereço respeito. Decidi vir morar aqui porque o amo, não porque paga minhas dívidas.

— Eu sei, minha querida. Vamos sair esta noite, dar uma volta na praça e aproveitar o sereno juntos.

Júlia, então, abraçou-o mais forte e falou:

— Obrigada. Eu o amo.

— Eu também a amo, minha doce Júlia.

Mais uma vez, a imagem ficou escura e, pouco depois, vimos o escritório de Madame Lia.

Rodolfo e ela conversavam:

— E então, Rodolfo, o que traz *vossa mercê* aqui?

— Está aqui. Dezenove contos de réis. Estou quitando a dívida de Júlia.

— Como conseguiu? – perguntou, incrédula. — No mês passado, o senhor pagou dezoito contos de réis e, agora, dezenove contos de réis. Assim, realmente quitou a dívida.

— Com muito trabalho, Madame Lia, com muito trabalho.

Madame Lia se levantou, foi até o gaveteiro, pegou um envelope e o entregou a Rodolfo. Ele abriu o envelope e olhou os papéis.

— Ah, sim, os recibos de empréstimos da Júlia.

Ele rasgou os recibos ao meio e colocou-os de volta no envelope. Em seguida, guardou o envelope dentro de sua pasta.

— Bem, espero que agora não precisemos mais tratar de negócios, a menos que a senhora queira comprar ouro.

— Ou quando o senhor quiser variar um pouco.

— Não acredito nisso. No máximo, um vinho e uns petiscos.

— Que seja, então – respondeu ela com um sorriso no rosto. — Gostaria de um vinho para comemorar?

— Agradeço o convite, porém preciso ir. O serviço me chama.

— Tudo bem, então. Até mais ver.

Madame Lia se levantou e estendeu a mão direita para Rodolfo, que a cumprimentou.

— Até mais ver, Madame.

Ele se virou, saiu do escritório e foi para casa. A imagem ficou novamente escura e, ao clarear, pudemos ver Rodolfo conversando com Júlia na sala da casa. Ela perguntou:

— Mas como pagará os atrasos ao banco?

— O contrato diz que não posso atrasar três meses. Quando estiver para vencer o terceiro mês, pago a prestação mais atrasada com os juros do contrato, que é bem mais barato do que a Madame me cobrava. A única diferença é que terminarei de pagar dois meses depois do que havia combinado com o banco.

— Mas o banco confiou em *vossa mercê*. Isso não parecerá falta de responsabilidade de nossa parte?

— Fui conversar com o gerente antes de tomar essa decisão. O único problema é que não posso deixar de pagar, senão nem ele poderá segurar a execução da hipoteca.

— Isso está perigoso, muito no limite.

— Mas o que poderá acontecer? Eu pagarei todos os meses, e depois...

Um barulho muito grande vindo da porta de entrada fez com que Rodolfo parasse de falar. Tomei um grande susto e, mesmo estando em perispírito, pude sentir meu coração na boca.

Três homens armados usando máscaras de pano com buracos nos olhos e chapéus invadiram a casa. Um deles se dirigiu ao casal e o ameaçou:

— Fiquem quietos e não acontecerá nada com os dois.

Enquanto isso, os outros seguiram pelo corredor e, passados menos de dez minutos, voltaram.

— Vamos. Anda, vamos embora – disse um deles ao homem que permaneceu com o casal.

O homem, então, desferiu uma coronhada em cada um, começando por Rodolfo, que caiu no chão abalado, mas consciente. Em seguida, acertou Júlia, que caiu desmaiada na poltrona onde estava sentada.

Os três homens foram embora, e Rodolfo tentou se levantar, porém sem sucesso. Então, caiu e pareceu desmaiar. Algum tempo depois, ele começou a recuperar a consciência e olhou para Júlia. Visivelmente preocupado, foi até ela e colocou a mão em seu peito, parecendo sentir um alívio. Ela estava respirando, porém ainda sem consciência.

— Júlia! Júlia! Acorde, meu amor. Júlia! – chamava Rodolfo, enquanto fazia carinho no rosto da moça.

Aos poucos, Júlia foi recuperando a consciência e colocou a mão na cabeça, queixando-se de dor. Rodolfo foi até a cozinha, trouxe uma panela com um lenço e limpou o ferimento que ela sofreu na cabeça. À medida que ele passava o pano na cabeça de Júlia, ela reclamava um pouquinho de dor.

Depois de se recuperarem, eles se levantaram e foram ver o que tinha acontecido. Foram ao quarto e tudo estava igual. Porém, quando Rodolfo entrou em sua oficina, viu que tudo estava revirado. Logo, foi até onde guardava seu ouro, e não tinha mais nada lá.

Desesperado, começou a abrir todas as gavetas que tinham joias, e não havia mais nada. Então, gritou:

— Malditos! Desgraçados sejam por toda a eternidade!

Júlia entrou na oficina e perguntou:

— O que aconteceu?

— Levaram tudo! Sem material, não tenho com o que trabalhar! Não posso mais trabalhar!

— Mas receberá uma boa quantia em dinheiro esta semana, não é mesmo?

— Sim, mas preciso pagar a hipoteca. Não posso comprar material e, mesmo assim, havia joias que ainda não tinham sido entregues e que não estão mais aqui. Eu irei ao departamento falar com a polícia agora mesmo.

Então, Rodolfo saiu rapidamente, pedindo a Júlia que fechasse a porta com um móvel, empurrando-o para que ficasse atrás dela, uma vez que o fecho estava quebrado.

Em seguida, seguiu pela rua rapidamente e, depois de algum tempo, parou em frente a um departamento de polícia e entrou para prestar queixa.

No outro dia, vi Rodolfo falando com o gerente no banco.

— Senhor Francisco, aqui está o documento registrado na polícia, dizendo que fui roubado. Não poderei pagar a hipoteca e preciso comprar matéria-prima para poder trabalhar. Assim, peço que adie essa parcela.

— Rodolfo, são regras do banco. Não poderei segurar a execução da hipoteca. Gostaria de poder segurar, mas não sou eu quem faz as regras. O senhor não paga a dívida há dois meses. Este será o terceiro mês, e não posso suspender a parcela.

— Mas perderei a casa?

— Sim, senhor Rodolfo. Hoje mesmo, enviarei um ofício à polícia. A hipoteca, em pouco tempo, será executada. Espero que me perdoe. Esse é o meu sustento, o meu trabalho. Não posso fazer nada além do meu alcance.

— Sim, senhor Francisco, irei para casa. Não quero que Júlia esteja sozinha quando a polícia chegar.

— Entendo, senhor Rodolfo. Espero que se recupere.

Após apertarem as mãos, Rodolfo se levantou e saiu do banco, seguindo em direção à sua casa. Chegando lá, ele deu a notícia a Júlia, que perguntou:

— E para onde vamos?

— Não sei, Júlia, não sei.

Pouco depois, ouviram-se batidas à porta. Rodolfo foi até lá e abriu. Era um policial.

— Senhor Rodolfo?

— Sim, sou eu.

— Senhor, peço que retire imediatamente suas coisas desta casa, pois a mesma não lhe pertence mais.

— Quanto tempo tenho para isso?

— Na verdade, senhor, o mais rápido possível.

— Mas não tenho lugar para levar as coisas, não posso sair imediatamente. Preciso de um tempo para que possa ver um lugar para ficarmos.

— Sinto muito, senhor. Se o senhor não tiver onde colocar suas coisas, terá que deixá-las na rua. Peço que retire seus pertences agora, senão serei obrigado a detê-lo por descumprimento de uma ordem.

Rodolfo entrou e foi conversar com Júlia:

— Júlia, minha querida, a hipoteca está sendo executada, e perderemos esta casa.

— E para onde vamos?

— Não sei, não tenho lugar para ir. Teremos que ficar na rua por enquanto.

— Rodolfo, não ficarei na rua.

— Mas não há outra possibilidade.

— Há, sim. Vamos para a casa de Madame Lia.

— Eu não irei para a casa dela e espero que *vossa mercê* também não.

— Desculpe-me, Rodolfo, mas não ficarei na rua. Quando fui posta na rua pela minha família, não fiquei lá, e não será agora que ficarei.

Júlia, então, começou a arrumar suas coisas. Rodolfo continuou a falar, mas ela parecia nem escutar, pois não respondia.

Era como se ele não estivesse ali. Ele se ajoelhou, apelou pelo amor dela e tentou de outras formas. Porém, quando ela terminou de arrumar suas coisas, virou-se para ele e disse:

— Se quiser me encontrar, estarei na casa de Madame Lia. Pode me procurar lá.

Em seguida, colocou suas coisas no lado de fora da casa. Quando passou a primeira charrete pela frente da casa, Júlia pediu ao condutor que parasse.

— Meu senhor, quanto custa um frete daqui até a casa de Madame Lia?

— Posso fazer por cem réis para a senhora.

— Eu posso pagar de outras formas? – perguntou enquanto sorria para o condutor.

— Mas certamente que sim – respondeu ele enquanto descia rapidamente da charrete e carregava as coisas de Júlia para dentro.

Rodolfo, com os olhos cheios de lágrimas, parecia não saber o que fazer. Ele não teve forças nem para falar com Júlia, que subiu à charrete e foi embora sem se despedir nem olhar para trás. Ele permaneceu estático, vendo Júlia ir embora.

A cena desapareceu aos poucos e, quando reapareceu, pude ver Rodolfo novamente.

Ele estava em um bosque, no interior de um casebre feito de madeira, que parecia ser dos antigos móveis dele. Dentro, tinha a cama, a mesa, as cadeiras, um fogão de barro e panelas. Rodolfo estava sujo, magro, e suas vestes estavam velhas e batidas. Ele tossia muito, e pude vê-lo cuspindo sangue no chão após uma das tossidas.

Olhei para Bruno e perguntei:

— Tuberculose?

— Sim, Andre.

Voltei a prestar atenção no que estava acontecendo. Vi Rodolfo se levantar e ir até o fogão. Ele estava fraco demais e andava muito devagar. Ao chegar ao fogão, retirou uma panela do fogo e, com muita dificuldade, levou até a mesa.

Então, começou a tossir muito. Dessa vez, cuspiu uma quantidade muito grande de sangue. Ele voltou para a cama e se deitou, colocou a mão por baixo do travesseiro e retirou uma fotografia em preto e branco, que parecia retocada por desenho a nanquim. Ainda assim, dava para ver bem a fotografia de Júlia. Ele deu um beijo na foto e suspirou.

Foi fechando seus olhos e, aos poucos, morreu. Sua mão pendeu de lado, deixando a fotografia cair no chão. Ela caiu virada para cima, e pudemos ver a imagem de Júlia marcada pelo sangue de Rodolfo.

Em seguida, tudo ficou escuro e, quando percebi, estávamos novamente no quarto de Daniel. Flavio, atrás dele, continuava com os olhos fechados e com as mãos postas sobre sua cabeça. Bruno, à minha frente, abriu os olhos e falou em minha mente:

— Andre, vamos sair do quarto enquanto Flávio termina o trabalho com Daniel.

— Sim, vamos, apesar de eu estar com uma vontade incrível de falar com Daniel. Mas tudo bem, vamos.

— Andre, você sabe que quem menos pode sair prejudicado aqui é nosso irmão Daniel. Devemos respeitar isso. Ele passa por uma prova muito complicada.

— Eu sei, Bruno, é só saudade mesmo.

Então, segui para fora do quarto. Lá fora, a sempre simpática dona Ermelinda esperava com a jarra de suco e dois copos. O suco era vermelho dessa vez, e então falei:

— Hoje, teremos um suco diferente? Parece gostoso.

— É de morango, quis surpreendê-lo – disse sorrindo.

— Adoro a senhora, dona Ermelinda. – Em seguida, fui abraçá-la.

Dona Ermelinda me devolveu o abraço de maneira bem gostosa e disse:

— Gosto muito de vocês também, ainda mais porque estão ajudando o meu Daniel. Isso será muito bom para ele.

Bruno e eu tomamos o suco e, meu Deus, estava fantástico! Nunca provei um suco de morango tão maravilhoso em toda a minha vida.

— Dona Ermelinda, gosto muito dos seus sucos, são perfeitos. Acho que gosto mais deles do que das próprias regressões – disse brincando, enquanto ria.

Dona Ermelinda respondeu minha risada com um sorriso bem verdadeiro e falou:

— É que coloco as melhores energias nele. Faço com carinho, por isso gosta tanto.

— Vamos, Andre, precisamos ir. Hoje, temos muito a conversar sobre a vida que acabamos de ver. Há detalhes não vistos que serão importantes para o entendimento dos fatos – disse Bruno.

— Sim, vamos.

Em seguida, despedi-me de dona Ermelinda:

— Espero vê-la logo. Sempre sinto saudades disso tudo.

— Também sinto falta de vocês. Espero encontrá-los o mais rápido possível também.

— Agradeço a acolhida, dona Ermelinda. Até o próximo encontro, e fique na paz de nosso Pai e Senhor – disse Bruno.

— Fiquem na paz os senhores também.

Saímos e fomos para a frente da casa. Bruno estendeu as mãos para mim e as segurei. Dona Ermelinda ainda nos observava. Volitamos e, como nunca me canso de falar, mais uma vez senti aquela sensação gostosa de sempre.

Pouco depois, estávamos novamente na praça da colônia de Bruno. Sentamos em um banco, e Bruno falou:

— E então, Andre, o que achou dessa vida de Daniel?

— Achei triste, pois realmente acreditava que poderia ter dado certo, já que o espírito da Bá não estava presente. Estava tudo nas mãos de Daniel e de Bernadete, bastava que os dois fizessem dar certo.

— Você tem certeza de que o espírito da Bá não estava presente?

Fiquei espantado com a pergunta de Bruno e parei para pensar em quem poderia ser a Bá naquela encarnação. Rapidamente, pensei na Madame Lia, que dificultou as coisas em relação à dívida de Júlia. Então, nessa hora, tive certeza de que Madame Lia era a Bá.

— A Bá era a Madame Lia, não é mesmo, Bruno?

— Não, Andre, a Bá não estava encarnada nessa vida de Daniel.

Fiquei confuso com a informação:

— Não entendi. Você me perguntou se eu tinha certeza de que Bá não estava presente. Pensei que estivesse afirmando que ela participou dessa encarnação de Daniel.

— E afirmo: ela estava presente influenciando nessa encarnação.

— Como espírito obsessor?

Finalmente me dei conta do que Bruno estava tentando me mostrar.

— Sim, Andre. Ela estava obsediando o casal.

— Então, ela era aquela sombra que eu via perto das pessoas, principalmente de Júlia?

— Exatamente. Agora, vamos conversar e falar como ela influenciou os acontecimentos nessa vida. O espírito da Bá, nessa encarnação, teria um papel fundamental: ela seria o filho de Rodolfo e Júlia, para que pudesse amar os pais e também ser amado por eles, tentando, assim, reverter o carma adquirido.

— Porém, o espírito da Bá passou a obsediar o casal. Pensei que o problema dela era com Daniel, não com Bernadete. Mas, nessa vida, ela obsediou Bernadete também.

— Sim, mas obsediou Bernadete para prejudicar Daniel, apesar de tê-la prejudicado também. Ainda que o espírito de Bá ame o espírito de Bernadete, foi Júlia quem abortou o filho. Rodolfo não teve sequer participação nessa escolha. Entretanto, para Bá, o foco sempre foi Daniel, mesmo prejudicando Bernadete.

Mas vamos falar sobre as obsessões. A primeira que vimos foi quando Rodolfo foi pedir a mão de Júlia em casamento. Júlia ficou verdadeiramente contente com o pedido de Rodolfo e foi se arrumar. Nessa hora, o espírito da Bá ficou influenciando Júlia para que ficasse incomodada com a presença de Rodolfo.

Em paralelo, também agiu sobre Rodolfo para que ele continuasse bebendo em demasia e sentisse ciúmes, fazendo com que Júlia brigasse com ele e, assim, o amor deles não fosse adiante.

Assim que Júlia conseguiu pôr Rodolfo para fora da casa da Madame Lia, o espírito da Bá o acompanhou para que ele continuasse a beber e, consequentemente, dormisse ao relento.

Como resultado, acordou no dia seguinte e, ao ver o que havia acontecido, ficou incomodado com o fato de ter sido expulso por Júlia e viu que não seria fácil ter um relacionamento com a moça. Dessa forma, Bá tentava tirar a ideia de casamento da cabeça dele.

— Mas não conseguiu, não é? Rodolfo fez de tudo para casar e ficar com Júlia.

— Sim. Rodolfo fez de tudo para ser feliz com Júlia, porém nunca conseguiu plenamente. Quando conseguiu que vivessem juntos, precisou trabalhar muito para que pudessem pagar as dívidas assumidas. Assim, não teve tempo de aproveitar a presença de Júlia em sua casa.

Agora, vamos para segunda ocasião em que Bá influenciou negativamente alguém: isso ocorreu quando Rodolfo foi negociar com Lia o pagamento da dívida de Júlia. Bá foi a responsável por fazer Lia não entender nada do que Rodolfo explicou sobre a amortização da dívida e, por isso, ela não aceitou o acordo. Nessa hora, Bá fez com que Lia se incomodasse com a conversa e a concluísse logo.

Após Lia sair, Bá se aproximou de Júlia com a intenção de fazer com que ela também brigasse com Rodolfo. Porém, foi em vão, pois Rodolfo realmente estava se esforçando para ajudar Júlia e não seria fácil fazer com que ela se irritasse com ele, ainda que Bá quase tenha conseguido.

Bá sempre conseguiu exercer uma grande influência sobre Lia e interferiu mais uma vez, fazendo-a pensar apenas no dinheiro. Ela não deixava Lia se importar com os sentimentos ou com a vontade do casal, ressaltando a Lia que sempre pensasse nos seus lucros.

— E por que Lia não foi se despedir do casal quando eles partiram para a casa de Rodolfo? Parecia que todas as pessoas estavam lá, mas não a vi.

— Lia não estava lá. Ela estava em seu escritório sob a influência de Bá, que colocou ódio em seu coração e fez com que ela pensasse que estava perdendo um grande negócio naquele momento. Então, ela se trancou em seu escritório e pediu a Benedito que falasse que ela não estava ali e que havia saído para resolver uns problemas.

— Mas ela recebeu de Júlia e, depois, de Rodolfo o pagamento da dívida. Recebeu muito mais do que emprestou, além de receber juros sobre juros. Ainda assim, ela estava com ódio por perder Júlia?

— De fato, verá que Lia não era tão boa como parecia ser para as pessoas, principalmente com Bá sempre a influenciando negativamente. Como o espírito de Lia já não era tão evoluído e era bastante vulnerável a manipulações, ela se deixava levar facilmente pela influência de Bá e de outros espíritos infelizes. Fora isso, também há o fato de que a luxúria atrai um leque imensurável de espíritos trevosos ligados à matéria, vampiros energéticos que sugam a energia do sexo e de drogas como bebidas e fumo.

Se você pudesse ver como a casa de Lia era espiritualmente mal frequentada, ficaria assustado. Havia muitos espíritos vingativos querendo se aproveitar das energias do lugar, muitos levando os encarnados a extremos, fazendo-os gastarem todo seu dinheiro com os vícios e levando discórdia para suas casas.

Fora o fato de que, naturalmente, aquele era um lugar típico de traição conjugal. Um lugar que, por consequência, não é nada bom, espiritualmente falando. Depois, na casa de Rodolfo, Bá influenciava o tempo todo a discórdia entre o casal. Uma hora Júlia brigava com Rodolfo, e outra hora era Rodolfo quem brigava com Júlia.

Bá tentava fazer com que Júlia sentisse vontade de trair Rodolfo e, por várias vezes, quase conseguiu. Porém, o amor dela era verdadeiro, o que impediu que isso acontecesse. Bá não permitia que Rodolfo tivesse tempo para Júlia, fazendo-o pensar sempre no pagamento da dívida.

Depois, Bá viu uma oportunidade e foi obsediar Lia, colocando na cabeça dela que seus negócios não estavam muito bons e que precisava recuperar Júlia o mais rápido possível.

Uma noite, Lia recebeu o senhor Francisco, gerente do banco, em sua casa. Ele, por sua vez, havia sido influenciado por Bá a ir até lá. Lia fez questão de atendê-lo e conseguiu tirar dele a informação de que Rodolfo estava com dois meses de atraso no pagamento das prestações da hipoteca e que, se atrasasse mais um mês, ele teria que executar a hipoteca.

Então, Lia pediu a Benedito que assaltasse a casa de Rodolfo. No início, Benedito se recusou. Porém, Lia o convenceu, e ele chamou dois comparsas e foram assaltar a casa de Rodolfo.

— Mas, então, o assalto foi premeditado por Lia?

— Sim. Ela foi a mandante do assalto. Depois, Bá apenas esperou que o pior acontecesse e, quando aconteceu, foi influenciar Júlia a voltar para a casa de Lia. E conseguiu.

— Mas Júlia não se arrependeu? Nem pensou em procurar Rodolfo, já que ela o amava?

— Por diversas vezes, ela pensou, sim. Porém, devido ao medo de ser rejeitada pelo que tinha feito e por influência negativa de Bá, isso nunca aconteceu.

— E depois do assalto à casa de Rodolfo? O que ele fez?

— Rodolfo pegou suas coisas e levou até os limites da cidade. Ele poderia tentar voltar para a sua cidade natal, onde estava sua família, mas preferiu ficar próximo de Júlia, pois, no fundo, mesmo magoado com tudo o que ocorrera, ele esperava que um dia ela o procurasse.

Foi até o bosque que ficava ao lado da cidade, construiu um casebre de madeira e passou a viver ali. Não saía e não falava com muitas pessoas. Só procurava os outros quando não tinha mais como resolver algo sozinho. Por conta de uma má alimentação, ficou fraco e veio a adquirir tuberculose, o que o afastou ainda mais das pessoas.

E então morreu, vítima de seu isolamento e de sua tristeza. No fundo, ele deixou a morte acontecer e foi considerado um suicida inconsciente. Quando desencarnou, sofreu as consequências de um suicida.

— Sendo assim, Daniel demorou a reencarnar depois dessa vida?

— Não foi tão rápido quanto nas outras vidas. Dessa vez, eles demoraram um pouco, até porque Júlia desencarnou bem depois de Rodolfo. Agora, gostaria de falar um pouco sobre o aborto.

— Certo. Esse aborto da Júlia teve influência direta na vida dos dois, não é mesmo?

— Sim, teve. Era para eles serem uma família, para que se amassem e se perdoassem, e seguissem com suas evoluções. Além disso, o direito de viver é uma conquista do espírito, que consegue uma dádiva com a reencarnação. Dessa forma, acabar com a vida, em qualquer momento, é severa transgressão espiritual, mesmo durante a gestação, da mesma forma como é crime matar alguém que já nasceu.

— O aborto é crime espiritual em qualquer momento da gravidez?

— Existe o crime espiritual toda vez que transgredimos a lei de Deus. Qualquer pessoa está cometendo crime espiritual quando interrompe a vida de um semelhante, mesmo antes do nascimento.

Esse ato impede que o espírito que reencarnaria tenha a oportunidade de passar por uma nova vida para se reabilitar dos erros vividos no passado. Isso impossibilita seu desenvolvimento espiritual, sua evolução.

— Mas e se essa gestação for decorrente de um ato indesejado, como o do estupro?

— Mesmo nesse caso, o espírito que reencarnaria não cometeu crime algum. Por que devemos pôr a culpa na criança que viria a nascer? Sim, é inegável que o ato é um crime terrível. Entretanto, a criança não teve qualquer culpa do ato e, se ela foi gerada, é porque seria compromisso dessa mãe aceitar esse filho em sua vida.

Mesmo a gestação sendo decorrente de um ato de violência, o aborto é considerado crime, ainda que a lei humana o permita.

— Pois é. A pessoa faz o aborto achando que está certa, pois está amparada por leis nas quais confiou a vida toda. Isso não amenizaria esse crime espiritual?

— Deixe-me fazer-lhe a pergunta de outro jeito, dando outro exemplo, e você mesmo responderá sua dúvida. Por piores que tenham sido as atitudes de uma pessoa, é correto matar um indivíduo porque o país permite a pena de morte?

— Não, não é certo.

— Então, por que seria certo ceifar a vida de um ser ou não permitir o nascimento de uma criança que nenhuma culpa teve no modo em que foi concebida?

— Bruno, eu entendo, mas devemos concordar que não é fácil pensar dessa forma.

— Eu não disse que é fácil, Andre. Até porque é um compromisso adquirido em vidas passadas, que tanto a mãe quanto o filho devem passar.

Em um livro psicografado por Chico Xavier[11], seu amigo espiritual Emmanuel disse algo interessante sobre o tema: após o aborto, o espírito rejeitado acaba se voltando contra todos aqueles que estão envolvidos nessa interrupção, inclusive contra a mãe, mesmo se amparados pela lei do homem.

Também podem aparecer enfermidades nas áreas reprodutoras dessa mãe e até nas do pai que for conivente com o aborto. Mas o mais comum são as consequências aparecerem nas vidas futuras.

Mães e pais com histórico de abortos recebem, nas próximas vidas, a impossibilidade de ter filhos ou a possibilidade de tê-los apenas depois de muito sofrimento e dedicação, para que todo esse sofrimento seja um aprendizado e, assim, valorizem a importância de se ter um filho.

---

11   *Vida e sexo*, capítulo 17, Emmanuel, psicografado por Chico Xavier, FEB Editora.

— E Bá foi um grande exemplo disso. Ela se vingou daquela que seria sua mãe e não a deixou ser feliz, mesmo ela sendo a Bernadete.

— Sim, mas aí houve um agravante, o pai seria Daniel, por quem ela tinha ódio e quem ela não queria que fosse feliz, ainda que ele fizesse Bernadete feliz. Dessa forma, eles adiaram o reajuste para outras vidas e ainda adquiriram outros compromissos pelos novos erros.

Agora, vamos pensar no perdão. Se Bá houvesse perdoado Júlia pelo aborto e houvesse perdoado o espírito de Rodolfo pelos erros das outras vidas, o que aconteceria?

— A vida deles teria sido boa. Eles teriam se perdoado e, quem sabe, teriam outros filhos, e um deles poderia ser o espírito da Bá.

— Exatamente. Se ela não tivesse prejudicado a vida do casal, eles teriam corrigido todos os erros e vivido uma vida juntos.

Por conta do amor que sentira por Bernadete, depois por Branca e também por Júlia – amor esse que transcende o corpo, a barreira do tempo e da vida –, Rodolfo perdoou Júlia pelo abortamento. Por isso, tiveram a chance de resgatar alguns erros do passado.

Nessa encarnação, Bá influenciou negativamente a todos que se deixavam levar, pois, se realmente quisessem resistir à sua influência, ela não teria conseguido interferir na vida deles.

Os espíritos trevosos não têm força maior que a dos espíritos encarnados, uma vez que a força vital é muito forte. Porém, sucumbir é muito mais fácil do que lutar, normalmente porque os encarnados nem percebem que estão sendo atacados pelos espíritos trevosos, que, por sua vez, sabem exatamente como e quando atacá-los.

— Compreendo.

— Bem, agora temos que nos despedir. Você precisa descansar para poder continuar sua vida. Em outra oportunidade, estaremos juntos mais uma vez.

— Já estou ansioso para reencontrá-lo, apesar de ser muito difícil ver todo esse sofrimento. É muito duro saber que isso tudo realmente aconteceu e que não se pode fazer nada. Entretanto, gosto da oportunidade de estar participando desse projeto. É sempre bom estar com vocês.

Demos um forte abraço, e não me lembro de mais nada. No dia seguinte, acordei e me lembrei de tudo o que aconteceu.

Agora, era esperar a nova vida de Daniel, discutindo novas hipóteses com Fernanda, como sempre. Estávamos realmente contentes e ansiosos para descobrir como será o que considero ser a última regressão de Daniel antes da vida atual. Vamos aguardar.

CAPÍTULO 8

O Segredo

14 de outubro de 2014.

Fernanda e eu temos um projeto para ajudar moradores de rua e, pelo menos uma vez por mês, saímos às ruas para doar alimentos, roupas e carinho. Nossa intenção é levar um pouco de alento a essas pessoas que possuem carmas tão pesados. Um dia, em um dos meus desdobramentos até a colônia de Bruno, pude conversar com ele sobre o assunto:

— Estou muito orgulhoso com o trabalho que vocês estão fazendo – disse Bruno.

— Foram vocês que nos influenciaram a construir esse projeto?

— Não. Muito pelo contrário. Vocês que nos influenciaram. Esse projeto foi criado por vocês dois que sempre se importaram com essas pessoas e as ajudaram. Assim que vocês descobriram mais essa compatibilidade entre vocês, o projeto nasceu.

— Mas nós influenciamos vocês no quê?

— A criar uma equipe espiritual designada a acompanhar esse projeto. São trabalhadores que agem em favor dele, e estamos satisfeitos pela iniciativa de vocês.

Andre, nada é por acaso, mas há coisas que acontecem sem o nosso planejamento, tanto para o bem quanto para o mal. Sabemos que fazem de coração puro, sem esperar nada em troca, pois realmente se doam às necessidades de outras pessoas.

Por isso, acham fácil realizar a atividade e gostam dela. Mas, na verdade, não é nada fácil. Muitos querem fazer algo assim, mas, na hora de fazer, desistem. Saibam que os que realizam esse trabalho ganham bônus-hora[12] e podem amenizar carmas com isso.

— Ganhamos bônus-hora igual a vocês? – perguntei, surpreso.

— Sim, claro que sim. Todo trabalho desse tipo tem sua remuneração. No plano físico, vocês não recebem nada. Entretanto, no astral, recebem muito. Podem ter certeza disso.

Graças a Deus, temos conseguido ajuda de amigos, de familiares e até de pessoas que não conhecemos. Conseguimos também, com o babalorixá[13] do nosso centro, que ele nos concedesse algumas prateleiras livres para que pudéssemos guardar as doações recebidas, além da utilização do espaço da cozinha para o preparo dos alimentos.

Como o dia de nossa doação estava se aproximando, fomos até lá para guardar todas as doações que havíamos recebido desde o último trabalho. Durante todo o tempo, comentamos sobre o livro.

Falei à Fernanda que eu estava com muita saudade dos encontros com Daniel e das regressões. Comentei também que estava estranhando a demora em ver a nova vida de Daniel.

---

12   Ponto relativo a cada hora de serviço. Nossas aquisições são feitas à base de horas de trabalho. O bônus-hora, no fundo, é o nosso dinheiro. Quaisquer utilidades são adquiridas com esses cupons, obtidos por nós mesmos, à custa de esforço e dedicação. *Nosso lar*, Andre Luís, Chico Xavier, capítulo 22.

13   Pai de santo é o sacerdote das religiões afro-brasileiras. Seu equivalente feminino é a ialorixá ou mãe de santo.

Percebi que Fernanda sempre mudava de assunto quando eu manifestava essa ansiedade, mas imaginei que fosse porque ela também estava ansiosa.

— Sério, acho muito estranho não estarem ocorrendo os encontros – comentei, provavelmente pela terceira vez no dia.

— Você sabe que o Daniel estava internado, não sabe? – ela perguntou.

— Sim, sei.

— Pois é. Já parou para pensar que ele pode ter desencarnado?

Confesso que, naquele momento, surpreendi-me com a pergunta.

— Acho que não. O Bruno disse que não podia me dizer quando seria a próxima regressão, mas falou que Daniel ainda estava internado.

— Então... – começou ela a dizer — sabe a sessão de preto-velho que tivemos no mês passado?

— Sim, sei.

— Pois é, o Pai Antônio me contou uma coisa e pediu que eu não lhe contasse. Só que não estou aguentando ver você desse jeito sem poder falar nada.

Ao ouvir isso, meu estômago gelou de tanta apreensão. Parei de arrumar as coisas e passei a dar atenção exclusivamente ao que ela estava falando. Então, ela esticou o celular e me pediu que lesse um texto escrito em um bloco de notas:

"Na última gira com o preto-velho do Andre, depois que ele já havia atendido todo o povo que viera falar com ele, aproveitei e me sentei no banco à sua frente para conversar, e o saudei:

— Boa noite, vovô. Como vai o senhor?

— *Êsse*, minha filha! – respondeu, enquanto sorria e me abraçava. — Como que *suncê tá?*

Em seguida, contei a ele um pouco do que estava me afligindo naquela noite. Sempre que posso, consulto-me com essa entidade por confiar imensamente nela. Falei sobre alguns problemas pessoais que estavam me impedindo de escrever este livro e chorei, sentindo-me culpada por não poder me dedicar mais naquele momento.

— Vovô, faz tempo que não temos nenhum encontro. Fico com medo de isso ser culpa minha, porque não tenho escrito como gostaria. Mas os problemas estão me afogando ultimamente.

— Não, minha filha. As coisas estão acontecendo exatamente como têm que acontecer. – Em seguida, olhou-me em silêncio.

Aquela frase me intrigou um pouco, e lembrei-me de que, pouco tempo antes, o Andre me disse que o Daniel estava hospitalizado e, por causa disso, não estávamos tendo encontros.

— É o Daniel, vovô?

Ele assentiu com a cabeça, e continuei:

— Ele está mal?

Antes de me responder, o velho segurou firme o cachimbo no canto da boca enquanto olhava fundo nos meus olhos.

— *Nego* vai falar uma coisa pra suncê, mas não pode falar para o Andre.

Concordei com a cabeça, tendo a certeza de que não seria coisa boa.

— O menino Daniel está perto de desencarnar.

Por alguns segundos, era como se eu não estivesse respirando. Em seguida, dei-me conta de que as lágrimas estavam transbordando de meus olhos e correndo pelo meu rosto.

O vovô me olhava fixamente como se esperasse que eu perguntasse o motivo pelo qual eu não podia falar ao Andre, mas eu sabia. A resposta era bem clara. Ele tem um coração bom como o de uma criança e, por mais que frequente aquela mesma casa, por mais que saiba que essas são as ordens naturais das coisas, perguntaria 'por quê?' e se amarguraria com um sentimento de injustiça.

— Há algo que a gente possa fazer por ele? – perguntei, enquanto chorava baixo.

— Não, minha filha. Está acontecendo como tem de acontecer. Esse carma é mais dos outros do que dele.

Voltei a chorar enquanto me lembrava de que Daniel era apenas uma criança. Chorei forte, com lágrimas pesadas, pensando em como deve ser difícil para ele.

O preto-velho me abraçou e me aconselhou mais em algumas outras questões, acalmando-me. Em seguida, também encerrou seus trabalhos e se despediu. Quando Andre voltou a si, não se lembrava de nada."

Enquanto lia, senti uma vontade imensa de chorar e de sair correndo para ver o Daniel, mesmo sem saber exatamente onde ele mora ou qual é o seu nome verdadeiro. Sem conseguir segurar as lágrimas que escorriam de meus olhos, falei:

— Acho que já sabia disso, mas esperava que não acontecesse. Estou bastante triste, mas, se tiver que ser assim, tudo bem.

— Desculpe. Acho que fiz besteira. Ele pediu que eu não contasse. – disse Fernanda, sentindo-se visivelmente culpada.

— Se não tivesse sido permitido, algo aconteceria para que você não me dissesse. Pode estar certa de que foi permitido.

— Não fique assim. Vai ser melhor para ele, você sabe – ela falou, tentando me consolar.

— Mas não estou assim só por ele. É pela família dele também. Fico pensando nos meus filhos. Na verdade, não quero nem pensar. Sei que será melhor para o Daniel, mas me sinto triste.

— É triste, mas ele está superando os erros passados com novos aprendizados. Antes de nascer como Daniel, com certeza aceitou esse carma, e agora está prestes a descansar, o que significa que os sofrimentos dele estão acabando. Por um lado, isso é bom, não é?

— Sim, você tem razão. É bom por esse lado. Só estou triste, mas acho que é normal, não é?

— Sim, também fiquei assim quando soube.

— Muito obrigado por me contar, menina. Muito obrigado.

Capítulo 9

O Sacrifício

03 de novembro de 2014.

Cheguei à minha casa por volta de 22h30. Por mensagem de celular, falei com a Fernanda, e tivemos um desentendimento, daquelas coisas bem bobas, mas que irritam profundamente os dois. Deitei e demorei a dormir pensando nisso, pois fiquei profundamente triste. Era como se algo muito grave tivesse acontecido entre nós, o que não era o caso, mas dei uma importância enorme ao fato.

Depois de bastante tempo rolando na cama, adormeci, desdobrei-me e fui para a colônia do nosso amigo e guia espiritual. Eu estava na praça e via as pessoas andando de um lado para o outro. Então, escutei uma voz conhecida que vinha de trás.

—Olá, querido amigo. Como tem passado? – perguntou Bruno.

Virei e o vi com seu tradicional e leve sorriso. Feliz por revê-lo, logo fui abraçá-lo e falei:

—Olá! Que bom estar aqui! Eu estava precisando ver você hoje.

— Por que não veio com a Fernanda?

— Não sei. Eu realmente não sabia que era para chamá-la; na verdade, nem senti o desdobramento. Só tomei consciência dele quando já me vi aqui na colônia.

— Então, chame-a, por favor.

— Não sei se ela responderá ao meu chamado. Eu a chamei umas duas vezes, há alguns dias, e ela não apareceu. Não sei o que aconteceu. E hoje tivemos um pequeno desentendimento. Acho que ela não me responderá novamente.

— Chame-a – insistiu Bruno com seu sorriso.

Então, fechei meus olhos e mentalizei Fernanda, que não me respondia. Chamei novamente e continuei sem obter resposta.

Abri os olhos e olhei decepcionado para o Bruno. Ele sorriu e fechou os olhos, então fiz o mesmo. Quando abri novamente os olhos, Fernanda estava na minha frente, de costas para mim. Ela foi logo abraçar Bruno e pude perceber seu sorriso, aquele sorriso de criança quando ganha um presente. É sempre bom estar com ela, mas encontrá-la em desdobramento é ainda mais legal, pois ela fica extremamente feliz com isso.

— Olá! Obrigada por me chamar – disse Fernanda, depois de abraçar Bruno.

— Eu falei que você estaria presente na última vida de Daniel que vivenciaríamos, não é mesmo? – disse Bruno.

Então, ao ouvir isso, Fernanda certamente se deu conta de que eu estaria por perto. Ela olhou para um lado e para o outro e, por fim, viu-me. Seu ar se tornou mais sério e o clima ficou um pouco tenso. Percebendo a mudança, Bruno falou:

— Irmãos, não fiquem assim, não é culpa de vocês. Hoje, teremos mais uma experiência de regressão do Daniel e, por razões que ainda não posso divulgar, precisava ser hoje. Direi apenas que será melhor para Daniel se for hoje.

Se vocês notarem, os desdobramentos, para vermos as regressões, acontecem normalmente após as sessões do centro que frequentam, para que, assim, estejam preparados. Desta vez, não pôde ser dessa forma e precisou ser antes.

Por isso, vocês estão mais desprotegidos e sofreram ataques. Quando isso ocorre, normalmente se desentendem por mínimos detalhes, e não vale a pena. Vocês são tão ligados e é tão bonito o que vocês têm em comum. Não devem deixar isso acontecer.

Olhei para Fernanda e ela não estava mais tão séria.

— Perdoe-me? – perguntei.

— Você não tem que pedir perdão – respondeu ela.

— Tenho, sim. Eu poderia não ter dado continuidade à discussão, desculpe.

— Eu também não queria deixá-lo triste, seu chato – disse, visivelmente implicando comigo.

Então, abracei-a. Foi muito bom resolver as coisas. Pena que, normalmente, ela não se lembra dos desdobramentos quando acorda. Porém, se fizemos as pazes na colônia, certamente, mais cedo ou mais tarde, faremos quando estivermos acordados. E falei a ela:

— Que bom, estava ansioso pela próxima regressão de uma das vidas de Daniel! E que bom que você vai participar. Foi exatamente o que Bruno tinha prometido em outro encontro.

Em um desdobramento entre a última regressão e este encontro, Bruno me deu o nome que o livro deveria ter e alguns outros detalhes. Nesse dia, ele também disse que Fernanda participaria da última regressão para que ela fosse melhor instruída por ele no momento de reescrevê-la. E, agora, tínhamos acabado de descobrir que iríamos vivenciar outra vida de Daniel no plano físico, e fiquei extremamente contente por isso.

Olhei para a Fernanda e vi uma felicidade contagiante em seu sorriso, que estava quase tocando as orelhas.

— Que bom! Estou bem feliz por isso! Será que lembrarei amanhã? – Fernanda perguntou a Bruno.

— Fernanda, é provável que não se lembre, mas as vivências estarão no seu subconsciente e, na hora de reescrever os textos, esta vivência será fundamental. Você escreverá com muito mais confiança. Você verá na prática o que falo.

— Por que sou assim? – ela perguntou em um tom de decepção.

— Porque uma pessoa é diferente da outra. Sua mediunidade é diferente da mediunidade do Andre. Por isso, vocês se completam neste trabalho e o fazem com excelência. Um depende do outro. Sem a lembrança, não há texto, então Andre cumpre bem o trabalho dele.

E, sem o aperfeiçoamento do texto e de minhas considerações, que consigo passar por intuição a você mais facilmente do que a ele, não haveria o livro. Portanto, é de extrema importância o trabalho dos dois. Por isso, devem ser considerados coautores deste trabalho.

— Mas eu gostaria de lembrar...

— Certamente, o Andre gostaria de sentir e de intuir muito mais também. Você, Fernanda, consegue sentir quando uma pessoa está triste e quando há um problema. Muitas vezes, e sem querer, você atrai energias negativas para si mesma, já que gostaria, mesmo de forma inconsciente, de tirar essas energias da outra pessoa. Você consegue intuir acontecimentos, e muitos gostariam de ter sua mediunidade.

Todos gostariam de ter o que não têm. Normalmente, não damos valor ao que temos e só sentimos falta do que tínhamos no momento em que perdemos, como é de costume. Se temos algo, que falta nos fará se continuarmos tendo aquilo? É de extrema importância sabermos dar valor às nossas habilidades.

Não devemos menosprezá-las, assim como faz o Andre, que trata sua mediunidade como algo menor. Ele sempre diz que "não faz nada", que "só transmite o recado" ou que "só conta o que vê".

— É que realmente não me sinto especial por isso. Não sinto como se fosse melhor que ninguém – falei.

— E nem deve achar que é, pois não é melhor do que ninguém por isso. E, se você achasse isso, já seria o seu ego trabalhando de maneira errada.

Você é especial, Fernanda, como todos são. Suas habilidades a tornam especial. Os marceneiros que tiram verdadeiras obras-primas de dentro de troncos não são especiais no que fazem? E os trabalhadores de uma obra? Não são especiais ao construírem prédios enormes ou pontes ligando duas cidades?

Virando-se para mim, Bruno continuou:

— Você é especial no que faz e, logicamente, é especial por conseguir se desdobrar vindo até aqui, e ainda por se lembrar disso. Andre, perceba a dádiva que tem. O que outros dariam para poder estar no seu lugar? Você foi abençoado por Deus com essas faculdades.

Pode ver entes queridos que já se foram e que somente veria depois de décadas, quando desencarnasse. Pode tocar, abraçar, falar que os ama. Pode fazer por eles o que achava que devia ter feito e dizer o que devia ter dito mais vezes em vida. Você pode voltar a fazer e a dizer o que queria e ainda se lembrar disso depois, como se tivesse sido um encontro na Terra.

Em seguida, voltou-se para Fernanda:

— E você, Fernanda, quase sempre consegue prever os acontecimentos. Com o amadurecimento espiritual, poderá ter ainda mais clareza. Porém, quantas vezes você viu um fato acontecer e, depois do ocorrido, pensou "eu tinha certeza de que isso aconteceria"?

— Diversas vezes – ela respondeu.

— Pois então. Você só precisa aprender a separar o que é intuição do que não é. Mas já digo que, na maioria das vezes, você realmente prevê os acontecimentos.

Enquanto Bruno falava, Fernanda sorria com o canto da boca, parecendo saber exatamente do que ele estava falando.

— Então, não fiquemos tristes pelo que não temos. Fiquemos agradecidos e felizes pelo que temos e nos orgulhemos dessas habilidades, porém sem deixar o orgulho virar vaidade, o que seria um grande erro.

Hoje, as pessoas estão deixando o *sentir* se tornar mais importante do que o *ser*, e o *ter* ser maior do que o *servir*. Isso não é nada bom, pois, quando agimos assim, não crescemos espiritualmente.

Temos de ser humildes, não porque devemos, e sim por nos sentirmos pequenos diante da grandeza de nosso Senhor.

O que torna alguém maior para Deus? O dinheiro, o status, as posses ou as oportunidades aproveitadas? Muitas vezes, um mendigo tem um crescimento espiritual muito maior numa vida do que um empresário bem-sucedido, pois o aprendizado realizado pelo espírito como mendigo, muitas vezes, pode ser maior do que o do empresário. E, por passar dificuldades e saber na pele o que é o sofrimento, é comum que quem tem menos ajude muito mais os que necessitam.

Vocês podem pensar assim: quem é que ajuda mais? O mendigo que divide seu pão com outro ou o empresário que dá dez por cento dos seus ganhos para a caridade?

Respondo-lhes: certamente o mendigo, pois ele está dividindo tudo o que tem, e não o que sobra. Ele está dividindo o que fará falta para ele. Já o empresário está prestando caridade, sim, porém esse dinheiro doado não fará falta. Ainda assim, essa caridade é melhor do que caridade nenhuma e a ação desse empresário é melhor do que a de muitos outros, que nada fazem.

Agora vamos, pois temos que concluir nosso trabalho.

Erguendo uma mão para mim e outra para Fernanda, Bruno fechou os olhos. Prontamente, aproximei-me e segurei uma delas. Esperei uns dois segundos e, vendo que Fernanda não se mexeu, olhei para ela indicando que o fizesse também. No mesmo momento, ela balançou a cabeça e falou em voz alta:

— Ai, tapada! Desculpe, eu estava pensando no que Bruno falou e acabei viajando um pouco.

Sorri levemente, segurei também a mão de Fernanda e fechei meus olhos. Então, volitamos. Mais uma vez, a sensação foi fantástica, como se eu estivesse em uma montanha-russa, algo que adoro.

Quando abri os olhos, vi Bruno e Fernanda à minha frente. Fernanda abriu os olhos, olhou-me e falou empolgada:

— Que... Que... Que sensação!

Eu e Bruno respondemos com um sorriso, e ela prosseguiu:

— Foi muito legal, sério! Nunca passei por isso! É como se estivesse caindo muito rápido! Vemos tudo e, ao mesmo tempo, não vemos nada, além de sentir um frio na barriga. Foi muito legal.

— É, é bem legal. E, apesar de fazer há mais tempo, ainda não me acostumei. Ainda fico ansioso antes de volitar e também gosto muito dessa sensação – respondi.

— Onde estamos? Seria a cidade do Daniel? – perguntou Fernanda.

Parei para reparar onde estávamos e percebi que realmente era a cidade espiritual onde Daniel vinha para o seu descanso noturno, na casa de dona Ermelinda, e respondi:

— Sim, estamos na cidade de Daniel.

— Imaginei que fosse, por causa do estilo colonial das casas, que se parece bastante com o desenho que você fez.

— É mesmo! E acho que você vai gostar daqui. Poxa, você está melhorando, hein? Até se lembrou do desenho – ri e impliquei com ela.

— Já estou gostando! A cidade me lembra um pouco Lambari, só que sem ladeiras. Ela me faz sentir segura.

— Que bom! Também tive essa sensação, mas pensei em São João da Barra. Acho que você disse algo bem certo quando falou em sentir segurança, pois também associei a uma cidade que amo muito. O povo é acolhedor e maravilhoso e sinto saudade dos amigos que tenho lá, sem exceção.

— Mas aqui não é igual a Lambari, somente me faz lembrar de lá. Acho que deve ser assim na maioria das cidades do interior, ter uma aparência mais tranquila.

— É, pode ser, mas... – comecei a responder, mas Bruno me interrompeu.

— Meus caros amigos, sei que gostam muito de conversar, mas vamos prestar atenção aos acontecimentos deste desdobramento para que possam se recordar dele mais fortemente.

Fernanda e eu rimos e pedimos desculpas. Parecíamos duas crianças fazendo besteira e sendo advertidas por um amistoso professor. Bruno, com seu habitual sorriso gentil, falou:

— Não há necessidade de se desculparem. Pedi que prestem mais atenção simplesmente porque sei do entrosamento que têm. Não foi por acaso que se conheceram e muito menos que foram escolhidos para este trabalho. Tenho a certeza de que, se deixarmos, vocês conversarão eternamente – brincou.

Olhei para o Bruno com um sorriso no rosto e muito feliz por ele ter feito uma "piadinha". Acho que ele entendeu meu gesto e sorriu de volta.

— Então, vamos em frente. Falemos sobre o que vai acontecer para, assim, deixar nossa irmã Fernanda preparada para a experiência que ela terá.

Fomos caminhando pelas ruas da cidade da mesma forma como fizemos no meu primeiro dia. Pensei, então, que aquele primeiro passeio que fizemos antes de chegarmos à casa de dona Ermelinda tivera um motivo, não sei se fora me acalmar ou me preparar, mas sei que estávamos fazendo algo semelhante naquele momento com Fernanda.

Parei para observá-la e notei que ela olhava para todos os lados, reparava em tudo. Fiquei tentando me lembrar de como agi quando estive ali pela primeira vez e percebi que Fernanda estava agindo de forma muito similar à que eu havia adotado.

Voltei a prestar atenção no que Bruno falava e escutei meu nome.

— ... então, quando Andre veio, conseguiu conversar com Daniel. Hoje, não conseguirá, pois ele já se encontra preparado para a regressão – disse Bruno.

— Poxa, tenho que confessar que gostaria de conhecê-lo.

— Eu sei, minha amiga. Porém, lembremos que o importante é o bem-estar do nosso irmão Daniel. Ele precisa estar inconsciente e não pode sofrer. Por esse motivo, ele não deve se lembrar das vidas que teve. E ainda mais neste momento de fragilidade de seu corpo físico.

— Eu entendo – respondeu Fernanda.

Em outro desdobramento em que encontrei Bruno, perguntei a ele porque estava demorando tanto para que houvesse outra vivência das vidas de Daniel. Naquela ocasião, Bruno me contou que Daniel estava internado com pneumonia e que deveríamos esperar a hora certa para que acessássemos outra vida passada dele.

Então, caminhamos enquanto Bruno dava instruções a Fernanda sobre como se portar durante a regressão. Pouco depois, chegamos em frente da casa de dona Ermelinda.

— É aqui, estou reconhecendo por causa do seu desenho – Fernanda falou para mim.

— É, sim. É aqui.

Bruno fechou os olhos, e ficamos em silêncio. De forma quase imediata, dona Ermelinda surgiu na porta. Olhei para Fernanda, e ela estava com um grande sorriso estampado em seu rosto.

— Boa noite, dona Ermelinda – disse Bruno.

— Olá! Que bom que vieram todos hoje.

— Boa noite, dona Ermelinda – falou Fernanda.

Eu também a cumprimentei e fui abraçá-la.

— É sempre bom estar aqui falei.

— Vocês serão sempre bem-vindos – respondeu-me dona Ermelinda, com um lindo sorriso.

— Posso abraçá-la também? – perguntou Fernanda.

— Lógico! – dona Ermelinda respondeu prontamente.

E, ao abraçar dona Ermelinda, Fernanda disse:

— Que gostoso estar aqui. Obrigada!

— Sou eu que agradeço a todos por ajudarem o Daniel. Ele está crescendo muito com essas experiências. Está revendo erros e aliviando o carma que tem vivido. Muito obrigada a vocês – disse ela, com os olhos cheios de lágrimas.

Em seguida, entramos. Como vinha acontecendo, Fernanda olhou ao seu redor e falou:

— É bem parecido com o que eu imaginava.

Fiquei feliz com a colocação, pois a descrição que eu dei foi suficiente para que isso acontecesse. Quando chegamos à sala, Bruno disse:

— Vamos dar as mãos.

Fizemos o que ele pediu e permanecemos em silêncio.

— Concentremo-nos. Deixem agora a energia fluir por dentro de vocês. Preciso que nossas energias se fundam para seguirmos juntos na jornada de hoje.

Depois de alguns minutos em silêncio, senti que nos conectamos. Conseguia sentir Bruno e Fernanda comigo. Então, Bruno falou mais uma vez, só que agora por pensamento.

— Não demoremos. Sigamos para o quarto de Daniel, pois Flávio já está lá.

Tudo estava como da última vez: a vela e a cama estavam no mesmo lugar, e Flávio estava por trás da cabeceira da cama com as mãos postas sobre a cabeça de Daniel, como se estivesse segurando-a. Fernanda, ao entrar, falou com Flávio em pensamento, achando que ninguém pudesse escutar.

— Oi, Flávio, que bom poder vê-lo.

Flávio, que já se encontrava concentrado, não respondeu.

Então, respondi a ela, também em pensamento:

— Fernanda, aqui escutamos nitidamente o que o outro pensa quando quer falar.

— Hum, desculpe.

— Não há por que se desculpar, Fernanda – disse Bruno.

Bruno se dirigiu ao lado da cama, postou as mãos em direção a Daniel e fechou os olhos. Eu e Fernanda fomos para o lado oposto e, lado a lado, fizemos o mesmo que Bruno.

— Andre, Fernanda, concentremo-nos. Evitemos as conversas durante a regressão. Falaremos apenas quando for estritamente necessário para o entendimento do que estiver ocorrendo.

Então, pouco depois, tudo foi clareando à minha frente e pude ver Fernanda e Bruno ao meu lado. Estávamos todos de pé em uma sala bonita, e eu estava muito feliz de estar ali, pois estava vendo como era a vida no início do século 20.

O cômodo não era muito grande, mas o pé direito era alto e tinha aproximadamente três metros e meio. Em seu centro, encontrava-se uma mesa retangular feita de madeira com uma toalha que a cobria, e um pesado candelabro estava posicionado acima dela.

As cadeiras da mesa eram rústicas, mas pareciam bastante confortáveis por conta dos estofados, que eram presos com tachas nas laterais.

Ao lado da mesa e encostado a uma das paredes, havia uma bela e bem trabalhada cristaleira. Sua parte de baixo era composta por seis portas, enquanto sua parte superior era uma cristaleira de quatro portas, com vidros bonitos e trabalhados. O móvel possuía ondulações na parte superior, levando a uma ponteira no centro. As portas de baixo possuíam verdadeiras obras de arte entalhadas.

Um aparador ocupava toda a parede ao fundo. Ele tinha portas em toda a sua parte inferior. A parede acima dele era coberta por seis grandes quadros com molduras bem trabalhadas e em tom de ouro velho. As pinturas dos quadros eram paisagens, e todas acompanhavam o mesmo tom esverdeado.

Sob a mesa e as cadeiras, havia um grande tapete e, na parede contrária à cristaleira, duas janelas bem grandes cobertas por pesadas cortinas. No espaço entre as janelas, encontrava-se uma mesa pequena, que ostentava um vaso bonito e uma planta que enchia o ambiente.

Uma moça bonita, de no máximo dezoito anos, estava sentada em uma das cadeiras. Ela era branca e vestia uma roupa bem comportada: uma saia creme que se estendia até pouco abaixo do joelho e meias brancas que se terminavam na ponta da saia e impediam que sua pele ficasse à mostra. A parte de baixo de sua blusa estava presa por dentro da saia, enquanto as mangas curtas cobriam apenas os ombros.

O cabelo castanho-claro era curto, pouco acima do queixo. Pequenos cachos cobriam suas orelhas e seu pescoço ficava visível por conta do comprimento do cabelo. A moça usava uma maquiagem leve, apenas um pó de arroz, um lápis de olho e um batom bem avermelhado de tom escuro.

Ela tomava seu café e comia um pão com algo dentro. Nesse momento, um homem alto entrou na sala. Ele vestia um uniforme cáqui e um chapéu típico do exército. O homem era militar. Com um olhar penetrante em direção à senhorita, falou:

— Como vai, minha filha?

— Bom dia, meu pai. Estou bem. E o senhor, como dormiu?

— Bem. Sua mãe ficou na cama, não está se sentindo muito bem. Depois, leve algo para ela comer.

— Pode deixar, levarei. Sabe o que é?

— Parece-me ser apenas uma indisposição.

— Sim, falarei à senhora Clara que não poderei ir à aula de música hoje e ficarei aqui para ajudar a mamãe.

— Faz muito bem, Olga. Cuide de sua mãe e da casa. Voltarei na mesma hora de sempre.

— Pode deixar, papai, tudo ficará em ordem.

Um rapaz de aparência mais jovem que Olga entrou pelo corredor. Ele me parecia ter por volta de dezesseis anos. Vestia uma calça social escura, uma camisa social com um emblema no bolso e uma gravata preta. Certamente, era um uniforme de colégio.

— Bom dia, papai. Bom dia, minha irmã.

— Bom dia, Vinícius. Como você dormiu? – perguntou o pai.

— Bom dia, meu irmão – respondeu Olga.

— Dormi muito pouco. Fiquei até tarde estudando, pois hoje terei avaliação no instituto.

— Tenho certeza de que se sairá bem, meu irmão. Sempre vai bem nos estudos. – disse Olga.

O semblante do pai era de altivez, certamente orgulhoso do que Olga acabara de falar.

— Só tenho êxito porque me dedico muito. Caso contrário, estaria tendo dificuldades.

Em seguida, todos continuaram a comer. Pouco depois, uma senhora gordinha e de bochechas rosadas, cabelos grisalhos e usando óculos grandes entrou no recinto. Ela era baixa e sorria constantemente. Vestia roupas típicas de uma empregada doméstica, um vestido preto e um avental branco preso à frente.

— Bom dia. E a senhora Dulce, continua a dormir? – perguntou a mulher.

— Sim, Rosa, continua deitada. Ela está indisposta e precisa descansar. Olga levará algo para ela logo que terminar o café da manhã.

— Papai, mamãe não se sente bem? Como ela está? – perguntou Vinícius, preocupado.

— Como disse para Olga, parece-me ser apenas uma indisposição.

Vinícius pareceu se contentar com a explicação, pois relaxou e voltou a se alimentar.

— Se o senhor quiser, eu mesma posso levar – disse Rosa.

— Não, Rosa. Eu mesma gostaria de levar. Porém, pode me ajudar no preparo? – perguntou Olga docemente.

— Lógico que sim. Juntas prepararemos uma bela bandeja, que ela vai adorar – disse Rosa com ansiedade.

Os três continuaram a tomar o café da manhã e a conversar sobre outros assuntos. Quando acabaram, Rosa retirou a mesa com a ajuda de Olga. O homem deu um beijo na testa da filha e afagou o ombro de Vinícius, despedindo-se. Em seguida, pegou seu chapéu e saiu.

Olga foi para a cozinha e, junto a Rosa, preparou uma bonita bandeja de café da manhã. Em seguida, pegou a bandeja, passou pela sala de jantar, entrou em um corredor e parou em frente a uma porta. Empurrou-a com o ombro e entrou num quarto bem grande.

Uma cama robusta de madeira encontrava-se no centro do ambiente com duas mesinhas de cabeceira, uma de cada lado. Dois abajures idênticos estavam sobre elas.

Em frente à cama, havia um tapete e, em uma das paredes, uma penteadeira grande com uma cadeira em frente.

Na parede de frente para a cama, havia um armário de madeira com algumas caixas em cima. Por fim, havia um janelão fechado acima da cabeceira da cama, deixando entrar apenas frestas de luz do sol pelas treliças.

Uma mulher estava deitada na cama, dormindo de lado e coberta por uma pesada colcha. Olga foi até a penteadeira e colocou a bandeja sobre ela. Em seguida, foi até a senhora deitada, sentou-se ao seu lado, colocou a mão em seu ombro e deu um beijo em seu rosto.

— Mamãe. Mamãe. Acorde, mamãe. Quero saber como está – disse Olga, baixinho.

Então, Dulce abriu os olhos e, olhando para a filha, falou:

— Bom dia, minha filha. Como foi sua noite?

— Foi boa, mamãe. E a sua?

— Não muito boa, estive com dores a noite toda.

— Mas agora está melhor?

— Na verdade, estou um pouco, mas ainda dói.

— Bem, farei de tudo para que se sinta melhor. Trouxe um café da manhã que eu mesma preparei. Rosa me ajudou, mas fiz quase tudo sozinha. É para você se sentir melhor.

Sorrindo, Dulce se sentou sem pressa. Depois, colocou um grosso travesseiro por cima de suas pernas e pediu que Olga colocasse a bandeja ali. Obedecendo, a menina colocou o bule e o copo de suco sobre a penteadeira e levou a bandeja até sua mãe. Posicionando cuidadosamente a bandeja sobre o travesseiro, a menina perguntou:

— Prefere café ou suco, mamãe?

— Tomarei suco, minha filha. E, após acabar, tomarei um café para ver se desperto.

— Então, vamos deixar entrar um pouco de luz do sol para aquecer e clarear este quarto, não é mesmo, mamãe? - disse Olga, enquanto se dirigia para a janela atrás da cama de Dulce.

— Vejo que aprendeu direitinho com sua mãe quando você ficava adoentada - provocou Dulce, com um sorriso no rosto.

— Tive uma excelente professora, que sempre me mostrou que o carinho e o cuidado ajudam, e muito, na nossa recuperação - disse Olga, com um sorriso terno.

Dulce continuou a tomar seu café da manhã com uma verdadeira expressão de tranquilidade trazida pelos mimos da filha. Quando ela terminou, Olga perguntou:

— Mamãe, você precisa de mais alguma coisa?

— Não, minha filha, agora acho que deitarei mais um pouco.

— Mas, minha mãe, não prefere ir até a sala para conversarmos enquanto bordo meu enxoval?

— Engraçado isso, Olga. Nem tem pretendente ainda e já está preparando seu enxoval - brincou a mãe enquanto sorria.

— Sim, dessa maneira estarei bem adiantada quando tiver um.

— Ou já terá tudo pronto, caso demore a encontrar um - Dulce, ainda sorrindo, fez uma piada.

— Mamãe, não me rogue praga - criticou Olga, também rindo.

— Do jeito que é ciumento, bem que seu pai adoraria que você nunca encontrasse.

— Ele não quer nem ouvir falar em casamento perto de mim, não é mesmo, mamãe?

— É verdade, minha filha. Seu pai é bastante ciumento.

— Pior é meu irmão, que é mais ciumento que meu próprio pai.

— Sim, Vinícius é louco por você – pontuou, fazendo Olga sorrir feliz pelo amor do irmão. Em seguida, perguntou:
— E onde está seu irmão?

— Já foi para o colégio. Hoje, ele terá avaliação.

— Com certeza, não dormiu esta noite. Quando chegar do colégio, dormirá a tarde toda, mais uma vez.

— Mas, por ora, que ele não tem obrigação após o colégio, pode descansar. O problema seria se interferisse nos estudos. Sabe bem que ele é bastante responsável – defendeu Olga.

— Sim, é verdade. Mas é que, às vezes, sinto saudades da convivência com ele. Vinícius troca o dia pela noite para estudar e parece até um boêmio que vive de noite e dorme de dia.

— Ele sempre disse que rende melhor e se concentra mais à noite.

— Se não fosse tão estudioso, ficaria preocupada com esse menino. Decerto pensaria estar pelas noites nos bares e nos bordéis.

Olga riu e pegou a bandeja novamente. A menina levou tudo de volta para a cozinha e começou a colocar as louças na pia, mas foi interrompida por Rosa:

— Olga, pode deixar tudo aí. Já fez mais do que devia. Agora, deixe que eu arrumo a minha cozinha.

— Tudo bem, deixarei aqui então. Muito obrigada, Rosa.

Ela se dirigiu para fora da cozinha e seguiu novamente pelo corredor, mas, dessa vez, entrou por outra porta. No centro do cômodo, havia uma cama de solteiro feita de madeira pesada, porém de tom claro. Na parede ao lado, encontrava-se um armário de duas grandes portas e uma penteadeira um pouco menor do que a do outro quarto.

Olga caminhou até o armário e pegou uma grande caixa. Depois, seguiu carregando-a pelo corredor e entrou em uma sala com duas poltronas. Sentou-se em uma delas, colocou a caixa na mesa de centro à sua frente e a abriu. Retirou dela alguns tecidos e começou a bordar um pano que estava emoldurado por um bastidor. Passado algum tempo, Dulce entrou na sala.

— Olga, não estou me sentindo bem. Acho melhor irmos visitar um médico.

— O que sente, mamãe?

— Ainda estou com dores na barriga, e isso não passa.

— Vamos, mamãe. Vou arrumar as coisas e chamarei um carro de aluguel.

A imagem sumiu e, ao retornar, vimos Olga, que aguardava em uma sala de espera. Ela estava com Rosa ao seu lado. Nessa hora, seu pai, ainda uniformizado e com notória expressão de preocupação, surgiu por um grande corredor, caminhando em passos apressados.

— Como ela está?

— Está indo para a cirurgia. O médico disse que é uma apendicite e que logo ela estará bem – respondeu Olga.

— Cirurgia? Não seria melhor transferirmos Dulce para a capital? Assim a internamos no Hospital do Exército.

— Mas, papai, o médico disse que é uma cirurgia rotineira, porém emergencial. Por isso, ela deve ser operada logo.

— Então, se é assim, que Deus a proteja.

O tempo foi passando, e todos pareciam ficar mais apreensivos. Após algumas horas, Vinícius chegou com passos largos pelo corredor e com muita apreensão em seu rosto.

— Cadê nossa mãe, Olga? Onde está a mamãe?

— Calma, meu irmão. Ela está sendo operada e logo estará conosco. Vamos rezar para Nossa Senhora.

— Mas quando poderemos vê-la? – insistiu.

— Assim que retornar da cirurgia.

Vinícius começou a se acalmar e, algum tempo depois, o médico veio em direção ao grupo que ali esperava. Ele não estava com uma expressão boa.

— Bem, tenho que conversar com o responsável da senhora Dulce.

— Sou o marido dela. Pode falar.

— Gostaria de falar em particular.

— Anda, homem! – disse em tom mais forte. — Fale logo, não vejo motivo para esconder algo de minha filha e do meu filho neste momento.

— Bem, quando a senhora Dulce chegou ao hospital, apresentava todos os sintomas de uma apendicite, sendo necessária uma cirurgia de urgência. Caso não fizéssemos a cirurgia, ela correria o risco de morte.

Pois bem, em alguns casos, há a possibilidade de diagnóstico diferencial e a cirurgia não se faz necessária. Porém, é melhor correr o risco de se fazer uma cirurgia desnecessária do que a paciente vir a falecer.

— O que quer dizer? Ela morreu? O que aconteceu?

— Não, ela não morreu. Provavelmente, eram só cólicas, pois não detectamos nada na operação. Porém, como disse, o risco de morte justificava a cirurgia.

— Então, você abriu minha esposa por nada? Simplesmente porque ela apresentava gases?

— Não é bem assim. Ela apresentava indícios de apendicite, mas, graças a Deus, não era nada. Devemos ficar gratos por isso.

— Agradecer por ela ter sofrido uma cirurgia desnecessária? – o pai de Olga falava enquanto se levantava, visivelmente enfurecido.

Olga, Vinícius e Rosa seguravam-no e pediam calma. Olga, chorando, suplicou ao pai:

— Papai, mantenha a calma. Vamos todos manter a calma, nada disso ajudará agora.

— É, senhor Carlos, fique calmo – pediu Rosa.

Aproveitando o momento, o médico pediu licença e falou:

— Logo, poderão vê-la, ela está se recuperando.

Pouco tempo depois, Dulce estava deitada numa cama, aparentemente sem conseguir falar. Todos estavam à sua volta, e Olga segurava sua mão:

— A senhora vai ficar bem, mamãe. Fique calma, tudo ficará bem.

Dulce fez uma expressão de grande dor e se encolheu. Carlos prontamente saiu do quarto, procurando ajuda.

— Um médico, por favor! Minha esposa precisa de um médico! – pedia em alto som.

Um médico e alguns enfermeiros correram ao quarto e pediram que a família saísse de lá.

Foram em direção à sala de espera, auxiliados por outra enfermeira. Lá chegando, Olga se sentou e permaneceu imóvel, visivelmente abalada. Carlos andava de um lado para o outro, e Rosa rezava, ajoelhada em frente a uma imagem de Nossa Senhora que estava posicionada em uma pequena prateleira no alto de uma parede da sala.

Outras pessoas, que também pareciam ser da família, tentavam acalmá-los. Vinícius, parecendo estar em choque, permanecia sentado com o olhar perdido ao longe.

A cena escureceu até não vermos nada. Fernanda pensou e todos nós escutamos:

— Uma vez quase me operaram sem necessidade porque os médicos trocaram os exames. Isso é um absurdo.

Fiquei bastante curioso, pois ela nunca me contou. Mas forcei-me a continuar prestando atenção e deixei a curiosidade para mais tarde, quando poderíamos conversar sobre isso.

Quando clareou novamente, vimos a família aparentemente mais calma na sala de espera. Não sei quanto tempo se passou até aquele momento, mas me pareceu ser outro dia, pois todos estavam vestindo roupas diferentes. Podem ter sido horas, dias ou até mesmo semanas.

Pelo corredor, um médico se aproximava da sala de espera. Ele chamou pelo senhor Carlos, que foi em sua direção:

— Fale-me, o que aconteceu? Posso vê-la?

— Senhor Carlos, sua esposa estava com uma infecção hospitalar, que gerou uma septicemia. Ela não resistiu. Sua esposa faleceu.

Carlos ficou paralisado, olhando fixamente para o médico sem dizer nada, como se estivesse em choque. Olga caiu para trás na poltrona e Vinícius se levantou e correu em direção à irmã, abraçando-a e chorando dolorosamente. Rosa chorava também, enquanto outras pessoas vinham abraçá-los.

Permanecemos observando aquela triste cena até que tudo ficou muito escuro por algum tempo.

Quando a cena voltou a clarear, vi Olga um pouco mais madura. Ela aparentava já ter uns vinte e cinco anos e estava na sala onde costumava bordar. Dessa vez, estava sentada lendo um livro. Pelo corredor entrou Rosa, com a aparência praticamente igual, trazendo um copo de suco e um sanduíche. Colocando-os na mesa de centro, Rosa olhou para Olga e perguntou:

— Olga, vai sair hoje?

— Sim, Rosa. Irei à praça e depois tomarei um sorvete – falou sem tirar os olhos do livro.

— Com aquele rapaz?

— Sim, vou me encontrar com o Rubens, sim. Por quê?

— Sabe que seu pai não aprova esse rapaz, não sabe?

— Meu pai não aprovaria nem um soldado dele. Não aprovaria ninguém.

— Mas ele é diferente.

Nesse instante, Olga fechou o livro e o repousou em suas pernas. Olhando firmemente para Rosa, perguntou:

— Diferente por quê?

— Ora, senhorita Olga. Ele é um *faz-nada*, não quer nada com trabalho.

— Não é verdade, Rosa. Rubens trabalha por conta própria.

— Mas ele faz serviços para os outros, não tem uma profissão.

— Mas Rubens ganha bem fazendo o que faz, e não falta nada a ele. Sempre paga tudo para mim.

— Também, se não pagasse, seria a morte. Acho que um homem que não paga a conta de uma mulher está muito errado e não serve para casar. Acho que isso nunca mudará.

— Bem, ele ganha o suficiente, mora sozinho, paga todas as minhas contas e me trata como uma princesa. Então, ele é um bom homem para se casar.

— Você é quem sabe. Não quero nem ver se o senhor Carlos ou o Vinícius descobrirem.

— Eles só descobrirão se você contar.

— Da minha boca não sairá nada. Não quero que uma tragédia aconteça.

Pensando nas nossas inúmeras conversas sobre assuntos de igualdade de gênero e em como o mundo é atualmente, olhei para Fernanda, que sorriu para mim.

— Amigos... – advertiu Bruno, fazendo-nos prestar atenção novamente.

Olga se levantou e seguiu pelo corredor até seu quarto. A única diferença que havia na casa era um quadro pendurado em uma das paredes: uma bela pintura que retratava Dulce dando um belo e discreto sorriso.

Olga abriu o armário e retirou de dentro algumas peças de roupa. Carregando tudo, saiu do quarto e seguiu até o banheiro.

As paredes eram feitas de azulejos brancos com uma faixa azul-escura a aproximadamente um metro e meio do chão. O piso do ladrilho era hexagonal, mas branco também. Havia uma pia retangular e de louça branca contendo duas torneiras distintas. Um vaso sanitário estava posicionado ao lado de um bidê no canto do cômodo. Também no canto encontrava-se uma banheira de louça.

Olga entrou no banheiro, fechou a porta e foi tomar banho. Ela permaneceu um grande tempo relaxando na banheira. Depois, colocou um vestido creme que cobria apenas os ombros e deixava o restante dos braços de fora. A parte superior era cheia de babados até a cintura, enquanto a parte de baixo, que ia até o joelho, era lisa. Meias brancas iam do joelho até as sapatilhas pretas, estilo colegial.

Após se vestir, Olga saiu do banheiro e retornou ao quarto. Sentou-se à penteadeira e começou a pentear seu cabelo curto. Em seguida, maquiou-se e colocou cordões bem grandes, envoltos ao pescoço, e que chegavam à altura da barriga. Depois, foi até o armário, pegou uma caixa e retirou um chapéu arredondado com abas pequenas, de cor creme. Parecia um chapéu-coco, porém feminino.

Por fim, passou um perfume, levantou-se e saiu do quarto. Seguiu até chegar à cozinha, onde Rosa se encontrava:

— Já estou de saída, Rosa. Volto antes das cinco horas.

— Vou fingir que nem sei aonde vai.

Sorrindo, Olga correu em direção à Rosa, abraçou-a e deu um grande beijo em sua bochecha.

— Vai, menina, vai logo – disse Rosa, sem graça.

— Obrigada, Rosa. Obrigada.

Olga saiu pela porta da cozinha, que ficava na parte dos fundos da casa. Do lado de fora, havia um pequeno quintal. O chão era de cimento liso e havia um corredor que seguia, na lateral da casa, até a parte da frente.

Olga caminhou por ele e chegou à frente da casa, que era construída no alto. Havia escadas faceando a casa até o portão de madeira. Olga abriu o portão e seguiu para a rua.

As calçadas estavam bem limpas e a rua era feita de paralelepípedos. Era dia, e as mulheres se vestiam no mesmo estilo de Olga. Algumas usavam chapéus diferentes, uns maiores outros menores.

Uma senhora que passava parecia estar de luto, pois vestia preto da cabeça aos pés, incluindo luvas e um véu de renda que saía do chapéu e ia até a altura do pescoço. Apesar disso, não escondia seu rosto, pois era uma renda bem aberta, mas tornava a aparência da roupa ainda mais sóbria.

Alguns homens vestiam ternos, enquanto outros estavam apenas de calça social, camisa e um colete por cima. A maioria deles, entretanto, usava chapéu.

Olga foi andando em direção ao fim da rua enquanto olhava fixamente para a frente. Os homens a notavam passar, pois ela era uma jovem bonita. Alguns deles a cumprimentavam, dizendo "Boa tarde, senhora!", pois ela já estava com uma idade avançada para estar solteira naquela época. Devia ser natural acharem que ela era uma senhora, e não uma senhorita.

Depois de algum tempo caminhando, Olga chegou a uma praça, sentou-se em um banco vazio, cruzou as pernas e, repousando as mãos sobre os joelhos, permaneceu observando o ambiente. Olhava as pessoas passando e o vento balançando levemente as árvores.

Uma mulher varria a entrada de uma igreja localizada no centro da praça, como a maioria das cidades do interior de Minas Gerais, onde é difícil não ter igrejas nas praças das cidades.

A cidade era a mesma da última vida de Daniel. Aquela era a mesma igreja onde Rodolfo dormiu bêbado e foi acordado por um policial. Perceber isso me impressionou muito, pois, quando eu era pequeno, sempre falavam que eu devo ter vivido nos Estados Unidos em outra encarnação por gostar muito de lá.

Entretanto, reparei que as duas encarnações de Daniel como Joaquim e Bento ocorreram na mesma fazenda e, inclusive, na mesma família. Não sei se a terceira, como Rodolfo, ocorreu da mesma forma, porém a existência de Daniel como Olga é na mesma cidade da encarnação anterior.

Olga estava com um sorriso, demonstrando imensa felicidade, daqueles que faziam seus olhos brilhar. Ela olhava fixamente para um homem que parecia ter a mesma idade que ela e que vinha caminhando em sua direção. Ele não vestia terno e estava com uma calça social de cor cinza-escuro, uma camisa branca e um colete em um tom cinza mais escuro que o da calça, quase preto. O homem segurava uma única rosa vermelha e se sentou ao lado de Olga.

— Para você – disse o homem ao oferecer a rosa a Olga.

Olga pegou a rosa e a levou até seu nariz, fechou os olhos e inspirou profunda e lentamente. Quando expirou, pareceu ter uma sensação de prazer instantânea.

— Muito obrigada, Rubens. Você é um galanteador.

— Só com a senhorita. Penso em você todas as horas de meu dia e desejo encontrá-la em todas elas. Anseio sempre por esses momentos em que estamos juntos.

Ao ouvir isso, Olga baixou o rosto e sorriu apaixonadamente.

— Podemos ir à sorveteria? É que tenho um serviço a fazer na fábrica hoje.

— Sim – concordou Olga.

Os dois se levantaram prontamente e seguiram caminhando lado a lado.

— E como tem passado, senhorita Olga?

— Bem. Muito bem. Estive pensando em apresentá-lo a meu pai. O que acha?

— Acho que está na hora. Gostaria de poder vê-la em sua casa sem me preocupar com encontros às escondidas, de poder pegar na sua mão sem me preocupar com o que os outros pensariam da senhorita, pois quero compromisso. Desejo me casar com você.

— Sim, falarei hoje mesmo com meu pai. Na próxima semana, direi o resultado.

Rubens parou em frente a uma lanchonete e, com o braço, indicou a passagem de Olga. Ela agradeceu e subiu o degrau da entrada do estabelecimento, seguida por ele.

Mais tarde, Olga, Vinícius e Carlos jantavam em silêncio na casa deles. Não dava para saber se o silêncio era pelo falecimento de Dulce, mas o fato é que todos pareciam estar sozinhos, ainda que juntos.

— Papai, posso falar? – perguntou Olga.

— Sim, minha filha.

— Sabe aquele meu amigo? O Rubens?

— Sei sim, minha filha. Está precisando consertar algo aqui em casa?

— Não, papai, ele quer vir conversar com o senhor.

— Mas sabe a razão?

— Sim, papai, sei. Ele quer me pedir em namoro ao senhor.

— Eu não quero que namore com ele – disse Vinícius prontamente.

Carlos, parando de comer, falou ao filho:

— Vinícius, deixe-me resolver esta questão, por favor?

Vinícius, nitidamente decepcionado por não poder continuar no assunto, calou-se.

— Mas você não está satisfeita com a vida que lhe dou?

— Sim, papai. Mas quero me casar, ter minha própria família e estou ficando velha para isso.

— Não gosto desse rapaz.

— Nem eu – Vinícius se intrometeu novamente.

— Meu filho, na próxima interrupção, pedirei que se retire – afirmou Carlos fortemente, com a autoridade dos generais.

— Mas por qual motivo? Ele é um homem trabalhador e tem condições de manter uma família – argumentou Olga.

— Mas não gosto dele, e pronto.

— Por favor, meu pai, deixe que venha apenas conversar com o senhor.

— Já falei que não gosto desse rapaz! – irritou-se Carlos, elevando o tom de voz.

— Você nunca vai gostar de ninguém! A mamãe é quem estava certa, ninguém será suficientemente bom para você. Prendendo-me, acabará me matando aos poucos, e serei triste por toda a minha vida – desabafou Olga enquanto se levantava e saía rapidamente da sala de jantar.

— Olga, volte aqui! Olga, eu estou chamando você! – pediu Carlos.

Sem responder ao pai, Olga seguiu pelo corredor, entrou em seu quarto, trancou a porta e se jogou na cama. Então, começou a chorar com o rosto afundado no travesseiro. Pouco depois, ouviu batidas na porta.

— Olga, abra a porta, quero falar com você.

— Agora, não quero falar com você, meu pai.

— Olga, quero conversar. Por favor, abra a porta.

— Vá embora!

— Certo. Deixarei que se acalme, e depois conversaremos.

E, assim, fez-se silêncio do lado de fora do quarto. Olga permaneceu deitada, chorando, até que adormeceu.

Na manhã seguinte, voltamos a ver Olga. Ela estava sentada na sala e, pelo corredor, entrou Carlos. Olga o olhou e desviou o olhar para o chão, sem tornar a olhar para o pai.

— Olga, minha querida, podemos conversar?

— Ora, por que conversar se já tomou sua decisão?

— Minha filha, quero dar uma chance a você. Chame o rapaz para jantar aqui na quinta-feira. Eu estarei em casa e, então, conversarei com ele.

Os olhos de Olga brilharam e um sorriso enorme surgiu em seu rosto. Ela não se conteve e, levantando-se rapidamente, pulou no pescoço do pai, abraçando-o e beijando seu rosto. Carlos, visivelmente incomodado com a demonstração de carinho, disse:

— Olga, veja bem, não estou prometendo nada. Só disse que darei uma chance ao rapaz. Porém, se não for do meu agrado, não permitirei o namoro.

— Papai, verá que Rubens é um bom homem. Ele é bastante trabalhador e é uma pessoa do bem.

— Darei uma chance a vocês. Mas avise a ele que não será fácil me dobrar. Tenho que ver o real interesse dele em lhe dar uma vida segura e boa, assim como proporciono.

— Sim, papai, falarei com ele.

— Outro problema será Vinícius. Sabe que, desde que Dulce faleceu, ele parece ter substituído toda a ausência dela com a sua presença. Ele a tem como mãe, mesmo sendo seu irmão.

— Vinícius aceitará. Ele me ama e não vai querer minha infelicidade.

— Assim espero.

Na semana seguinte, na praça da igreja, Olga estava sentada em um dos bancos com o rosto apreensivo. Parecia que Rubens estava atrasado. Ela olhava para os lados, bem diferente da última vez em que o esperava. Vez ou outra, levantava-se, olhava ao longe e se sentava novamente.

Passado algum tempo, Rubens surgiu ao longe, caminhando com rapidez até chegar ao banco. Sentando-se ao lado de Olga, falou:

— Perdoe-me, Olga. Venho de um serviço de última hora que não pude recusar.

Olga, olhando para o outro lado, não o respondeu, ficando com o rosto sério.

— Olga, por favor, não fique chateada comigo, perderemos tempo assim. Eu não podia negar, o senhor Joaquim é um excelente cliente. Pensei em você durante todo o serviço, porém não tive como avisá-la.

— Mas tenho que falar com você, e já estamos em cima da hora para que eu volte para minha casa.

— Então, fale-me logo. Poupemos tempo, pois quero tomar um chá com a senhorita. Ou prefere me contar durante o chá?

— Vamos à confeitaria, então.

Rubens se levantou e ofereceu a mão a Olga, que, aceitando o galanteio, levantou-se segurando sua mão. Rubens estendeu a mão indicando o caminho a ser tomado, e Olga foi andando com ele ao seu lado. Chegando à confeitaria, logo se sentaram à mesa e fizeram o pedido de um chá e umas guloseimas. Em seguida, Rubens perguntou:

— Olga, o que a senhorita tem a me falar?

— Rubens, falei com meu pai.

— E o que ele disse? – perguntou Rubens, ajeitando-se melhor na cadeira, visivelmente mais apreensivo.

— Meu pai, em um primeiro momento, foi totalmente intolerante ao meu pedido. Mas, depois, repensou e resolveu nos dar uma chance. Ele quer que vá jantar na quinta-feira na nossa casa.

— Que bom! Assim poderá me conhecer. Prometo que não a decepcionarei.

— Quero pedir que seja paciente com meu pai, ele é militar, então não está acostumado a ser contrariado. Ele mesmo me disse que não será fácil convencê-lo de que você é bom para mim. Tenha calma e seja paciente com ele. E ainda passará pelo crivo de meu irmão, que me ama como a uma mãe e é extremamente ciumento.

— Pela senhorita, serei muito paciente, prometo.

Então, com um sorriso no rosto, Olga olhou com admiração para Rubens, e os dois continuaram a tomar o chá e a comer os doces. Ao saírem da confeitaria, Rubens perguntou:

— Posso acompanhá-la até sua casa?

— Não acho prudente, pois meu pai pode saber e não gostar do fato de que me acompanha pela rua sem a aprovação dele.

— Mas nos encontramos sem prévia aprovação de seu pai. Não é a mesma coisa?

— Sim, porém não estamos à vista dos meus vizinhos. Meu pai ficaria envergonhado em saber que a vizinhança me viu com um rapaz que não vai à nossa casa.

— Entendo bem. Mas logo isso acabará, eu garanto.

Eles se despediram, e Olga seguiu pelas ruas.

Nesse momento, reparei nas casas e no povo andando por ali. É fantástico ter a oportunidade de ver como eram as coisas no passado. Havia carros na rua, porém eles eram minoria em relação aos cavalos e às charretes, talvez ainda mais por estarmos no interior.

Olga foi andando até chegar à sua casa. Lá abriu o portão, subiu as escadas, deu a volta pela casa e entrou pela porta dos fundos. Rosa estava na cozinha e Olga a cumprimentou, dizendo:

— Oi, Rosa! Hoje, vou direto para meu quarto, estou muito cansada. Não precisa se preocupar com minha janta, pois já comi algo na confeitaria.

— Assim ficará doente, senhorita Olga.

— Ai, Rosa! Não me rogue essas palavras.

— Não quero o seu mal, mas é de simples dedução.

— Se eu tiver que ficar doente, que seja depois de quinta.

— Seu pai já me contou que teremos visita.

— Boa noite, Rosa! Quando meu pai chegar, fale que me recolhi e que amanhã falo com ele – despediu-se com um sorriso no rosto.

— Falarei. Boa noite para a senhorita também.

A imagem sumiu e, quando retornou, percebemos que já era quinta-feira. Olga e Vinícius estavam sentados lado a lado nas poltronas, e Carlos, em pé, observava uma estante com alguns livros.

Ele pegava um dos livros, abria-o, passava algumas páginas, lia algumas partes por um tempo maior e, depois, trocava de livro, parecendo ansioso.

Olga estava quieta, com o olhar ao longe, e parecia estar em outro mundo, e ansiosa também, além de bastante nervosa.

Vinícius parecia calmo, mas qualquer barulho, por menor que fosse, fazia-o olhar para Olga, parecendo que ele estava em estado de alerta o tempo todo, como se estivessem em perigo ou em combate, como um reflexo de proteção. Ele também estava nervoso com a situação.

Assim que escutaram palmas na frente da casa, todos, ao mesmo tempo, tiveram diferentes reações: Carlos fechou o livro em sua mão e o guardou na estante, Vinícius se ajeitou e olhou para Olga, que, por sua vez, levantou-se e disse:

— Deve ser Rubens. Posso ir buscá-lo, papai?

— Sim, minha filha. Vá e acompanhe-o, mas tenha modos.

— Papai, o senhor me conhece. Sabe que eu não teria atitude contrária – argumentou Olga, com a expressão enfezada.

— Sim, eu sei.

Olga foi até a porta da frente, que ficava na própria sala de estar. Quando abriu a porta, viu que Rubens estava parado ao portão na parte inferior da casa. Ele vestia um terno cinza e segurava um buquê de flores vermelhas em uma das mãos. Na outra, segurava uma caixa que parecia ser de alguma bebida.

Quando avistou Olga, sorriu, fazendo-a devolver o sorriso de imediato. Os olhos de Olga brilhavam intensamente enquanto caminhava até o rapaz. Quando chegou ao portão, ela disse:

— Boa noite, senhor Rubens.

— Sabe que não gosto que me chame assim, senhorita. Pode me chamar de Rubens.

— Sim, eu sei. Mas hoje, principalmente na frente de meu pai e irmão, eu o chamarei de senhor Rubens.

— Quando estivermos na frente de seu pai, pedirei a você que me chame pelo meu nome, se não se importar.

Olga respondeu a ele com um sorriso, mostrando contentamento com as palavras do rapaz. Rubens, então, entregou o buquê de flores a Olga, que ficou extremamente feliz.

— Rubens! Não sei nem o que falar, elas são lindas.

— Senhorita Olga, já me respondeu com seu olhar e com esse lindo sorriso.

Então, os dois subiram e entraram na casa. Carlos, que já estava sentado ao lado de Vinícius, levantou-se prontamente, acompanhado pelo filho.

— Boa noite, senhores – cumprimentou Rubens.

— Boa noite, meu jovem – retribuiu Carlos.

Vinícius, entretanto, apenas balançou a cabeça para a frente, uma vez e lentamente.

— Trouxe isto para o senhor. Por favor, não repare. É só uma lembrança – argumentou Rubens enquanto entregava a caixa para Carlos.

Carlos recebeu a caixa e a abriu. Era uma garrafa de vinho. Após analisá-la, Carlos falou:

— Gosto dessa uva e harmonizará bem com nosso jantar. Se não se importar, abrirei a garrafa para essa ocasião.

— Não me importaria de maneira alguma. Será uma honra contribuir.

Em seguida, Rubens virou-se para Vinícius:

— Meu caro, trouxe uma lembrança para você. Peço somente que não repare.

Rubens, então, retirou do bolso de dentro do paletó um saquinho aveludado de cor marrom-escura e entregou a Vinícius. Surpreso, o irmão de Olga pegou o presente e o abriu. Colocando a mão dentro do saco, retirou um lindo canivete de seu interior.

— A senhorita Olga me disse que é um exímio escultor, que pega galhos e tira imagens lindas com uma faquinha antiga que tem. Espero ter contribuído com sua arte. Não em substituição ao seu instrumento preferido, mas em adição a ele.

— Muito obrigado, senhor Rubens. Fiquei bastante feliz com o presente – agradeceu Vinícius, sem muita empolgação no rosto.

— Ora, amigos. Peço-lhes que me chamem somente de Rubens. E, senhor Carlos, peço que permita à senhorita Olga que também me chame assim.

— Então, Rubens, vamos ver como será o jantar, e tomo essa decisão depois.

— Se é seu desejo, faremos assim. Mas já agradeço por pensar no assunto.

— Então, vamos nos sentar?

Todos seguiram em direção à mesa e se sentaram. Pelo corredor, Rosa surgiu carregando uma bandeja com canapés e uma jarra de prata. Cumprimentou a todos:

— Boa noite, senhores! Aqui está um pequeno petisco para abrir o apetite e um suco.

— Você deve ser a senhora Rosa. A senhorita Olga fala muito bem da senhora e diz que é uma cozinheira de primeira linha – elogiou Rubens.

— Ela é muito suspeita para falar, pois gosta de mim – brincou Rosa, enquanto abria um grande sorriso.

Rubens foi em direção a Olga, que ainda segurava o buquê de rosas, e falou:

— Senhorita Olga, se me permite – e sei que não se importará –, darei uma dessas rosas à senhora Rosa.

— Lógico que não me importo – disse ela com um belo sorriso.

Rubens, então, retirou uma flor do buquê e ofertou a Rosa.

— Muito obrigada! E me dê o restante das flores, que providenciarei um vaso com água para elas.

Olga estendeu o buquê a Rosa e agradeceu. Em seguida, Rosa levou o buquê pelo corredor. Todos se sentaram e continuaram a conversar:

— Então, Rubens, você faz pequenos serviços. Como andam os negócios? – perguntou Carlos.

— Senhor Carlos, faço pequenos serviços, sim, porém eles representam ínfima parte dos meus trabalhos. Trabalho com grandes estabelecimentos, como padarias, mercearias, boticários, lanchonetes, dentre outros. Por isso, sempre estou muito ocupado.

Na verdade, quando alguma pessoa me pede um serviço dentro de sua própria casa, não costuma ser muito lucrativo. Mas, como eles foram meus primeiros clientes, não acho justo, nessa hora em que estou melhor, não olhar para eles.

— Entendo. Mas o que seria estar melhor?

— Tenho o suficiente para levar uma vida tranquila.

— E você mora com quem?

— Eu moro sozinho.

— Comprou uma casa?

— Não, senhor Carlos, moro em uma casa de vagas. Porém, estou economizando para comprar uma e, até o fim do ano, pelo que projeto, já terei comprado minha casa aqui mesmo pela sua vizinhança.

— Bom para você.

Nesse momento, Carlos fez uma pausa, e Rubens começou sua oratória, chamando a atenção de todos.

— Senhor Carlos, gostaria de dizer algumas palavras. Todos sabem que respeito muito sua família, que é uma família sustentada e criada com base nos bons costumes, na boa educação e no respeito da sociedade.

Sabemos que houve um fato relevante em sua história que poderia ter levado os senhores a sucumbirem como família: a perda da matriarca, que zela pelos filhos, que educa quanto a vários aspectos importantes.

Esse fato poderia ter retirado a família dos senhores do caminho correto, porém o que se viu foi uma jovem assumir o papel de matriarca, abdicando de sua própria vida, não para substituir, mas para poder cumprir um papel que não seria dela em prol desta família.

E vejo, pelo que se tornou Vinícius e pelo estado desta residência, que a senhorita Olga cumpriu esse papel com excelência. É preciso exaltar que a senhorita Olga tem que seguir seu caminho e formar uma nova família, pois, um dia, Vinícius formará a sua.

E, senhor Carlos, o senhor faltará um dia, e Olga estará sozinha, sem uma família para cuidar dela, assim como o senhor cuida de todos.

É por esse motivo e por tantos outros, os quais levaria o dia inteiro para relacionar, que venho aqui pedir a permissão do senhor, e também a de Vinícius, para que eu possa fazer a corte à tão querida senhorita Olga.

Nesse momento, Olga olhou para o pai e para o irmão. Vinícius se ajeitou na cadeira, provavelmente se sentindo bastante importante para o momento. A tática de incluí-lo na decisão foi muito boa, tornando-o, assim, parte da situação e evitando problemas futuros.

— Senhor Rubens, agradeço as palavras referentes à retidão da nossa família. E, por ela, tenho a dizer agora. Tenho a impressão de que é um bom homem, porém, neste momento, só permitirei que se encontrem aqui em nossa residência, contanto que a casa não se encontre vazia.

Aos domingos, poderão sair à tarde para um passeio pelas ruas da cidade, porém quero que Olga esteja em casa antes do anoitecer. Essas são minhas condições para que possa ver Olga.

— E o amigo Vinícius, concorda com seu pai? – perguntou Rubens.

— Sim, concordo – respondeu Vinícius, com um ar altivo.

— Logicamente, concordo com os pedidos dos senhores para que possa encontrar-me com Olga. Quero que saibam que a respeitarei e a farei muito feliz, pois tenho um sentimento puro por ela. Não vou decepcioná-los.

— Então, Olga, peça a Rosa que sirva logo este jantar, que a hora já se adianta. – pediu Carlos à filha.

Olga se levantou, seguiu para o corredor e providenciou que o jantar fosse servido. Tudo transcorreu da melhor forma possível.

A imagem tornou a escurecer, e pouco depois vimos Olga e Rubens andando pelas calçadas à tarde. Era domingo, pois eles não iriam contrariar o pedido de Carlos e correr o risco de torná-lo contrário ao namoro dos dois. Eles conversavam enquanto caminhavam:

— Rubens, estou preocupada com Vinícius, ele está diferente. Antes, ele só estudava para prestar o exame para a Faculdade de Direito na capital. Agora, ele não está mais estudando.

Vive me espionando, vendo o que estou fazendo, e me pergunta o tempo todo quais são os dias em que nos encontraremos, quando sairemos e aonde vamos. Parece que parou de viver a vida dele e, agora, vive para me controlar.

— Ele só a ama e está preocupado com seus sentimentos. Não quer que sofra.

— Não sei se é só isso, não. Ele está me deixando muito preocupada.

— Sim, mas faz quatro meses que fiz o pedido ao seu pai. Ele ainda está se acostumando. Olga, gostaria de lhe fazer uma pergunta.

— Sim, Rubens, o que deseja?

— Comprarei minha casa nesta ou na próxima semana. E, tão logo a compre, irei à sua casa para pedir sua mão em casamento ao senhor seu pai.

Ao escutar o que Rubens disse, Olga abriu um sorriso de orelha a orelha, emocionando-se e chorando enquanto sorria. Então, abraçou Rubens.

— A senhorita aceita se casar comigo?

— É tudo o que quero neste momento, Rubens! Será meu noivo e me desposará. Prometo fazê-lo o homem mais feliz que já existiu.

Então, Olga permaneceu abraçada a Rubens por alguns instantes, como se não quisesse que o momento acabasse.

Naquele momento, fiquei emocionado e olhei para Fernanda, que também estava emocionada. Pensei no resgate que estava acontecendo. Sei que Olga é Daniel e acredito que Rubens seja Bernadete. Via os dois se amando e se recuperando dos erros antigos e, realmente, o momento foi bastante emocionante. Então, tudo ficou escuro, e a imagem foi reaparecendo.

Estávamos agora no quarto de Olga. Ela estava sentada na penteadeira cuidando dos cabelos, e então ouviu uma batida na porta.

— Quem é?

— Sou eu, Vinícius.

— Pode entrar, meu irmão.

Vinícius entrou e se sentou na cama de Olga. Ficou olhando a irmã se arrumar, até que perguntou:

— Aonde vai?

— Vou me encontrar com Rubens.

— Ele vem aqui em casa hoje?

— Não, vamos sair.

— Mas não é domingo, não pode sair com ele. Aonde vocês irão?

— Nós iremos até uma casa que ele está pensando em comprar. Ele não deseja comprá-la antes de me mostrar.

— E como está o namoro de vocês?

— Vai bem. Vinícius, quero lhe contar algo que está acontecendo – disse Olga, largando a escova de cabelo e virando-se para o irmão. — O Rubens me pediu em casamento e disse que virá pedir a minha mão ao papai tão logo oficialize a compra da casa.

O rosto de Vinícius mudou instantaneamente com aquelas palavras, tornando-se pesado, como se não gostasse da ideia. Ele baixou a cabeça, e Olga, percebendo, levantou-se da cadeira e sentou-se em sua cama, bem ao lado de Vinícius.

Em seguida, colocou a mão no queixo do irmão e levantou a cabeça dele ternamente, fazendo-o olhar para o rosto dela.

— Meu amado irmão, amo-o como um filho, como um irmão e como um amigo. Nunca deixarei de amá-lo e sempre estarei aqui pra cuidar de você, até que, um dia, uma jovem possa passar a fazer esse papel. Porém, ainda assim, estarei por perto. Nunca vou deixá-lo.

— Mas, Olga, não sei o que acontece comigo. Gosto de Rubens, aliás sempre gostei, e tenho uma empatia enorme por ele, porém me incomoda muito vê-los juntos. Não sei realmente o que é. Não quero vocês juntos, porém quero que você seja feliz. Mas não quero que esteja com Rubens.

— Isso é natural, meu irmão. Vê Rubens como se fosse um inimigo que quer me tirar de você. Mas isso não vai acontecer, porque eu o amo.

— Se me ama mesmo, pode terminar com Rubens e fazê-lo, assim, apenas um amigo da família, pois não quero ter distância dele. Porém, não quero ver vocês juntos.

— Meu irmão, não me peça isso. Eu amo o senhor Rubens e quero estar com ele pelo resto da minha vida. Por favor, dê-me um abraço. Peço que torça por mim, pois serei feliz se conseguir casar-me com Rubens. Serei feliz ao lado dele e para sempre o amarei também.

Os dois se abraçaram, mas Vinícius não ficou mais tranquilo com as palavras de Olga, parecendo preocupado.

— Bem, já está tarde. Preciso ir, senão me atrasarei.

— Tudo bem, bom passeio.

Olga se levantou, saiu pela porta do quarto que dava no corredor e foi ao encontro de Rubens no local indicado.

A imagem se desfez e, quando retornou, vimos Olga subindo as escadas de sua casa. Ela contornou a casa e entrou pela porta dos fundos. Na cozinha, Rosa estava cozinhando algo no fogão e logo avisou:

— Boa noite, minha querida. Você demorou tanto, que o senhor Carlos já chegou. Ele não ficou nada satisfeito com a sua ausência.

— Papai já está em casa? – perguntou Olga, com um rosto bastante preocupado. — Queria ter chegado antes dele. Não para esconder minha saída, porém para que pudesse conversar com ele sem que começasse a conversa chateado.

— Ele está na sala, deve estar esperando por você.

— Então, vou direto para lá.

Olga caminhou até chegar à sala de estar. Lá encontrou o pai, que, com a chegada de sua filha, nem a olhou diretamente e prontamente falou:

— É assim que se aproveita da minha confiança? Sai nos horários em que não estou em casa?

— Não, papai. Foi a primeira vez que fiz isso. E só fiquei sabendo que teria que fazer hoje mesmo. Depois que saiu, Rubens mandou um garoto de recados para pedir que eu me encontrasse com ele na praça, pois ele queria me mostrar a casa que quer comprar.

E ele precisava disso com urgência, pois quem iria mostrar a casa para nós só poderia fazer isso hoje. E, assim que o senhor chegasse, eu iria contar. Não iria nunca me aproveitar da sua confiança, fazendo algo que pudesse perdê-la.

Sabe quem sou e o quanto tenho de responsabilidade. Também sei que, se escondesse do senhor tal fato, uma hora o senhor acabaria descobrindo, pois, em cidade pequena, os ventos levam as notícias de ouvido em ouvido, e o povo já iria maldizer e levá-las até o senhor. Mas, se eu contasse antes, quando chegasse aos seus ouvidos pela boca dos outros, o senhor já saberia e explicaria que não houve problemas.

Pode ter certeza de que não fiquei sozinha dentro da casa com Rubens, sabe que sou correta.

— Sim, minha filha, é correta, e sei disso, mas fez errado em não me avisar. Não deveria ter ido, e sim recusado.

— Mas era urgente, papai.

— Poderia ser urgente, mas descumpriu uma ordem e está errada. Sabe que deveria ser punida por isso, não é mesmo?

— Mas papai, por que me puniria?

— Primeiro, para que me respeite da próxima vez. Segundo, porque o exemplo ruim que está dando ao seu irmão não pode ficar impune, pois assim ele achará que não haverá problema em me desrespeitar.

— Bem, papai, faça o que desejar.

— Sim, minha filha. Está proibida de ver o senhor Rubens por quinze dias.

— Mas, papai, ele quer vir conversar com o senhor no próximo domingo.

— Marque para o domingo posterior ao seu castigo.

— Está bem, papai, farei o que me pede – Olga falou em tom de tristeza e com os olhos voltados para baixo.

Depois do período de afastamento imposto por pelo pai, a família estava novamente sentada à mesa, já com Rubens ali presente também.

— Senhor Carlos, espero que tenha aceitado meu pedido de desculpa. O erro foi todo meu. A senhorita Olga agiu com o coração.

Em seguida, virou-se para Olga e falou carinhosamente:

— Sabe que tem um grande coração, não é mesmo, senhorita Olga?

E, tornando a falar com Carlos, continuou:

— Gostaria de informar que comprei a casa da senhora Augusta, ao lado da praça.

— A senhora Augusta que veio a falecer? – perguntou Carlos.

— Sim, a família resolveu vender. Sem ela, que era muito querida, a casa ficou muito vazia, tanto física quanto emocionalmente, já que ninguém mais morava lá com ela.

— Sim, entendo. Cheguei a pensar em vender esta casa quando Dulce nos deixou. Até hoje, ao sentar à mesa, vejo seu lugar vazio e sinto o mesmo vazio dentro de mim. Não é fácil, e eu os entendo.

— Pois então, fechei o negócio, e o castigo à senhorita Olga até que veio a me favorecer, pois, em meus tempos livres, pude fazer as burocracias de transferência e a regularização dos documentos. Porém, a saudade da senhorita é algo doloroso, como uma faca que penetra meu abdômen.

Percebo hoje que já não posso viver sem a senhorita Olga ao meu lado. Por isso, aproveito esse momento para pedir, encarecidamente, que possa me dar a mão de sua filha em casamento, tornando-me mais um membro de sua família e, assim, podendo chamá-lo de meu sogro.

Na hora em que Rubens falou a frase *como uma faca que penetra meu abdômen*, estremeci e lembrei-me de imediato do que acontecera na primeira vida descrita aqui neste livro, quando Bernadete se matara com um golpe de uma faca direto em sua barriga. Mas não quis perder o que estava acontecendo à minha frente e voltei a me concentrar nos acontecimentos.

— Senhor Rubens, é um homem muito direito e sério. Eu não poderia ter sorte maior. Será uma honra poder lhe entregar minha filha para que possa constituir uma família e será uma honra também tê-lo como genro.

Rubens, que estava sentado ao lado de Olga, virou-se para ela, retirou uma caixinha preta do bolso, abriu-a e mostrou em sua direção, revelando a todos duas lindas alianças.

— Senhorita Olga, poderia me dar a honra de desposá-la? Prometo lhe ser fiel e fazê-la feliz até o fim de meus dias.

— Sim! – disse Olga com os olhos cheios de lágrimas e um imenso sorriso.

Nesse momento, Vinícius estava com uma expressão séria, mas não raivoso. Apenas sério. Carlos, ao contrário do filho, demonstrou felicidade em seu semblante. Ele propôs um brinde e chamou Rosa em tom alto para que brindasse também com todos.

A imagem escureceu novamente. Em seguida, vimos Olga, em seu quarto, vestida de noiva. Estava linda! Tudo parecia caminhar para um lindo casamento. Pela janela, vi que era um dia lindo, sem qualquer nuvem no céu.

Rosa ajudava a dar os últimos detalhes para que tudo saísse perfeito. Ao terminar, Olga foi à penteadeira e ela mesma começou a se maquiar. Escutamos batidas à porta e, então, Olga perguntou:

– Quem é?

— Sou eu, Vinícius.

— Pode entrar, meu irmão.

Vinícius entrou no quarto de Olga muito bem-vestido, com um terno bem-alinhado, e falou à irmã:

— Minha irmã, por favor, não se case com Rubens.

— Por que não me casaria com Rubens? Dê-me um motivo racional, e juro que analiso seu pedido.

— É só porque não quero que se case com ele, só isso. Eu não quero os dois juntos.

— Mas, meu irmão, Rubens e eu nos amamos! Eu serei muito feliz com ele e o farei feliz também.

— Eu não sei o que é, Olga, porém não aprovo a sua união com ele.

— Mas o papai aprova. Eu o amo e ele me ama. O que mais precisa?

— Não sei, Olga. Se você se casar com ele, vou aceitar, mas prefiro que não se case.

— Ora, Vinícius, fique tranquilo. Essa angústia vai passar. Rubens entrará para a família, e você gostará dele, tenho certeza disso.

— Eu gosto dele, essa não é a questão. Eu, na verdade, não sei qual é o problema.

— Pare de bobagem, meu irmão. Vamos em frente. Vá acabar de se arrumar, que ainda tenho que terminar minha maquiagem.

Vinícius saiu do quarto enquanto tudo ficava escuro. Em seguida, a imagem clareou, e vimos Olga na frente de uma casa diferente. Ela mexia no jardim com uma espátula, plantando e replantando várias mudas. Então, uma voz conhecida se fez ouvir por trás de Olga:

— Olá!

Olga se virou e viu Vinícius no portão. Ao se levantar, imediatamente retirou as luvas de proteção que usava e foi em direção ao irmão.

— Vinícius! Quanto tempo, meu irmão! Estava com muita saudade.

— Eu também, Olga.

— O que o traz aqui hoje?

— Quero convidá-la para um piquenique amanhã de manhã.

— Ah, meu irmão, seria ótimo! Mas vamos marcá-lo para outro dia. Aos domingos, levanto cedo para ir à feira enquanto Rubens dorme, pois é o único dia em que ele pode dormir até mais tarde.

— Tudo bem, então. Podemos marcá-lo para um dia da semana? Ou, quem sabe, irmos só nos dois.

— Está certo. Verei o melhor dia e o avisarei para que possamos ir.

Tudo escureceu e clareou em seguida.

Olga dormia em seu quarto na casa nova, e Rubens dormia ao seu lado. O quarto era consideravelmente grande. Havia vários móveis e uma penteadeira mais imponente do que a que ela tinha em sua casa antiga. Olga acordou e pareceu sentir um pouco de dor. Com a movimentação, Rubens acordou e, preocupado, perguntou:

— O que está acontecendo?

— Estou com muitas cólicas. Mas já me levanto, tenho que ir à feira.

— Não sairá deste quarto hoje de maneira alguma. Vou esquentar uma água para você colocar panos quentes sobre a barriga.

Então, Rubens se levantou e saiu do quarto enquanto Olga se deitou novamente. Vez ou outra, ela se contorcia de dor enquanto aguardava. Rubens trouxe uma chaleira e alguns panos brancos, despejou um pouco de água em um dos panos e o colocou em cima do ventre de Olga.

— Minha querida, hoje eu é que irei à feira. Estou de saída.

— Mas, Rubens, é seu dia de dormir.

— Não, meu amor. É o *seu* dia de dormir. – Sorriu com ternura para Olga.

Então Rubens saiu do quarto, e Olga relaxou, fechando os olhos. Em seguida, voltou a dormir. Passado algum tempo, Rubens entrou correndo pela porta. Sua roupa estava escurecida, como que empoeirada, e seu rosto estava coberto de sujeira.

— Vamos, Olga, acorde! A casa está pegando fogo! – gritou, enquanto corria para pegar Olga.

— Pode deixar, eu consigo caminhar – falou Olga, já indo em direção à porta.

Eles saíram juntos do quarto. Do lado de fora, a sala estava em chamas e não oferecia nenhum lugar por onde eles pudessem escapar. Rubens voltou ao quarto, despejou a água da chaleira, que já estava fria, em um cobertor e cobriu ambos. Ao fazer isso, percebeu que as pernas dos dois ficaram de fora. Então, ele saiu debaixo do cobertor e cobriu apenas Olga.

Em seguida, abraçou-a e gritou para ela que corresse. Ela o fez, e Rubens correu ao seu lado pelo meio das chamas, sempre a guiando até a porta da frente. Quando finalmente conseguiram sair da casa, Rubens soltou Olga. Ele tinha chamas no cabelo e na roupa. Imediatamente, jogou-se no chão urrando de dor.

Olga, ao ver a cena, correu e cobriu Rubens com o cobertor, apagando o fogo que o queimava. Ela gritava por socorro enquanto Rubens permanecia parado, como se estivesse inconsciente. Olga, então, levantou-se e saiu correndo pelo portão, gritando por ajuda.

Logo apareceram vizinhos, que começaram a ajudar com baldes d'água e mangueiras. Alguns também tentaram ajudar Rubens. Pouco depois, um carro de socorro chegou para transportar Rubens. Olga também entrou no carro, e eles foram embora.

A imagem tornou-se preta e, quando voltamos a enxergar, vimos Olga, toda vestida de preto. Ela estava no seu quarto antigo, na casa do pai. Ela se levantou e caminhou até o quarto dele.

Chegando lá, foi até o armário e pareceu procurar alguma coisa. Pouco depois, pegou uma caixa e voltou ao próprio quarto. Entrou, fechou a porta e sentou-se em sua cama. Em seguida, abriu a caixa.

Quando vi o que havia lá dentro, olhei espantado para Fernanda, que estava com um braço cruzado na frente do corpo e a outra mão tampando a boca. Percebi que ela chorava nesse momento, como eu, bastante emocionada, pois, até então, tudo estava dando certo nesta encarnação, e o amor de Rubens e Olga os faria viverem uma boa vida. Rubens morreu por amor a Olga, salvando-a.

Então, voltei a olhar para Olga. Ela estava retirando um revólver de dentro da caixa. Em seguida, colocou as balas no tambor, fechou e apontou contra a própria cabeça.

Ela chorava. Pediu perdão à mãe e apertou o gatilho. Um tiro forte e seco ecoou, e Olga caiu morta em cima de sua própria cama.

Tudo ficou escuro e, quando vimos, estávamos novamente no quarto de Daniel na colônia. Vi Bruno à minha frente, Fernanda ainda ao meu lado e Flávio com as mãos postas sobre a cabeça de Daniel, que parecia estar dormindo.

— Vamos, está na hora. Flávio acabará seu trabalho – disse Bruno, e foram saindo do quarto.

No corredor, Fernanda segurou meu braço com as duas mãos, muito abalada. Chegando à sala, dona Ermelinda já estava à nossa espera. Sobre a mesa, encontravam-se quatro copos de suco. Bebi o meu e fui acompanhado por todos. Imediatamente, Fernanda ficou espantada com o sabor.

— Nossa, como é bom!

Ri e concordei com ela. Eu também aprecio muito o suco de dona Ermelinda e não sou tão chegado em sucos. Na verdade, costumo preferir água, mas não aqui.

— Como fomos por hoje? – perguntou dona Ermelinda.

— Tudo de acordo. Tivemos uma regressão a outra vida de Daniel para poder esclarecer por que ele hoje nasceu com paralisia cerebral – respondeu Bruno.

— Hoje, vocês reviveram a vida de Olga e Rubens, não é mesmo?

— Sim, vimos a vida dos dois. Agora, se nos permite, precisamos ir, pois ainda conversaremos sobre essa encarnação dele e não temos muito tempo.

— Logicamente. Vocês voltarão um outro dia?

— Mas é claro que sim! Nosso laço de amizade será eterno. Porém, neste projeto não sei se será permitido voltarmos.

— Então, deixe que eu me despeça de vocês. Realmente, foi um grande prazer. Agradeço, imensamente, por mais essa oportunidade em nos ajudar.

Dona Ermelinda deu um abraço em cada um e agradeceu a todos até chegar a mim:

— Muito obrigado por tudo o que fazem.

— Dona Ermelinda, sentirei muita falta da senhora, principalmente porque me faz lembrar da minha avó. A senhora transborda amor pelo Daniel, e acho isso fantástico. Além disso, trata-me com esse amor imenso que tem pelas pessoas. Sou eu quem tenho que agradecer a Deus pela oportunidade que tenho.

Preciso agradecer também ao meu amigo Bruno e à minha grande amiga Fernanda, que não me deixou fraquejar em nenhum momento e sempre esteve me apoiando e me ajudando no exercício da fé.

E, claro, agradecer à senhora e ao Daniel, com quem tive pouco contato. Muito obrigado! – respondi com a voz embargada.

Então, dona Ermelinda me abraçou, e chorei. Após nos despedirmos, Bruno nos chamou e saímos. Do lado de fora, estendeu uma mão para mim e outra para Fernanda. Demos as mãos e voltamos para uma das praças da colônia espiritual do Bruno. Ele se sentou em um dos bancos, e eu me sentei ao seu lado. Fernanda, entretanto, sentou-se no chão à nossa frente.

— Por que não se senta ao nosso lado? – perguntou Bruno.

— Estou bem aqui. Gosto de me sentar no chão, de verdade!

— Bruno, vamos falar da existência que acabamos de presenciar? É sabido que Olga foi uma das reencarnações de Daniel, então suponho que Rubens foi uma das reencarnações de Bernadete, e Bá, o irmão de Olga, Vinícius. Correto? – perguntei.

— Na verdade, não. Vamos recapitular tudo o que vimos. Na primeira encarnação, Daniel era Joaquim, senhor de engenho, e Bernadete e Bá, suas escravas. Na segunda, Daniel encarnou como Bento, escravo de sua anterior família, Bernadete como Branca, filha de Laura, e Bá como Mauro, pai de Branca.

Já na terceira encarnação, vimos Daniel reencarnar como Rodolfo. Bernadete, por sua vez, reencarnou como Júlia. Bá não estava presente fisicamente nessa vida, pois era o filho abortado por Júlia, então agiu como um espírito obsessor.

Nessa última regressão, Olga, logicamente, era Daniel. Rubens, de fato, era uma das reencarnações de Bernadete. Bá, na verdade, era Carlos, o pai de Olga.

— Oi?! – disse Fernanda, espantada. — Espere aí! Você está me dizendo que Carlos era a Bá? Mas eu também achei que ela era o Vinícius! Carlos não me pareceu ter uma participação tão grande para ser a Bá. Quero dizer, não estou duvidando, pois, se você diz que foi ele, com certeza foi. Mas não entendo. Então, quem era Vinícius?

— Sim, Fernanda, Carlos era uma das reencarnações do espírito de Bá. Ele teve bastante influência nessa vida do casal, pois usou Vinícius o tempo todo para que Olga não se casasse com Rubens. E Vinícius é um espírito conhecido neste projeto. Em outras vidas, reencarnou como o feitor que matou Bento e como Madame Lia.

Nessa hora, olhei para Fernanda. Ela apertou os lábios e balançou a cabeça de leve, fazendo sinal de positivo para mim. Pouco tempo antes, em uma de nossas conversas após a regressão da vida de Rodolfo, falei a ela que suspeitava que

Madame Lia era o feitor presente na vida de Bento. Então, Bruno prosseguiu, parecendo ler minha mente:

— Sim, Andre, você intuiu muito bem esse fato. Com certeza, sentiu sua energia. O espírito de Vinícius precisava refazer seu relacionamento com Bento, compromissos adquiridos em outras vidas e, posteriormente, com o casal Júlia e Rodolfo. Então, nessa vida, veio como o irmão de Olga.

Inicialmente, Vinícius estava indo muito bem. Porém, Bá exerceu uma pesada influência sobre ele, conforme já tinha feito em outras vidas. Primeiro, como Mauro, seu patrão na fazenda. Depois, como obsessor, influenciando Madame Lia. Dessa vez, como Carlos, ele mandava Vinícius tomar conta de Rubens e Olga o tempo todo.

Dizia constantemente que, se Rubens se casasse com Olga, Vinícius a perderia para sempre. Sem perceber, Vinícius foi sendo moldado a fazer de tudo para que os dois não ficassem juntos, até o dia em que Carlos o convenceu a levar gasolina para a casa dos dois e atear fogo enquanto Rubens estivesse sozinho na casa.

Porém, quando fez isso, um imprevisto aconteceu. Olga, que ia sempre à feira aos domingos e deixava Rubens dormindo, ficou em casa por causa das cólicas, justamente no dia em que Vinícius resolveu pôr em prática o plano de Carlos. Então, quem saiu cedo foi Rubens.

— Meu Deus do Céu! Bá nunca perdoou o que aconteceu! Ela não evoluiu e só piorou a situação. Pelo menos, nessa encarnação, Carlos amou Olga, que era o espírito de Daniel – falei.

— Na verdade, não. Ele era emocionalmente indiferente. Achava que, por ela ser mulher, sua empatia por ela não era tão grande. Na verdade, era uma situação muito cômoda para ele, já que não se casou de novo após a morte de Dulce. Já com Vinícius, Carlos tinha uma afinidade muito maior e sentia amor por ele.

— Mas e quanto a Rubens? Ele foi Bernadete, porém, nessa vida, Rubens provou ter perdoado o espírito de Olga, não é mesmo? – perguntou Fernanda.

— Sim, Fernanda. No momento em que Rubens deu sua vida para salvar a de Olga, ele se redimiu de todos os erros que impôs ao espírito de Daniel e provou que perdoou verdadeiramente o que foi feito no passado.

— Mas, se Bernadete anulou todos os carmas com o espírito de Daniel, como ela participa da atual vida de Daniel, ainda encarnado no plano físico? – perguntei, intrigado.

— Isso nós veremos mais para a frente, mas você está indo por um caminho correto.

— Ai! Preferia que não tivesse dito isso. Agora estou muito curioso – eu disse ao amigo Bruno, que sorriu com Fernanda. — E Olga? Se ela era o espírito de Daniel, que já havia sido tratado como suicida inconsciente na passagem como Rodolfo, o que aconteceu com o seu espírito, que agora praticou o suicídio consciente?

— O suicida impulsionado por um sentimento de paixão é duplamente transgressor. Primeiro, por conta do medo de enfrentar o carma que necessita viver para aprender. Segundo, pela falta da crença em Deus.

O suicídio com maior repercussão negativa para o espírito é o que provém do desespero e do egoísmo. São espíritos que, por acharem que não serão capazes de aguentar os desígnios de sua vida, pensam somente neles mesmos.

— E aquele que recorre a ele por vergonha de algo que fez e pelas consequências que sofrerá?

— O suicídio resolverá o problema? Por acaso, ele possibilita o reaprendizado diante dos erros cometidos? Certamente, não. Muito pelo contrário: em vez de um erro, serão dois. Quando o indivíduo pratica o mal, tem que estar preparado para reparar os desacertos acumulados com o ato praticado. O carma ou o aprendizado que tinha que ser cumprido não é sanado pelo suicídio.

Algumas pessoas acham que estão se punindo ao se suicidar e, por isso, acreditam que anularão seus carmas dessa maneira. Isso é pura ilusão. Esses indivíduos só aumentam os carmas a serem cumpridos em outra vivência, além de estarem submetidos a sofrer muito mais para vivê-los, o que faz muitos voltarem a repetir esse erro.

— Então, é comum o espírito cometer esse erro mais de uma vez?

— Sim, Andre. Infelizmente, sim. Como não temos a lembrança das vidas passadas, para que elas não influenciem nas encarnações atuais, muitas vezes o espírito opta por um caminho que julga mais fácil por achar que, na vida espiritual, não terá os sofrimentos da vida no plano físico, o que é um grande erro.

Se fizermos o bem, mais rápido chegaremos a uma condição espiritual melhor. Porém, tirando a própria vida, adiamos essa chegada. E o espírito que comete esse ato deve reencarnar para terminar o que tinha que fazer na reencarnação anterior.

Muitas vezes, esse ato vem da falta de coragem que o espírito traz consigo, fazendo-o repetir diversas vezes o suicídio. Em um dos livros escritos sobre Chico Xavier[14], há o relato de que uma mãe veio até ele e explicou que seu filho nascera surdo, mudo, cego, sem os dois braços,

---

14   *Chico, de Francisco* - Adelino da Silveira.

e que, naquele instante, ele estava com uma doença grave nas pernas e que os médicos haviam indicado a amputação de ambas para que, dessa forma, ele não morresse.

Enquanto Chico pensava no que falar a essa mãe, Emmanuel falou o seguinte em seu pensamento: "Diga à nossa irmã que o filho que carrega hoje em seus braços suicidou-se nas dez últimas encarnações e que, antes de nascer, concordou que fossem retiradas todas as possibilidades de cometer outro suicídio. Agora, com a proximidade de seu aniversário de cinco anos de idade, ele tem vontade de procurar um rio ou um precipício para cometer mais um suicídio. Então, diga-lhe que os médicos estão certos. Ele terá que perder as duas pernas, e será para o seu próprio bem.".

— E aqueles que não têm conhecimento do que é a lei de causa e efeito, de que verdadeiramente precisam passar por certas experiências dolorosas em seus carmas para cumpri-los? Também são tratados da mesma maneira? – perguntou Fernanda.

— E se eu perguntar o seguinte: caso alguém infrinja uma lei terrena por desconhecimento, essa pessoa deixará de sofrer as consequências? Com a lei divina também é assim. Esse indivíduo poderá ter uma pena mais branda, porém não deixará de cumpri-la.

— Rubens, de certa forma, matou-se para salvar Olga, não é mesmo? Como você mesmo disse, ele anulou os carmas com Daniel. Então, esse ato não pode ser considerado suicídio. Pelo menos, é o que eu acho. Estou certa, não estou?

— Esse é um ato de amor puro a alguém conhecido e, às vezes, aos desconhecidos. É simplesmente puro amor ao próximo, o que é sublime. No caso de Rubens e Olga, o sacrifício de Rubens não constituiu suicídio.

Quando o sacrifício é inútil, ainda mais motivado por qualquer tipo de orgulho, ele é considerado suicídio. Quando o sacrifício provém do sentimento de caridade, não pode ser considerado suicídio, e sim um ato de amor à vida, o que é estranho de se dizer, já que ele entrega a sua própria vida para salvar outra.

Mas, no momento do ato, é praticamente impossível de se pensar. Antes desse tipo de sacrifício, o indivíduo deveria analisar se sua vida não seria mais importante do que sua morte. É uma atitude simples, mas bem difícil de ser adotada.

Vou dar um exemplo extremo. Um pai e dois filhos pequenos se encontram perdidos em uma floresta. Eles se deparam com uma situação de perigo em que um dos filhos irá morrer. Este pai poderia salvar o filho dando a sua vida em troca. Porém, pergunto-lhes: ele deveria fazê-lo?

Na mesma hora, pensei que sim. Eu faria qualquer coisa para salvar meus filhos, até mesmo entregar minha vida. Entretanto, Bruno continuou:

— Logicamente que não, pois, ao dar a sua própria vida para salvar a vida de um filho, o pai estará condenando as três vidas, pois quem cuidaria das duas crianças depois? Então, o preferível seria deixar que um filho morresse para que o pai e o outro filho sobrevivessem.

Eu sei que é muito difícil de imaginar isso. Mas lhes garanto que seria a melhor forma e, provavelmente, esse seria o carma a ser cumprido.

— Acho que eu falharia nesse carma – disse Fernanda.

— Eu também. Eu tentaria, de todas as formas, salvá-los e sobreviver. Mas falharia, definitivamente – falei, logo depois de Fernanda.

— Eu sei bem disso. Muitos não conseguiriam por amarem demais. Sei que é muito difícil – disse Bruno.

— E, nesse caso, o pai seria considerado culpado pela morte de um dos filhos? – perguntou Fernanda.

— Considerado responsável, sim. Porém, não sofreria por isso, pois, como o Andre bem disse, ele não queria se matar para salvar o filho, apenas queria salvar a todos. Mas, de qualquer maneira, o comprometimento pelo fato de os três terem morrido seria dele. Porém, esse carma, logicamente, é extremamente abrandado pela situação.

— E quando, por exemplo, uma pessoa está em um incêndio no alto de um prédio? Vendo que a morte será inevitável, ela se atira. Ela é considerada suicida? – pergunta Fernanda.

— Não há culpa quando o fazem tentando sobreviver. Muitos se atiram tentando não morrer, por achar que algum milagre os salvará ou por achar que conseguirão se segurar em alguma coisa. Esses não são considerados suicidas.

Entretanto, se, no meio de um incêndio, o indivíduo se mata porque sabe que não sobreviverá, dando um tiro na própria cabeça, por exemplo, ele será considerado suicida. Sofrerá como um ao voltar dessa maneira para o plano espiritual, e esse tiro em sua cabeça trará consequências em outra vida.

— E as pessoas que se matam esperando encontrar entes queridos que já fizeram a passagem?

— Em vez de se encontrarem com esses que lhes foram caros, afastam-se por um longo tempo, tornando muito maior o sofrimento de ambos. Esse é um suicídio de covardia e egoísmo e suas consequências são muito duras no plano espiritual.

— Todo suicida passa por um sofrimento grande quando chega ao plano espiritual ou existe alguma exceção a essa regra? – perguntei.

— Tudo é analisado, Andre. Todos os méritos adquiridos durante a vida, a caridade que foi prestada, tudo é levado em consideração. Mas, sim, todos os que são considerados suicidas sofrem no mundo espiritual.

Ao reencarnar, recebemos uma carga de fluido vital. Ao interromper a própria vida, esse fluido ainda não foi extinto e, muitas vezes, pode-se levar vários anos para que isso aconteça. Na maioria das vezes, devemos aguardar os fluidos se extinguirem para podermos ajudar.

— Eles vão para o Vale dos Suicidas[15]?

— As regiões chamadas de Vale dos Suicidas são áreas de socorro, e alguns dos indivíduos que vão para lá já estão sendo acompanhados. Quando esses fluidos estão prestes a se extinguir, eles já são capazes de entender seu estado e de pedir ajuda e misericórdia.

É nesse momento que os ajudamos e os levamos para os hospitais, ambulatórios ou clínicas de recuperação no plano espiritual. Mas, muitas vezes, eles ficam pelo limbo ou na própria crosta terrestre. Há também os casos em que esses indivíduos permanecem sendo vampirizados por espíritos trevosos.

Para finalizar esse assunto, Bruno disse uma frase que ficou gravada na minha cabeça:

— Posso lhes garantir, meus irmãos, que o suicídio nada repara.

---

15   Esse vale foi apresentado com detalhes na obra *Memórias de um suicida*, pelo espírito Camilo Cândido Botelho, psicografado por Ivone do Amaral Pereira.

Ficamos calados durante alguns instantes, pensando em todos os ensinamentos que recebemos naquele momento. Também pensei em como é impressionante o quanto este projeto tem nos ensinado e em como espero, do fundo do meu coração, que ajude muitas outras pessoas.

Bruno, com sua grande habilidade de ler nossos pensamentos, falou:

— Tenho certeza de que ajudaremos as pessoas. Mas, se ajudarmos pelo menos uma com nosso projeto, já terá valido a pena. E já valeu a pena, pois pergunto aos dois: este projeto mudou de alguma maneira a forma como pensavam ou até mesmo como agiam?

— Sim, mudou muito meu entendimento, agora penso de outra forma. Minha vida teve uma grande mudança e posso sentir isso verdadeiramente – eu disse ao Bruno.

— Exatamente, concordo plenamente com você. Alguns conceitos que eu tinha como certos dentro de mim mudaram e estou aprendendo muito. De certa forma, também me mudou bastante – declarou Fernanda em seguida.

— Então, irmãos, certamente já valeu a pena. Porém, ajudaremos muitas outras pessoas. Eu garanto.

Irmãos, temos que nos despedir. Logo, terão suas obrigações terrenas a cumprir e precisam descansar. Vocês ainda receberão energizações de guias espirituais para amenizar os efeitos desta nossa jornada.

— Bruno, só falta a vida atual agora, não é mesmo? – perguntei.

— Sim. Agora estamos quase finalizando. Provavelmente, teremos apenas mais um encontro para completarmos este projeto.

— Eu estarei de volta para esse encontro? – questionou Fernanda.

— Provavelmente não. Mas não faltarão outras oportunidades de nos encontrarmos.

— Mas fui mal hoje? Fiz algo de errado? – Fernanda insistiu, com semblante entristecido.

Depois de um leve sorriso, Bruno respondeu com ternura:

— Certamente que não foi mal, muito pelo contrário. Foi maravilhosa a sua participação no trabalho hoje. Fez perguntas pertinentes e importantes e verá que a escrita desta passagem fluirá melhor, pois eu a intuirei de forma muito mais fácil.

Mas, veja, eu não disse que você não participará, disse apenas que provavelmente não estará presente. Mas sua presença só engrandeceu nosso encontro. Muito obrigado, Fernanda.

Olhei para Fernanda, e ela estava com os olhos marejados. Despediu-se:

— Eu que agradeço a vocês por tudo. Não só por isso, mas por estarem na minha vida. Por todos os momentos que me proporcionaram, por todo o crescimento que estou tendo e também por toda a proteção.

Então, levantamo-nos, e eu abracei meu amigo Bruno, e me despedi:

— Muito obrigado, Bruno. Já estou ansioso pelo próximo encontro.

— Em breve, vamos nos encontrar.

Fernanda abraçou Bruno e, em seguida, abraçou-me e agradeceu:

— Obrigada, viu? Por tudo! Eu espero lembrar, pelo menos, que não estou mais chateada com você – brincou, rindo para mim.

— Não precisa agradecer. Também estou bastante feliz. Se você não lembrar, tenho certeza de que logo faremos as pazes, pois, se fizemos aqui, certamente faremos lá também – retribui, também sorrindo.

— Que a paz de nosso Pai esteja em vossos corações. Estejam bem, e até um próximo encontro. Vão com Deus – despediu-se Bruno.

Depois disso, não me lembro de mais nada. Quando acordei, esperei a hora em que eu tinha certeza de que Fernanda já estaria acordada e perguntei se ela se lembrava de algo sobre nosso encontro. Como esperado, não lembrava e me respondeu secamente. Mas eu não estava mais chateado com ela e perguntei se eu poderia escrever sobre o encontro e mandar o texto a ela por e-mail.

Imaginei que as palavras de Bruno, que amoleceram nosso coração, fariam efeito mais uma vez. Na verdade, eu sabia que funcionaria, pois havia funcionado antes.

Então, assim o fiz: escrevi rapidamente sobre a parte em que nos reconciliamos e enviei a ela. Novamente, pedimos desculpa um ao outro pela briga e ficamos bem. Ela ficou muito feliz em saber que havia participado da regressão.

Dessa vez, escrevi como nunca havia escrito antes. Finalizei toda a parte da última regressão em menos de uma semana. Demorei cinco dias, para ser mais exato. Para "variar", estou muito ansioso pelo próximo encontro.

Fernanda acredita que fui rápido para que eu não confunda o que ocorrerá no próximo encontro, que deve estar perto de acontecer, com o que acabamos de ver. Bruno deve ter me ajudado a escrever o mais rápido possível.

— Que venha o próximo encontro. Já estou preparado para ele e muito feliz com a proximidade de um novo "passeio". E, principalmente, com a finalização deste projeto.

CAPÍTULO 10

O Resgate

13 de novembro de 2014.

Acordei cedo e fui trabalhar. Hoje foi um dos dias em que trabalhei apenas até as 11h. Depois do trabalho, fui ao mercado e, de lá, falei com a Fernanda pelo celular. Conversamos sobre vários assuntos, inclusive sobre a nossa ansiedade pela publicação do livro.

Fiquei extremamente feliz com a nossa conversa e com a proximidade do fim do projeto. Fui para casa, almocei e senti um sono incontrolável.

Deitei-me e programei o despertador para me acordar uma hora depois, pois não queria perder a tarde dormindo, principalmente porque ainda tinha que buscar meus filhos na escola. Então, dormi.

Desdobrei, mais uma vez, até a colônia do nosso amigo Bruno. Ele me recebeu com seu sorriso terno.

— Olá, Bruno! Como estou contente em vê-lo! Você sabe que estou ansioso, não é? Será hoje que faremos a última etapa do livro?

— Também estou feliz, caro amigo. Sim, será hoje que finalizaremos este projeto.

— A Fernanda participará?

— Hoje a Fernanda não poderá participar, pois ainda está em seu trabalho terreno agora à tarde, e temos pouco tempo.

Primeiramente, vamos conversar sobre o período em que Olga, Carlos e Vinícius estiveram aqui no plano espiritual. Depois, falaremos um pouco sobre a atual encarnação de Daniel. E, por fim, vivenciaremos o momento de seu desencarne, que está prestes a acontecer.

Verá como ocorre o desligamento da alma com o corpo e como recebemos o espírito recém-desencarnado.

— Nossa! Será bastante intenso, então. Sinceramente, fico feliz por Fernanda ter me contado que estava chegando a hora do desencarne de Daniel. Dessa forma, tive tempo de me acostumar com essa ideia. Acho que, se eu só soubesse disso hoje, ficaria muito abalado. Não sei se me sentiria bem para vivenciar essa experiência sem poder me acostumar previamente a ela.

— Com certeza, eu não lhe contaria hoje, mas no último encontro, durante as nossas conversas posteriores à regressão da última vida de Daniel. Mas Fernanda adiantou-se e lhe contou, o que não foi um problema, pois, quando ela decidiu contar, vários guias estavam presentes para ajudá-lo a receber a notícia. Na verdade, foi bom porque vocês estavam dentro do centro onde trabalham.

Em que lugar você estaria melhor protegido para receber tal notícia? Então, de certa forma, foi permitido que ela falasse. Do contrário, ela seria influenciada a não contar.

— Fico feliz ao ouvir essa explicação, pois essa certamente é uma preocupação que ela tem, de talvez ter feito algo que não deveria. Creio que assim ela ficará mais tranquila.

— Andre, a Fernanda tem que acreditar mais na intuição dela quanto ao que realmente acredita. Ela já melhorou bastante nisso, porém precisa se aperfeiçoar um pouco mais. Mas vamos aos fatos que nos trazem aqui hoje.

— Sim, vamos começar, então – concordei, embora sentindo um pouco daquela ansiedade que ainda não aprendi a controlar.

— Vamos aos fatos que levaram Daniel a reencarnar dessa forma agora. Certamente, sua reencarnação teve que ser adiada pela forma como Olga tirou a própria vida: com um tiro na cabeça.

Olga, assim que desencarnou, não conseguia entender onde estava. Sentia muitas dores na cabeça, e havia muitos espíritos trevosos atormentando-a, pois, quando uma pessoa se suicida, nós, guias espirituais, não podemos fazer o desligamento da alma de seu corpo.

Na maioria dos casos, os espíritos trevosos fazem esse desligamento da maneira deles, com o intuito de vampirizá-los, escravizá-los por interesses momentâneos ou, até mesmo, por vinganças com origens em outras vidas passadas e com Olga não foi diferente. Infelizmente, naquele momento, nada poderíamos fazer.

Espíritos trevosos, que se aproveitaram do desespero dela, estavam esperando a consumação do suicídio para que assim pudessem fazer o desligamento e levar seu espírito para o Umbral, e assim foi feito.

Após o desligamento, eles a levaram para o Umbral e lá permaneceram vampirizando e sugando sua energia vital, que ainda exalava de seu espírito. Para os espíritos trevosos, essa energia é como o ópio, pois podem sentir a energia de estar vivo outra vez.

Se ao menos eles conseguissem tirar essa energia vital de uma vez só, seria muito mais rápido o entendimento para os que se suicidaram, pois não sentiriam mais qualquer traço de vida consigo.

Porém, a energia vital vai se extinguindo à medida que o tempo vai passando e não é acelerada nem pelo desencarne nem pela vampirização desses espíritos de mais baixa luz. Portanto, Olga se via sem forças para se levantar. Sentia dores torturantes na cabeça e se sentia, a cada dia, mais suja.

Percebia e via espíritos que se transfiguravam em seres demoníacos, para se mostrarem a ela, molestando-a espiritualmente. Em sua mente, pensava até que eram molestamentos sexuais e não sabia como se encontrava naquela situação.

Ela chamava por Carlos e Vinícius constantemente, pois tinha a certeza de que estava viva e acreditava que seu pai e seu irmão poderiam ouvir suas súplicas.

Passado algum tempo, começou a entrar em um estado de semiloucura por causa do sofrimento. Ela urrava de medo com a aparição de qualquer ser à sua frente, o que gerava uma energia que os espíritos trevosos também gostam de absorver. Por esse motivo, eles se transfiguram ao chegar perto de almas sofredoras no Umbral.

Logo que Olga desencarnou, Rubens ia constantemente ao seu encontro para ver se ela o reconheceria e se poderia fazer alguma coisa para ajudá-la. Mas Olga, em seu estado, via em Rubens alguém que também a queria mal e não o reconhecia.

Ele queria ajudar a completar o desligamento do espírito de Olga, esgotando as energias vitais dela com o auxílio de guias mais experientes. Nesses casos, quando o sofrimento é tanto que se sobrepõe às consequências de uma morte pelo suicídio, é possível que os guias ajudem.

Porém, Olga ainda estava sendo vampirizada e não conseguia enxergar sua real situação. Ela continuava acreditando que estava viva e que era prisioneira em algum lugar.

Aproximadamente vinte anos se passaram desde o suicídio, e Olga deixou de pedir socorro por entender que não adiantaria. Só restava a ela aceitar tal destino e esperar um salvamento que nunca chegava.

Depois de quase quarenta anos de seu desencarne, sua energia vital se extinguiu. Olga, então, já não sentia mais medo dos espíritos trevosos. Resignada com sua situação, não oferecia resistência aos espíritos de baixa luz.

Sem ter mais sua energia vital e não produzindo mais a energia provinda do medo, esses espíritos finalmente perderam o interesse por ela e a largaram em um vale do Umbral.

Nesse momento, pensei comigo mesmo: "Deve ser o Vale dos Suicidas". Bruno, lendo meu pensamento mais uma vez, continuou:

— Sim, Andre, é um dos Vales dos Suicidas, que são lugares bastante tenebrosos, o que não é difícil de se imaginar, já que é formado pela materialização dos sentimentos de seus habitantes. Lá há muito lodo, lama, sujeira, fogo, fumaça e luz em penumbra proveniente dos pontos de fogo.

Espíritos se arrastam enquanto outros vagam de um lado para o outro, pisando uns nos outros. Espíritos tentam se esconder em qualquer lugar, até mesmo debaixo da lama.

Há outros procurando comida ou bebendo água barrenta, e, por todo lado, é possível ver as deformidades causadas pelo suicídio: alguns com múltiplas fraturas por causa de saltos em precipícios ou de prédios, pessoas com enormes rombos na cabeça, boca e peito, causados pelos tiros direcionados contra si mesmos e também muitos com o corpo coberto por queimaduras.

São locais com milhões de almas com o coração repleto de remorso, raiva, sentimento de vingança, medo e, principalmente, dor. Isso também faz com que seja um lugar onde não há silêncio, pois há muitos berros de dor, muitos gritos de desespero e de medo, muitas súplicas a entes queridos, que, por sua vez, não podem ajudar, já que o espírito que pede ajuda não chegou ao entendimento do ato que cometeu.

Olga, nesse momento, percebeu que havia morrido e pensou que os espíritos trevosos a haviam matado, e não ela mesma. Então, passou a se sentir injustiçada por Deus, que já havia tirado Rubens dela e que agora a deixara morrer nas mãos de pessoas más.

Depois do grande período de sofrimento, a autopiedade, que não é um sentimento bom, começou a aflorar. Esse sentimento não traz bons fluidos e não ajuda os espíritos a saírem desse estado sofrido.

Para que nós, guias espirituais, possamos resgatar um suicida, precisamos que ele pare com esses sentimentos negativos que os fazem ficar em sintonia com aquele lugar. Infelizmente, tal fato só ocorre depois de muito sofrerem.

— Esse lugar deve ser um verdadeiro inferno – falei.

— É o mais próximo do que os encarnados imaginam como inferno. Além disso, muitos dos espíritos que ali habitam acreditam, verdadeiramente, que estão no inferno.

— E quando Olga foi resgatada?

— Os espíritos só podem ser ajudados quando realmente desejam ajuda, tanto no plano físico quanto no espiritual.

Você mesmo, Andre, era fumante e parou. Fez isso porque alguém disse a você que parasse de fumar ou porque realmente quis? Pois então, somente quando você quis parar é que seus guias puderam ajudá-lo nessa difícil proposta.

É assim também com os suicidas, que são ajudados quando realmente entendem que precisam de ajuda, o que é o mais difícil para um espírito nesse estado, pois se suicidam por não conseguirem pedir auxílio. Se assim o fizessem, muitos não cometeriam esse grande erro.

Olga, depois de sofrer com os espíritos trevosos, foi para o Vale dos Suicidas, onde recebia constantemente a visita de guias espirituais. No início, não entendia que iam para ajudá-la e não respondia a eles.

Os guias conversavam com ela, passando bons fluidos que a acalmavam. Eles, aos poucos, foram fazendo-a enxergar sua verdadeira condição, até que ela finalmente percebeu que tinha cometido o suicídio e verdadeiramente chorou.

Agora, vou contar como foi a conversa que ela teve com Deus:

"Meu Pai, peço perdão, meu Deus, pelo erro cometido, por ter sido fraca e ter cometido tal crime contra mim mesma. Livre-me deste pesar. Estou cansada, muito cansada. Não aguento mais esta situação, não aguento mais sentir dor e não ter esperanças. Espero que eu não tenha me tornado tão pequena, que não possa ser ouvida pelo Senhor. Mas continuarei, todos os dias de minha existência, pedindo perdão pelo meu erro até que, um dia, o Senhor me perdoe".

Chorando e verdadeiramente arrependida do que fez, entendeu o que os guias constantemente falavam. Logo, viu uma luz pequena aumentar, cada vez mais, em sua frente e se pôs de joelhos.

De repente, viu três obreiros se materializarem diante de si. Enquanto dois deles tratavam de limpar sua aura de qualquer energia negativa e também de qualquer energia terrena, o outro mantinha a luz forte para que nenhum espírito de baixa luz atrapalhasse o trabalho que estava sendo feito.

Um guia colocou a mão na cabeça dela, que ficou inconsciente naquele instante. Por fim, eles a levaram para um hospital de sua colônia.

Naquele momento, eu estava bastante emocionado com a história. Enquanto olhava para Bruno, minhas lágrimas escorriam devagar, uma a uma.

— Olga foi se recuperando aos poucos, até ficar bem por completo. Os obreiros também conseguiram recuperar Carlos e Vinícius, que se encontravam no Umbral sofrendo as consequências dos erros cometidos.

Porém, ao verem a possibilidade de melhora, tanto Carlos quanto Vinícius aceitaram a ajuda dos guias espirituais e foram levados para um posto de tratamento localizado ainda no Umbral.

— Eles ficaram muito tempo no Umbral? Como foi o desencarne dos dois nessa vida?

— Carlos e Vinícius sofreram um acidente de carro em uma estrada de pouco movimento e ficaram presos nas ferragens. O socorro demorou a chegar, e os dois desencarnaram no local do acidente. Assim que fizeram essa passagem, foram desligados e levados para um posto de recuperação.

Entretanto, ao tomarem consciência de seus estados, recusaram-se a permanecer no posto e foram para o Umbral.

— Pensei que eles tivessem ido direto para o Umbral em função dos erros cometidos.

— Andre, ninguém vai para o Umbral por castigo. Eles vão e permanecem lá por combinação vibratória, por vibrarem na mesma sintonia daquele ambiente e de seus habitantes. Quando, por desejo, decidem melhorar, podemos ajudar. Caso contrário, permanecem onde estão.

— Mas, quando estão lá, eles voltam a sentir dores. Sentem os machucados que tinham em vida e as necessidades também. Não é mesmo?

— Sim. Como o Umbral está perto da crosta terrestre, a energia vibratória é bem parecida com a da Terra. Por isso muitos preferem ficar vagando pelo Umbral e pela crosta terrestre, já que não se desapegaram de suas vidas, ou ainda por quererem "ajudar" seus familiares. Na verdade, não conseguem ajudar, pois não têm preparo para isso.

Para nos tornarmos obreiros espirituais, precisamos de tempo, estudo, treinamento e experiência. Os espíritos que fazem a passagem, mas permanecem na casa em que viviam quando encarnados ou até mesmo na vida de seus familiares, só os prejudicam em vez de ajudar.

Eles fazem o ambiente vibrar em uma energia diferente da que os encarnados necessitam, provocando brigas, intolerâncias e problemas de relacionamento. Ao invés de curar a saudade dos entes queridos e deles mesmos, só a aumentam.

Posso afirmar que essa atitude não é nem um pouco benéfica e provoca o mal, mesmo que sem intenção. Ao viver nessa vibração energética sem poder receber a ajuda dos guias espirituais que sabem curar as impressões corpóreas sofridas pelo espírito –, eles voltam a ter em seus corpos astrais as impressões das chagas adquiridas no momento da desencarnação ou em outros momentos da vida.

— Bruno, essa sua explicação me fez lembrar de uma amiga que pediu ajuda para uma senhora.

Você deve se lembrar dela, pois eu e Fernanda pedimos que fosse ajudada porque permanecia no meio de seus familiares mesmo depois de seu desencarne, já que eles a consideravam um anjo protetor depois da morte de seu corpo físico. É possível que eu saiba como aquela senhora está hoje?

— Andre, infelizmente essa é uma prática comum entre aqueles que desconhecem o verdadeiro destino de suas almas. Quando seus entes queridos morrem, clamam pela sua proteção, como você mesmo disse, tratando-os como "anjos protetores". Isso é muito errado.

Primeiro, porque suas missões na Terra com aquele indivíduo findaram, independente de os laços de amor continuarem. Segundo, ao sentirem o chamado de ajuda, tentam, de todas as maneiras, ajudar, porém não têm o devido preparo, e isso só prejudica os encarnados e os desencarnados.

O certo é orarmos para que o espírito que retorna ao plano espiritual consiga ter conhecimento de seu estado o mais rápido possível e siga o caminho necessário para que possa retornar, através de reencarnações, ou seguir sua evolução espiritual aqui neste plano onde nos encontramos.

Agora, a respeito da senhora sobre a qual me perguntou: foi muito difícil ajudá-la, pois ela era muito presa aos familiares, e tivemos que a tratar inconscientemente. Quando ela retomava a consciência, nós a doutrinávamos para que não quisesse retornar. Porém, algumas vezes, ela sucumbia ao desejo de voltar ao orbe terrestre e nossos guias a convenciam a retornar ao posto de tratamento.

Ela participou de palestras, conversas em grupo, conversas particulares e passeios pela nossa colônia. Hoje, ela está bem, vive nesta colônia e está resignada com a nova realidade. Ela ainda sente muita vontade de voltar a estar presente no meio de seus familiares, pois ainda chamam por ela, porém, com a nossa ajuda e com o entendimento dela, passou a resistir.

Prometemos a ela que, quando clamassem por ela, nós enviaríamos guias para ajudar seus familiares. Dessa forma, conseguimos deixá-la mais tranquila quanto a isso.

Portanto, pode deixar sua amiga um pouco mais tranquila, informando que, agora, aquela senhora segue seu caminho na evolução espiritual e está no meio de entes que já estão aqui por mais tempo e que a confortam com sua presença.

— Que notícia boa! – respondi, feliz. Então, perguntei novamente: — Bruno, e Rubens? O que aconteceu a ele? Por que ele não estava presente quando Olga foi resgatada?

— Caro amigo, ele precisou renascer rapidamente, algo em torno de quinze anos terrenos, após seu desencarne como Rubens.

— Por quê?

— Porque o espírito de Bernadete, e posteriormente Rubens, tinha um compromisso a cumprir que havia ficado para depois. Quando era Júlia, praticou um aborto, então precisaria viver a vida com desejo de ser mãe sem conseguir torná-lo real. Assim, sofreu amargamente por não conseguir dar um filho a seu marido, que a cobrava constantemente.

Quando, com uma idade mais avançada, percebeu que não conseguiria ter filhos, adotou uma criança que, ao nascer, sofreu maus-tratos de seus pais, que não ligavam para ela. Essa menina foi rejeitada por volta de seus quatro anos e teve sua adoção feita por um ato de amor e de muito desejo.

Após crescer em um ambiente familiar bom e cheio de amor, a moça encontrou um rapaz que encheu seu coração de paixão. Eles namoraram e, após alguns anos, casaram-se.

Esse casal também teve dificuldades para ter um filho. Sempre tentaram e se frustraram, até que finalmente conseguiram a concepção. Porém, esse filho muito aguardado nasceu com paralisia cerebral.

No primeiro momento, foi um choque para todos, menos para Bernadete, que reconheceu a alma do neto assim que o viu e mostrou que ele poderia ser amado. Então, seus pais o aceitaram e passaram a amá-lo.

Hoje cuidam muito bem dele, apesar das muitas dificuldades, e conseguiram, com muita doação e amor, fazer com que Daniel se tornasse um rapaz capaz de se comunicar com eles, de certa forma. Eles o entendem e se tornaram o único portal de comunicação entre o menino e o mundo.

Daniel, por ser portador de paralisia cerebral, necessita de cuidados especiais, como fisioterapia, fonoaudiologia, consultas médicas, dentre outros.

Então, seu pai conseguiu um segundo emprego e sua mãe largou o emprego que tinha e passou a cuidar exclusivamente dele. E assim cuidaram do filho muito bem, com muita devoção e entrega.

Eles praticamente deixaram de viver suas vidas para que Daniel tivesse o melhor tratamento possível. E, quando Daniel completou sete anos, sua mãe, por merecimento exclusivo do casal, engravidou de outra criança, que nasceu sem complicações.

Eles continuaram a viver suas vidas, e hoje Daniel tem catorze anos e sofre com problemas pulmonares.

Está na hora de ele se desligar do corpo físico. Ele está no hospital, e veremos como seu retorno ao nosso plano ocorrerá.

— Bernadete, então, é mãe de Bá, a menina adotada, não é? E, nesta encarnação, Bá é mãe de Daniel, e Vinícius, o feitor em outra vida, é o pai. Acertei?

— Sim. Você acertou.

— Bernadete já desencarnou?

— Sim, Andre. Bá e Vinícius deveriam cuidar sozinhos de Daniel. Então, quando eles aceitaram o recém-nato como filho e passaram a amá-lo também, a missão de Bernadete foi completada, e ela voltou ao plano espiritual, vitoriosa. Quando isso ocorreu, o neto ainda não havia completado seu primeiro ano de vida.

Sua partida possibilitou que os pais enfrentassem seus carmas sozinhos, pois, se Bernadete continuasse a viver, muito provavelmente ela iria cuidar de Daniel, pois sua alma clamaria por isso.

Sem Bernadete, os pais de Daniel ficaram com toda a obrigação de cuidar bem dele, e hoje eles cumprem bem seus papéis. Bernadete vive atualmente no plano espiritual.

— Dona Ermelinda é avó de Daniel! Ela é uma das encarnações de Bernadete! – afirmei, emocionado e com a voz embargada.

— Exatamente, Andre. Dona Ermelinda é uma das encarnações de Bernadete. Ela cumpriu muito bem seu aprendizado e agora cuida de Daniel aqui no plano espiritual.

Eu e Fernanda havíamos conversado, após conhecermos a vida de Rubens e Olga, e chegado à conclusão de que Bernadete era dona Ermelinda por conta de ela sempre saber, com precisão, qual encarnação havíamos acabado de ver nas regressões e sempre mencionar Daniel com tanto amor, como nas vezes em que se referiu a ele como "meu Daniel".

Também imaginamos que Bá e Vinícius eram os pais de Daniel. Entretanto, era apenas um palpite, e não podíamos ter certeza, tampouco sabíamos que dona Ermelinda era avó de Daniel.

— Andre, decerto o espírito de Ermelinda ama o espírito de Daniel, e eles terão outras encarnações para viverem juntos e serem felizes, já que, nesta encarnação, Daniel é tudo na vida de seus pais, Bá e Vinícius.

Por diversas vezes, os dois pedem, em oração, que Daniel não sofra e que, se possível, Deus faça o milagre da cura. Também dizem que para que essa cura ocorra, se for necessário, eles se dispõem a trocar de lugar com Daniel. E o mais importante é que sentem isso verdadeiramente.

Amam com o amor verdadeiro, sem interesse. Amam com doação, com caridade. Certamente, todos se perdoaram agora, e a próxima encarnação dessa família será cheia de alegria e de crescimento.

— Eu tenho uma dúvida.

— Pode perguntar, caro amigo.

— Se Bernadete se suicidou na primeira encarnação que vimos, como pôde voltar tão rápido como Branca? Ela não teria que passar por um sofrimento maior?

— Sim. Porém, como já disse, tudo é analisado: como essa pessoa viveu, se ela foi boa, se praticou o mal, dentre outras particularidades. No caso dela, o motivo pelo qual ela se suicidou, as violações sexuais que ela sofria em vida, também contaram para a amenização do seu sofrimento no plano espiritual. Porém, no pouco tempo em que esteve neste plano, ela sofreu imensamente pela necessidade da rápida reencarnação.

Então, os guias espirituais a autorizaram para um plano muito maior, para que ela pudesse pagar por esse crime que cometeu contra si mesma em outra vida. Porém, ela anulou esse carma também como Rubens, quando deu a vida por Olga.

— Entendi.

Depois de uma breve pausa, Bruno me olhou e falou:

— Vamos? Está na hora.

Bruno se aproximou de mim com as mãos estendidas. Segurei suas mãos, e ele voltou a falar:

— Andre, você não poderá dizer nada no lugar para onde vamos. Outros guias espirituais, que não conhece, estarão presentes, além de dois guias que conhece. Eu estarei com você, e não participarei desse trabalho. Peço extremo silêncio.

— Pode deixar, Bruno. Farei o que pede.

Então, volitamos. Logo chegamos a um hospital. Percebi que estávamos no plano físico, pois o hospital era parecido com os que temos hoje em dia e não lembrava em nada os hospitais do plano espiritual.

Estávamos em um quarto de UTI. Daniel estava deitado no leito e, sobre ele, havia vários tubos conectados: respirador, soro, sonda nasogástrica para alimentação e outros tubos que iam até o acesso do soro. Certamente, aqueles eram os medicamentos que estavam sendo ministrados a ele.

Daniel estava inconsciente, e não havia nenhum familiar com ele no quarto naquele momento. Encostados em uma das paredes, estavam quatro guias espirituais. Flávio e dona Ermelinda eram os dois guias conhecidos que Bruno havia mencionado. Eu e Bruno permanecemos próximos à parede do lado oposto.

Ao lado do leito de Daniel e à minha frente, encontrava-se uma cadeira com uma bolsa pendurada em seu encosto. Do lado, uma mesinha com um livro espírita. Percebi que o livro era *Violetas na Janela*[16] e fiquei muito feliz de vê-lo ali.

Uma senhora aparentando aproximadamente quarenta e cinco anos entrou e se sentou ao lado de Daniel. Ela pegou o livro e o abriu em uma página próxima do final, faltando pouco para finalizar a leitura. Em seguida, segurou-o com apenas uma mão, enquanto pegou a mão de Daniel com a mão livre.

Bruno caminhou até ela e colocou sua mão a aproximadamente vinte centímetros da testa dela. Ela fechou o livro, pegou o celular e discou um número.

— Oi, tudo bem? – ela falou a quem estava do outro lado da linha. — Sim, mas estou com um pressentimento ruim. Venha para cá o mais rápido possível. Tudo bem. Um beijo. Também o amo.

Então, desligou, levantou-se e se voltou para Daniel. Enquanto fazia carinho no rosto do menino, falou:

— Meu filho, eu o amo tanto! Fique bom logo, por favor. Sinto falta de você. Tenha força. Não me deixe!

Preciso de você na nossa vida, mas acho que está chegando a hora de nos despedirmos. Eu não vou aguentar viver sem você, mas que Deus faça o que for melhor para o seu bem.

E a mulher deixou uma lágrima cair enquanto sorria ternamente. Não era um sorriso de felicidade, mas, sim, de muito amor. Depois de um tempo, um homem, aparentando a mesma idade que ela, entrou no quarto e a abraçou dizendo:

— Oi, minha querida.

---

16   *Violetas na janela*, Patrícia, psicografia de Vera L. M. Carvalho.

—Oi, amor. Não sei o que é, mas acho que ele está nos deixando.

— Não fale isso.

— Gostaria que você se despedisse – pediu ela.

Então, depois de algum tempo em silêncio olhando para ela, o pai de Daniel se aproximou do filho e, com os olhos cheios de lágrimas, falou:

— Meu filho, obrigado por tudo. Você me ensinou a amar de verdade, de uma forma que nunca amei na vida. Você é o motivo pelo qual eu vivo, pelo qual eu luto com todas as minhas forças. Você é o motivo pelo qual eu sigo em frente.

Sei que me ama verdadeiramente e nunca o esquecerei. Na verdade, peço que guarde um lugarzinho lá em cima para mim, para que, quando eu for ao seu encontro, possa ficar ao seu lado.

Deus acertou em mandá-lo para nós, pois eu não poderia receber um presente maior do que você na minha vida. Agora, vá para perto d'Ele e esteja bem, pois sei que não é nosso. Assim sendo, não posso querer segurá-lo comigo para o resto de meus dias, o que faria sem pensar duas vezes.

Porém, deixe que eu sofra a sua morte, e não o contrário, que ela não o faça sofrer. Eu estarei bem e viverei todos os dias da minha vida esperando reencontrá-lo.

Vai com Deus, meu amor! Vai com Deus, Daniel, meu filho querido!

Nesse momento, a mãe de Daniel chorava abraçada ao marido, e eu chorava junto. Eu chorava muito, pois me lembrei de todas as passagens de Daniel: como Joaquim, Bento, Rodolfo e Olga.

Passagens em que, muitas vezes, o amor faltou. E, naquele instante, eu estava vendo o amor transbordar. Vi o exato momento em que o amor anulou os carmas adquiridos outrora, em que o sofrimento de várias vidas foi necessário para que houvesse o perdão. Perdão esse que teve altos preços, todos caros demais para permitir que o amor vencesse. Mas, ainda assim, naquele momento, o amor venceu.

Os guias espirituais se aproximaram de Daniel. Um deles colocou a mão sobre o ventre do menino, enquanto outro colocou a mão sobre o peito e, por fim, Flávio colocou as duas mãos sobre a cabeça dele.

Dona Ermelinda permanecia parada ao pé dá cama. Então, o espírito de Daniel começou a levitar sobre seu corpo em direção à dona Ermelinda. Ela o segurou em seus braços enquanto ele permanecia inconsciente. Três filamentos energéticos ligavam o espírito de Daniel ao seu corpo: um saía de seu ventre, outro, do peito e o último, de sua cabeça, exatamente onde os guias espirituais postavam suas mãos.

O primeiro guia a desligar o filamento energético foi o que estava com a mão sobre o ventre de Daniel. Ele mexeu a mão, e uma luz se intensificou no local até que o filamento se partiu. Em seguida, o mesmo ocorreu com o guia que posicionava a mão sobre o peito de Daniel. Por último, Flávio, que ainda estava com as duas mãos postas sobre a cabeça de Daniel, mexeu devagar suas mãos, e uma luz branca e brilhante se intensificou tanto, que eu mal conseguia enxergar a cabeça de Daniel ou as mãos de Flávio.

Então, a luz começou a diminuir novamente, permitindo-me ver que o filete de energia que ali estava fixo agora havia se rompido. No mesmo instante, os aparelhos de Daniel começaram a emitir sinais sonoros relativos à diminuição de seus batimentos cardíacos, até cessarem. Imediatamente, a mãe de Daniel correu para fora gritando por socorro.

— Enfermeira! Enfermeira! Corre, ele parou!

E uma equipe surgiu correndo para tentar socorrê-lo. Os pais de Daniel foram afastados e ficaram observando abraçados, ambos chorando. Os guias espirituais se afastaram, e dois deles foram até dona Ermelinda, que permanecia com Daniel no colo.

Em seguida, os quatro desapareceram na nossa frente. Flávio foi até o casal e postou as mãos em direção a eles, dando-lhes fluidos positivos. Pouco depois, a equipe médica desistiu de reanimar Daniel. O médico olhou para o casal e, com o semblante entristecido, falou:

— Ele descansou agora. Ele descansou.

Os pais de Daniel choravam mais forte, ainda abraçados um ao outro. Eles se aproximaram do corpo de Daniel e o abraçaram, cada um de um lado da cama. Nesse momento, Bruno segurou minha mão e volitamos de volta à colônia dele. Eu estava bastante emocionado, e Bruno precisou me dar alguns passes energéticos. Quando me acalmei, ele voltou a falar:

— E então, caro amigo? O que achou de tudo?

— Estou bastante feliz pelo êxito deles, porém triste ao mesmo tempo, pois é sempre difícil ver a tristeza das pessoas.

— Sim, mas lembre-se: esta vida pôs fim a muitos anos de sentimentos ruins. Nesta existência, a coroação do amor foi o mais importante. Nossos irmãos, hoje, poderão seguir em frente e não repetirão mais os erros do passado, pois se amam verdadeiramente agora.

— E Daniel? Eu posso vê-lo? – arrisquei.

— Não, meu amigo. Daniel permanecerá inconsciente por algum tempo, pois é uma fase muito difícil, em que há muito sofrimento para aqueles que ficaram no plano físico.

Daniel poderia sentir isso, o que o prejudicaria profundamente. Por conta disso, ele estará em torpor em um posto de recuperação da colônia dele até que possa acordar e começar a se recuperar de todos os problemas que o corpo o levava a ter.

— Como a paralisia cerebral?

— Sim, como a paralisia cerebral. Ele ficou muito tempo nesse estado e terá que se acostumar com tudo outra vez. Precisará voltar a andar, a falar e tudo mais. Daniel ficará um longo tempo aqui no plano espiritual com Ermelinda.

Eles esperarão o desencarne dos pais de Daniel, que ainda têm muito a viver. Este carma de Daniel acabou, mas o carma dos pais ainda não. Eles ainda sofrerão a ausência do filho para que esse amor fique incutido em suas almas.

— Algum dia, poderei vê-los?

— Sim, mas só como amigos. Em outra oportunidade, voltaremos a encontrá-los, prometo a você. Agora, está na hora de finalizarmos este projeto, meu amigo.

— Bruno, muito obrigado pela oportunidade. Nunca imaginei que tudo o que eu vivi com você fosse possível. Nunca imaginei que eu pudesse ou tivesse a capacidade de fazer algo parecido. Agradeço muito a você, ao Flávio, ao Daniel, à dona Ermelinda e a todos os espíritos que contribuíram.

Também agradeço à Fernanda, pois, sem ela, o livro não teria se concretizado. Ela me fez ter confiança quando eu não me achava capaz, o que poderia ter feito com que eu abandonasse este projeto logo no nosso primeiro encontro.

— Obrigado a você, Andre, e à Fernanda também, e a todos que, de algum modo, contribuíram ou vão contribuir para que este projeto se torne o livro que tanto queremos. Agradeço a Deus pela oportunidade de levar esclarecimentos a todos que puderem ter acesso a ele ou às suas histórias. E que venham outros projetos!

E, juntos, continuaremos a trilhar o caminho do esclarecimento a quem precisa.

— Até outro dia, Bruno – despedi-me feliz, com a certeza de que teremos outros projetos, algum dia.

— Fiquem com a paz de nosso Pai eterno. Que a bondade penetre o coração de todos, fazendo com que o amor sempre vença. Pois, de alguma forma, em algum tempo... ele sempre vencerá.

***

AGRADECIMENTOS DOS AUTORES

Em primeiro lugar, agradeço a Deus pela oportunidade de poder resgatar meus carmas em maior quantidade, praticando a caridade por meio do Espiritismo, de outros projetos de ajuda a irmãos mais necessitados e, agora, participando deste livro. Agradeço aos meus guias espirituais e a todos os guias que ajudaram neste trabalho.

Ao meu grande amigo e padrinho espiritual Bruno: você me ensina com cada sorriso que entrega. Obrigado por tudo. Ao Flavio e à dona Ermelinda, que sempre me receberam com um amor fraternal, ele com seus ensinamentos, e ela com seu sorriso, carinho de avó e seus sucos maravilhosos. Ao Daniel, agradeço pela oportunidade que nos deu de conhecer sua história, fazendo-me crescer mais como espírito e como homem. Logicamente, este livro mudou muito meu pensamento e aprendi muito com ele.

Quero agradecer aos meus pais, que me apoiam sempre, e à Theresa, que, no início deste projeto, confiou em mim e me mostrou que eu era capaz. À minha avó Regina, que mora lá em cima na colônia. Amo-a demais e agradeço a Deus por ainda poder encontrá-la de vez em quando. Ao meu tio Cacá, que também mora lá em cima, trabalha em prol do bom caminho e também trabalhou neste livro. A toda a minha família e a todos os meus amigos, obrigado.

E agora meu agradecimento à Fernanda, que sempre acreditou em mim, mesmo quando eu não acreditava. Você me fez ver que eu era capaz, que não sou menos ou mais importante que ninguém e sempre esteve comigo quando eu precisei. Sem você neste projeto e em todos os outros que temos juntos, nada aconteceria. Você é minha irmã, minha melhor amiga e minha confidente. Orgulho-me do que você é e de ser seu amigo. Também sei que nos encontraremos sempre, nesta e nas outras vidas que virão. Um dia, eu disse que seu nome deveria estar junto ao meu neste livro, e você me respondeu que não, pois apenas reescrevia o texto que eu lhe encaminhava. Quero compartilhar com todos a minha resposta para você: "Meu texto é como um diamante bruto que você lapida, dando o brilho e a beleza que atrairá as pessoas para que possamos fazer a diferença na vida delas.".

Um agradecimento especial a você, que leu este livro. Espero que tenhamos plantado uma sementinha do bom caminho dentro do seu coração. Obrigado pela confiança. Tenho certeza de que cada minuto doado a este projeto valeu muito.

Andre Figueiredo

* * *

Primeiramente, devo agradecer a Deus pela oportunidade e a todos os guias que nos ajudaram a concluir este trabalho. Os ensinamentos deste livro me fizeram mudar e crescer muito.

Agradeço aos meus pais, que me deram toda a minha educação e os valores que tanto prezo. Devo a vocês tudo o que sou. Às minhas irmãs, que nunca me viraram as costas, nem mesmo nos piores momentos. Aos meus sobrinhos, que são os bens mais preciosos da minha vida, e aos meus cunhados, que são como irmãos que não tive.

Ao meu babalaô[17] Alfredo, à minha segunda mãe (e mãe pequena) Daisy, à minha madrinha Michele e ao meu padrinho Klautau, meus mais profundos agradecimentos pelo

---

17   E o sacerdote do Culto de Ifá na religião Iorubá. Sua função principal é a iniciação de outros babalaôs, a preservação do segredo e a transmissão do conhecimento do Culto para os iniciados. Existem diferenças entre as iniciações na África, em Cuba e no Brasil.

grande auxílio que me deram – e continuam me dando – em minha jornada de crescimento espiritual.

Agradeço postumamente ao meu pai, que me ensinou verdadeiramente o sentido do amor e do perdão, e ao meu avô, que continua me protegendo de longe. Ao Bruno, Flávio, Daniel e dona Ermelinda, que nos ensinaram inúmeras lições ao longo deste projeto. A todos os outros incontáveis espíritos envolvidos que fizeram parte deste livro, muito obrigada.

Finalmente, ao Andre, um agradecimento especial. Deus não poderia ter me dado um parceiro melhor para realizar esta tarefa e tantas outras. Você é meu irmão, confidente e melhor amigo. Nossa ligação certamente não começou no início do projeto e sem sombra de dúvidas não terminará após esta vida. Que Deus me permita poder estar ao seu lado em todas as encarnações que ainda haveremos de ter. Obrigada!

Por fim, espero, com toda a fé que há em mim, que este livro permita que as pessoas se lembrem de que o amor e o perdão são as principais chaves da vida. Lembrem-se de que o amor é o *veículo* que nos move, o perdão é o *combustível* deste veículo, e a caridade deve ser *sempre* o *caminho* a ser seguido.

Que Deus permita que este livro leve a compreensão e a paz aos corações de todos e ajude a fazer com que um dia este mundo seja, *de fato*, um lugar melhor.

Fernanda Sicuro

AGRADECIMENTOS ESPECIAIS

Tatiana Mattos; Fellipe Gillard; Caroline Malafaia; Camila de Souza Silva; Octavio Augusto; Rodrigo Damasceno Ferreira; Marina Nunes; Fabiana Corado Cruz; Rosangela Frota Oliveira; Erik Dana; Marisa Machado; Mauricio Antunes; Carlos Antunes; Priscila Soares; Wendell Baptista de Souza; Fabiana Wandermurem; Carlos Henrique Hass; Sheyla Sicuro; Carlos Hermann; Ignez Sicuro; Paula Maximiano; Ana Paula de Mello; João Victor Vaz; Lucas Viscontti; Aline Pinto; Débora Candeias; Leilane Papa; Marianna La Vega; Carla Baptista; Ana Cláudia Milanez; A todos os outros nomes que não entraram nessa lista e a todos os anônimos que nos ajudaram das mais diversas maneiras neste projeto, nossos mais sinceros agradecimentos.

FICHA TÉCNICA

TÍTULO
O PREÇO DE UM PERDÃO –
as vidas de Daniel

AUTORIA
Andre Figueiredo
Fernanda Sicuro

EDIÇÃO
1ª

ISBN
978-65-87210-21-6

COORDENAÇÃO EDITORIAL
Ednei Procópio e Maria José

PREPARAÇÃO DE ORIGINAIS
Maria José, Nilma Helena e
Ednei Procópio

REVISÃO ORTOGRÁFICA
Mariana Frungilo

CAPA
Rafael Victor

**PROJETO GRÁFICO E
DIAGRAMAÇÃO**
Rafael Victor

COMPOSIÇÃO
Adobe Indesign CC,
plataforma Windows

TAMANHO DO MIOLO
Miolo: 16 x 23 cm
Capa: 16 x 23 cm
com orelhas

PÁGINAS
333

TIPOGRAFIA
Texto principal: Literata Regular,
12,5/15
Título: Dancing Script, 36
Notas de rodapé: Minion Pro,
11/13,2

MARGENS
25 mm: 27 mm: 21 mm: 22 mm
(superior:inferior:interna;externa)

REVISÃO DA DIAGRAMAÇÃO
Ednei Procópio e Nilma Helena

IMPRESSÃO
ATUALDV

TIRAGEM
SOB DEMANDA

PAPEL
Miolo em Off set 90 g/m2
Capa Suzano Supremo 250 g/m2

CORES
Miolo 1x1 cores CMYK
Capa em 4x0 cores CMYK

ACABAMENTO
Miolo: brochura,
cadernos costurados e colados.
Capa: brochura, laminação BOPP
fosca, verniz UV com reserva.

PRODUÇÃO
Julho/2022

NOSSAS PUBLICAÇÕES

SÉRIE AUTOCONHECIMENTO

DEPRESSÃO E AUTOCONHECIMENTO - COMO EXTRAIR PRECIOSAS LIÇÕES DESSA DOR

A proposta de tratamento complementar da depressão aqui abordada tem como foco a educação para lidar com nossa dor, que muito antes de ser mental, é moral.

Wanderley Oliveira
16 x 23 cm
235 páginas

FALA, PRETO VELHO

Um roteiro de autoproteção energética através do autoamor. Os textos aqui desenvolvidos permitem construir nossa proteção interior por meio de condutas amorosas e posturas mentais positivas, para criação de um ambiente energético protetor ao redor de nossas vidas.

Wanderley Oliveira | Pai João de Angola
16 x 23 cm
291 páginas

QUAL A MEDIDA DO SEU AMOR?

Propõe revermos nossa forma de amar, pois estamos mais próximos de uma visão particularista do que de uma vivência autêntica desse sentimento. Superar limites, cultivar relações saudáveis e vencer barreiras emocionais são alguns dos exercícios na construção desse novo olhar.

Wanderley Oliveira | Ermance Dufaux
16 x 23 cm
208 páginas

APAIXONE-SE POR VOCÊ

Você já ouviu alguém dizer para outra pessoa: "minha vida é você"?
Enquanto o eixo de sua sustentação psicológica for outra pessoa, a sua vida estará sempre ameaçada, pois o medo da perda vai rondar seus passos a cada minuto.

Wanderley Oliveira
16 x 23 cm
152 páginas

A VERDADE ALÉM DAS APARÊNCIAS - O UNIVERSO INTERIOR

Liberte-se da ansiedade e da angústia, direcionando o seu espírito para o único tempo que realmente importa: o presente. Nele você pode construir um novo olhar, amplo e consciente, que levará você a enxergar a verdade além das aparências.

Samuel Gomes
14 x 21 cm
272 páginas

DESCOMPLIQUE, SEJA LEVE

Um livro de mensagens para apoiar sua caminhada na aquisição de uma vida mais suave e rica de alegrias na convivência.

Wanderley Oliveira
16 x 23 cm
238 páginas

7 CAMINHOS PARA O AUTOAMOR

O tema central dessa obra é o autoamor que, na concepção dos educadores espirituais, tem na autoestima o campo elementar para seu desenvolvimento. O autoamor é algo inato, herança divina, enquanto a autoestima é o serviço laborioso e paciente de resgatar essa força interior, ao longo do caminho de volta à casa do Pai.

Wanderley Oliveira | Pai João de Angola
16 x 23 cm
272 páginas

A REDENÇÃO DE UM EXILADO

A obra traz informações sobre a formação da civilização, nos primórdios da Terra, que contou com a ajuda do exílio de milhões de espíritos mandados para cá para conquistar sua recuperação moral e auxiliar no desenvolvimento das raças e da civilização. É uma narrativa do Apóstolo Lucas, que foi um desses enviados, e que venceu suas dificuldades íntimas para seguir no trabalho orientado pelo Cristo.

Samuel Gomes | Lucas
16 x 23 cm
368 páginas

AMOROSIDADE - A CURA DA FERIDA DO ABANDONO

Uma das mais conhecidas prisões emocionais na atualidade é a dor do abandono, a sensação de desamparo. Essa lesão na alma responde por larga soma de aflições em todos os continentes do mundo. Não há quem não esteja carente de ser protegido e acolhido, amado e incentivado nas lutas de cada dia.

Wanderley Oliveira | Ermance Dufaux
16 x 23 cm
300 páginas

MEDIUNIDADE - A CURA DA FERIDA DA FRAGILIDADE

Ermance Dufaux vem tratando sobre as feridas evolutivas da humanidade. A ferida da fragilidade é um dos traços mais marcantes dos aprendizes da escola terrena. Uma acentuada desconexão com o patrimônio da fé e do autoamor, os verdadeiros poderes da alma.

Wanderley Oliveira | Ermance Dufaux
16 x 23 cm
235 páginas

CONECTE-SE A VOCÊ - O ENCONTRO DE UMA NOVA MENTALIDADE QUE TRANSFORMARÁ A SUA VIDA

Este livro vai te estimular na busca de quem você é verdadeiramente. Com leitura de fácil assimilação, ele é uma viagem a um país desconhecido que, pouco a pouco, revela características e peculiaridades que o ajudarão a encontrar novos caminhos. Para esta viagem, você deve estar conectado a sua essência. A partir daí, tudo que você fizer o levará ao encontro do propósito que Deus estabeleceu para sua vida espiritual.

Rodrigo Ferretti
16 x 23 cm
256 páginas

APOCALIPSE SEGUNDO A ESPIRITUALIDADE - O DESPERTAR DE UMA NOVA CONSCIÊNCIA

Num curso realizado em uma colônia do plano espiritual, o livro Apocalipse, de João Evangelista, é estudado de forma dinâmica e de fácil entendimento, desvendando a simbologia das figuras místicas sob o enfoque do autoconhecimento.

Samuel Gomes
16 x 23 cm
313 páginas

SÉRIE CONSCIÊNCIA DESPERTA

SAIA DO CONTROLE - UM DIÁLOGO TERAPEUTICO E LIBERTADOR ENTRE A MENTE E A CONSCIÊNCIA

Agimos de forma instintiva por não saber observar os pensamentos e emoções que direcionam nossas ações de forma condicionada. Por meio de uma observação atenta e consciente, identificando o domínio da mente em nossas vidas, passamos a viver conscientes das forças internas que nos regem.

Rossano Sobrinho
16 x 23 cm
268 páginas

SÉRIE CULTO NO LAR

VIBRAÇÕES DE PAZ EM FAMÍLIA

Quando a família se reúne para orar, ou mesmo um de seus componentes, o ambiente do lar melhora muito. As preces são emissões poderosas de energia que promovem a iluminação interior. A oração em família traz paz e fortalece, protege e ampara a cada um que se prepara para a jornada terrena rumo à superação de todos os desafios.

Wanderley Oliveira | Ermance Dufaux
16 x 23 cm
212 páginas

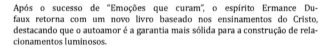

JESUS - A INSPIRAÇÃO DAS RELAÇÕES LUMINOSAS

Após o sucesso de "Emoções que curam", o espírito Ermance Dufaux retorna com um novo livro baseado nos ensinamentos do Cristo, destacando que o autoamor é a garantia mais sólida para a construção de relacionamentos luminosos.

Wanderley Oliveira | Ermance Dufaux
16 x 23 cm
304 páginas

REGENERAÇÃO - EM HARMONIA COM O PAI

Nos dias em que a Terra passa por transformações fundamentais, ampliando suas condições na direção de se tornar um mundo regenerado, é necessário desenvolvermos uma harmonia inabalável para aproveitar as lições que esses dias nos proporcionam por meio das nossas decisões e das nossas escolhas, [...].

Samuel Gomes | Diversos Espíritos
14 x 21 cm
223 páginas

SÉRIE DESAFIOS DA CONVIVÊNCIA

QUEM SABE PODE MUITO. QUEM AMA PODE MAIS

A lição central desta obra é mostrar que o conhecimento nem sempre é suficiente para garantir a presença do amor nas relações. "Estar informado é a primeira etapa. Ser transformado é a etapa da maioridade." - Eurípedes Barsanulfo.

Wanderley Oliveira | José Mário
16 x 23 cm
312 páginas

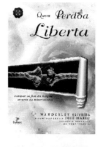

QUEM PERDOA LIBERTA - ROMPER OS FIOS DA MÁGOA ATRAVÉS DA MISERICÓRDIA

Continuação do livro "QUEM SABE PODE MUITO. QUEM AMA PODE MAIS" dando sequência à trilogia "Desafios da Convivência".

Wanderley Oliveira | José Mário
16 x 23 cm
320 páginas

SERVIDORES DA LUZ NA TRANSIÇÃO PLANETÁRIA

Nesta obra recebemos o convite para nos integrar nas fileiras dos Servidores da Luz, atuando de forma consciente diante dos desafios da transição planetária. Brilhante fechamento da trilogia.

Wanderley Oliveira | José Mário
14x21 cm
298 páginas

SÉRIE ESPÍRITOS DO BEM

GUARDIÕES DO CARMA - A MISSÃO DOS EXUS NA TERRA

Pai João de Angola quebra com o preconceito criado em torno dos exus e mostra que a missão deles na Terra vai além do que conhecemos. Na verdade, eles atuam como guardiões do carma, nos ajudando nos principais aspectos de nossas vidas.

Wanderley Oliveira | Pai João de Angola
16 x 23 cm
288 páginas

GUARDIÃS DO AMOR - A MISSÃO DAS POMBAGIRAS NA TERRA

"São um exemplo de amor incondicional e de grandeza da alma. São mães dos deserdados e angustiados. São educadoras e desenvolvedoras do sagrado feminino, e nesse aspecto são capazes de ampliar, nos homens e nas mulheres, muitas conquistas que abrem portas para um mundo mais humanizado, [...]".

Wanderley Oliveira | Pai João de Angola
16 x 23 cm
232 páginas

GUARDIÕES DA VERDADE - NADA FICARÁ OCULTO

Neste momento de batalhas decisivas rumo aos tempos da regeneração, esta obra é um alerta que destaca a importância da autenticidade nas relações humanas e da conduta ética como bases para uma forma transparente de viver. A partir de agora, nada ficará oculto, pois a Verdade é o único caminho que aguarda a humanidade para diluir o mal e se estabelecer na realidade que rege o universo.

Wanderley Oliveira | Pai João de Angola
16 x 23 cm
236 páginas

SÉRIE ESTUDOS DOUTRINÁRIOS

ATITUDE DE AMOR

Opúsculo contendo a palestra "Atitude de Amor" de Bezerra de Menezes, o debate com Eurípedes Barsanulfo sobre o período da maioridade do Espiritismo e as orientações sobre o "movimento atitude de amor". Por uma efetiva renovação pela educação moral.

Wanderley Oliveira | Ermance Dufaux e Cícero Pereira
14 x 21 cm
94 páginas

SEARA BENDITA

Um convite à reflexão sobre a urgência de novas posturas e conceitos. As mudanças a adotar em favor da construção de um movimento social capaz de cooperar com eficácia na espiritualização da humanidade.

Wanderley Oliveira e Maria José Costa | Diversos Espíritos
14 x 21 cm
284 páginas

Gratuito em nosso site, somente em:

NOTÍCIAS DE CHICO

"Nesta obra, Chico Xavier afirma com seu otimismo natural que a Terra caminha para uma regeneração de acordo com os projetos de Jesus, a caracterizar-se pela tolerância humana recíproca e que precisamos fazer a nossa parte no concerto projetado pelo Orientador Maior, principalmente porque ainda não assumimos responsabilidades mais expressivas na sustentação das propostas elevadas que dizem respeito ao futuro do nosso planeta."

Samuel Gomes | Chico Xavier
16 x 23 cm
181 páginas

SÉRIE FAMÍLIA E ESPIRITUALIDADE

UM JOVEM OBSESSOR - A FORÇA DO AMOR NA REDENÇÃO ESPIRITUAL

Um jovem conta sua história, compartilhando seus problemas após a morte, falando sobre relacionamentos, sexo, drogas e, sobretudo, da força do amor na redenção espiritual.

Adriana Machado | Jefferson
16 x 23 cm
392 páginas

UM JOVEM MÉDIUM - CORAGEM E SUPERAÇÃO PELA FORÇA DA FÉ

A mediunidade é um canal de acesso às questões de vidas passadas que ainda precisam ser resolvidas. O livro conta a história do jovem Alexandre que, com sua mediunidade, se torna o intermediário entre as histórias de vidas passadas daqueles que o rodeiam tanto no plano físico quanto no plano espiritual. Surpresos com o dom mediúnico do menino, os pais, de formação Católica, se veem às voltas com as questões espirituais que o filho querido traz para o seio da família.

Adriana Machado | Ezequiel
16 x 23 cm
365 páginas

RECONSTRUA SUA FAMÍLIA - CONSIDERAÇÕES PARA O PÓS-PANDEMIA

Vivemos dias de definição, onde nada mais será como antes. Necessário redefinir e ampliar o conceito de família. Isso pode evitar muitos conflitos nas interações pessoais. O autoconhecimento seguido de reforma íntima será o único caminho para transformação do ser humano, das famílias, das sociedades e da humanidade.

Dr. Américo Canhoto
16 x 23 cm
237 páginas

SÉRIE HARMONIA INTERIOR

LAÇOS DE AFETO - CAMINHOS DO AMOR NA CONVIVÊNCIA

Uma abordagem sobre a importância do afeto em nossos relacionamentos para o crescimento espiritual. São textos baseados no dia a dia de nossas experiências. Um estímulo ao aprendizado mais proveitoso e harmonioso na convivência humana.

Wanderley Oliveira | Ermance Dufaux
16 x 23 cm
312 páginas

ebook   ESPANHOL

MEREÇA SER FELIZ - SUPERANDO AS ILUSÕES DO ORGULHO

Um estudo psicológico sobre o orgulho e sua influência em nossa caminhada espiritual. Ermance Dufaux considera essa doença moral como um dos mais fortes obstáculos à nossa felicidade, porque nos leva à ilusão.

Wanderley Oliveira | Ermance Dufaux
16 x 23 cm
296 páginas

 ESPANHOL

REFORMA ÍNTIMA SEM MARTÍRIO - AUTOTRANSFORMAÇÃO COM LEVEZA E ESPERANÇA

As ações em favor do aperfeiçoamento espiritual dependem de uma relação pacífica com nossas imperfeições. Como gerenciar a vida íntima sem adicionar o sofrimento e sem entrar em conflito consigo mesmo?

Wanderley Oliveira | Ermance Dufaux
16 x 23 cm
288 páginas

ebook   ESPANHOL   INGLÊS

PRAZER DE VIVER - CONQUISTA DE QUEM CULTIVA A FÉ E A ESPERANÇA

Neste livro, Ermance Dufaux, com seus ensinos, nos auxilia a pensar caminhos para alcançar nossas metas existenciais, a fim de que as nossas reencarnações sejam melhor vividas e aproveitadas.

Wanderley Oliveira | Ermance Dufaux
16 x 23 cm
248 páginas

ESCUTANDO SENTIMENTOS - A ATITUDE DE AMAR-NOS COMO MERECEMOS

Ermance afirma que temos dado passos importantes no amor ao próximo, mas nem sempre sabemos como cuidar de nós, tratando-nos com culpas, medos e outros sentimentos que não colaboram para nossa felicidade.

Wanderley Oliveira | Ermance Dufaux
16 x 23 cm
256 páginas

ebook ESPANHOL

DIFERENÇAS NÃO SÃO DEFEITOS - A RIQUEZA DA DIVERSIDADE NAS RELAÇÕES HUMANAS

Ninguém será exatamente como gostaríamos que fosse. Quando aprendemos a conviver bem com os diferentes e suas diferenças, a vida fica bem mais leve. Aprenda esse grande SEGREDO e conquiste sua liberdade pessoal.

Wanderley Oliveira | Ermance Dufaux
16 x 23 cm
248 páginas

ebook

EMOÇÕES QUE CURAM - CULPA, RAIVA E MEDO COMO FORÇAS DE LIBERTAÇÃO

Um convite para aceitarmos as emoções como forma terapêutica de viver, sintonizando o pensamento com a realidade e com o desenvolvimento da autoaceitação.

Wanderley Oliveira | Ermance Dufaux
16 x 23 cm
272 páginas

ebook

SÉRIE REFLEXÕES DIÁRIAS

PARA SENTIR DEUS

Nos momentos atuais da humanidade sentimos extrema necessidade da presença de Deus. Ermance Dufaux resgata, para cada um, múltiplas formas de contato com Ele, de como senti-Lo em nossas vidas, nas circunstâncias que nos cercam e nos semelhantes que dividem conosco a jornada reencarnatória. Ver, ouvir e sentir Deus em tudo e em todos.

Wanderley Oliveira | Ermance Dufaux
11 x 15,5 cm
133 páginas

Somente ebook

LIÇÕES PARA O AUTOAMOR

Mensagens de estímulo na conquista do perdão, da aceitação e do amor a si mesmo. Um convite à maravilhosa jornada do autoconhecimento que nos conduzirá a tomar posse de nossa herança divina.

Wanderley Oliveira | Ermance Dufaux
11 x 15,5 cm
128 páginas

Somente ebook

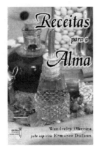

RECEITAS PARA A ALMA

Mensagens de conforto e esperança, com pequenos lembretes sobre a aplicação do Evangelho para o dia a dia. Um conjunto de propostas que se constituem em verdadeiros remédios para nossas almas.

Wanderley Oliveira | Ermance Dufaux
11 x 15,5 cm
146 páginas

Somente ebook

SÉRIE REGENERAÇÃO

FUTURO ESPIRITUAL DA TERRA

As necessidades, as estruturas perispirituais e neuropsíquicas, o trabalho, o tempo, as características sociais e os próprios recursos de natureza material se tornarão bem mais sutis. O futuro já está em construção e André Luiz, através da psicografia de Samuel Gomes, conta como será o Futuro Espiritual da Terra.

Samuel Gomes | André Luiz
16 x 23 cm
344 páginas

XEQUE-MATE NAS SOMBRAS - A VITÓRIA DA LUZ

André Luiz traz notícias das atividades que as colônias espirituais, ao redor da Terra, estão realizando para resgatar os espíritos que se encontram perdidos nas trevas e conduzi-los a passar por um filtro de valores, seja para receberem recursos visando a melhorar suas qualidades morais – se tiverem condições de continuar no orbe – seja para encaminhá-los ao degredo planetário.

Samuel Gomes | André Luiz
16 x 23 cm
212 páginas

A DECISÃO - CRISTOS PLANETÁRIOS DEFINEM O FUTURO ESPIRITUAL DA TERRA

"Os Cristos Planetários do Sistema Solar e de outros sistemas se encontram para decidir sobre o futuro da Terra na sua fase de regeneração. Numa reunião que pode ser considerada, na atualidade, uma das mais importantes para a humanidade terrestre, Jesus faz um pronunciamento direto sobre as diretrizes estabelecidas por Ele para este período."

Samuel Gomes | André Luiz e Chico Xavier
16 x 23 cm
210 páginas

SÉRIE ROMANCE MEDIÚNICO

OS DRAGÕES - O DIAMANTE NO LODO NÃO DEIXA DE SER DIAMANTE

Um relato leve e comovente sobre nossos vínculos com os grupos de espíritos que integram as organizações do mal no submundo astral.

Wanderley Oliveira | Maria Modesto Cravo
16 x 23cm
522 páginas

LÍRIOS DE ESPERANÇA

Ermance Dufaux alerta os espíritas e lidadores do bem de um modo geral, para as responsabilidades urgentes da renovação interior e da prática do amor neste momento de transição evolutiva, através de novos modelos de relação, como orientam os benfeitores espirituais.

Wanderley Oliveira | Ermance Dufaux
16 x 23 cm
508 páginas

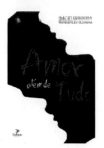

AMOR ALÉM DE TUDO

Regras para seguir e rótulos para sustentar. Até quando viveremos sob o peso dessas ilusões? Nessa obra reveladora, Dr. Inácio Ferreira nos convida a conhecer a verdade acima das aparências. Um novo caminho para aqueles que buscam respeito às diferenças e o AMOR ALÉM DE TUDO.

Wanderley Oliveira | Inácio Ferreira
16 x 23 cm
252 páginas

ABRAÇO DE PAI JOÃO

Pai João de Angola retorna com conceitos simples e práticos, sobre os problemas gerados pela carência afetiva. Um romance com casos repletos de lutas, desafios e superações. Esperança para que permaneçamos no processo de resgate das potências divinas de nosso espírito.

Wanderley Oliveira | Pai João de Angola
16 x 23 cm
224 páginas

UM ENCONTRO COM PAI JOÃO

A obra também fala do valor de uma terapia, da necessidade do autoconhecimento, dos tipos de casamentos programados antes do reencarne, dos processos obsessivos de variados graus e do amparo de Deus para nossas vidas por meio dos amigos espirituais e seus trabalhadores encarnados. Narra também em detalhes a dinâmica das atividades socorristas do centro espírita.

Wanderley Oliveira | Pai João de Angola
16 x 23 cm
220 páginas

O LADO OCULTO DA TRANSIÇÃO PLANETÁRIA

O espírito Maria Modesto Cravo aborda os bastidores da transição planetária com casos conectados ao astral da Terra.

Wanderley Oliveira | Maria Modesto Cravo
16 x 23 cm
288 páginas

PERDÃO - A CHAVE PARA A LIBERDADE

Neste romance revelador, conhecemos Onofre, um pai que enfrenta a perda de seu único filho com apenas oito anos de idade. Diante do luto e diversas frustrações, um processo desafiador de autoconhecimento o convida a enxergar a vida com um novo olhar. Será essa a chave para a sua libertação?

Adriana Machado | Ezequiel
14 x 21 cm
288 páginas

1/3 DA VIDA - ENQUANTO O CORPO DORME A ALMA DESPERTA

A atividade noturna fora da matéria representa um terço da vida no corpo físico, e é considerada por nós como o período mais rico em espiritualidade, oportunidade e esperança.

Wanderley Oliveira | Ermance Dufaux
16 x 23 cm
279 páginas

NEM TUDO É CARMA, MAS TUDO É ESCOLHA

Somos todos agentes ativos das experiências que vivenciamos e não há injustiças ou acasos em cada um dos aprendizados.

Adriana Machado | Ezequiel
16 x 23 cm
536 páginas

RETRATOS DA VIDA - AS CONSEQUÊNCIAS DO DESCOMPROMETIMENTO AFETIVO

Túlio costumava abstrair-se da realidade, sempre se imaginando pintando um quadro; mais especificamente pintando o rosto de uma mulher.
Vivendo com Dora um casamento já frio e distante, uma terrível e insuportável dor se abate sobre sua vida. A dor era tanta que Túlio precisou buscar dentro de sua alma uma resposta para todas as suas angústias.
A partir de lembranças se desenrola a história de Túlio através de suas experiências reencarnatórias.

Clotilde Fascioni
16 x 23 cm
175 páginas

O PREÇO DE UM PERDÃO - AS VIDAS DE DANIEL

Daniel se apaixona perdidamente e, por várias vidas, é capaz de fazer qualquer coisa para alcançar o objetivo de concretizar o seu amor. Mas suas atitudes, por mais verdadeiras que sejam, o afastam cada vez mais desse objetivo. É quando a vida o para.

André Figueiredo e Fernanda Sicuro | Espírito Bruno
16 x 23 cm
333 páginas

Livros que transformam vidas!

Acompanhe nossas redes sociais

(lançamentos, conteúdos e promoções)

@editoradufaux

facebook.com/EditoraDufaux

youtube.com/user/EditoraDufaux

Conheça nosso catálogo e mais sobre nossa editora. Acesse os nossos sites

Loja Virtual

www.dufaux.com.br

eBooks, conteúdos gratuitos e muito mais

www.editoradufaux.com.br

Entre em contato com a gente.

Use os nossos canais de atendimento

(31) 99193-2230

(31) 3347-1531

www.dufaux.com.br/contato

sac@editoradufaux.com.br

Rua Contria, 759 | Alto Barroca | CEP 30431-028 | Belo Horizonte | MG